A
HISTORICAL
GEOGRAPHY
OF
CHINA

CHINA

历史眼光下的中国地理

Yi-Fu Tuan

〔美〕段义孚 著

赵世玲 译
周尚意 校

北京大学出版社
PEKING UNIVERSITY PRESS

目 录

中文版序（2017）/ 001

序言（1970）/ 004

原版编者前言 / 008

第一部分　自然和人的作用

第一章　自然：地形、气候、植被 / 003
　　一　棋盘格局：大地构造和地形 / 003
　　二　中国轴线 / 006
　　三　不断变化的大地 / 010
　　四　摆动的黄河 / 018
　　五　干旱的西部 / 018
　　六　湿润的东部 / 022
　　七　气候的波动 / 025
　　八　自然植被 / 028

第二章　人在自然中的作用 / 034
　　一　改造土壤 / 034
　　二　森林的退却 / 038

三　森林砍伐的原因 / 047
　　四　建筑和景观 / 056

第二部分　中国古代的景观和生活

第三章　史前景色 / 081
　　一　史前雨量充沛、植被繁茂的北方 / 082
　　二　农业的出现 / 083
　　三　新石器晚期文明的绽现 / 085

第四章　早期区域性发展 / 093
　　一　华北平原湿润的环境 / 093
　　二　商代 / 096
　　三　西周 / 102
　　四　东周 / 106

第三部分　中华帝国时期的景观和生活

第五章　秦朝至唐朝 / 121
　　一　秦帝国及其景观 / 121
　　二　西汉帝国：人口和土地使用 / 125
　　三　农业技术和景观 / 129
　　四　领土扩张：新作物和新景色 / 132
　　五　东汉帝国：人口的骤减与南迁 / 134
　　六　豪门大族的庄园 / 135

七　大分裂时期 / 138

八　佛教对景观的贡献 / 141

九　隋代：胡汉融合与沟通南北的运河 / 145

十　唐代：不断拓展的边疆 / 147

十一　繁荣昌盛的经济和景观 / 149

十二　山川孕灵异：对自然的感知和保护 / 155

十三　长安：百万人的大城 / 157

第六章　宋朝至清朝 / 166

一　宋代：后来居上的南方 / 167

二　北宋工业革命的影响 / 172

三　繁华富庶、充满活力的宋代城市 / 173

四　可汗的城市 / 177

五　明清两代的城市化 / 179

六　人口增长和农业扩张：明朝和清朝 / 180

七　三个地区的景观变化 / 182

第四部分　近现代中国的传统与变化

第七章　保守与变革：1850—1950 年 / 193

一　1930 年代的景观类型 / 194

二　人口类型和景观变化 / 208

三　对边疆的拓展和适应 / 217

四　西方影响 / 232

第八章　1950 年后的意识形态和景观 / 243

　　一　农村改革：打破私有传统的集体农业 / 243

　　二　两个村庄的变迁 / 247

　　三　植树造林，土壤保护，兴修水利 / 253

　　四　工业向内地的扩展 / 257

　　五　城市：在工业化中崛起 / 260

第九章　改革开放（1978—　）：尚未休止的巨变（唐晓峰）/ 266

　　一　在希望的田野上 / 266

　　二　特区概念 / 272

　　三　城市建设的高潮 / 275

　　四　高速度：公路、铁路与航空 / 279

　　五　大型环境工程 / 285

　　六　保护绿水青山 / 293

注　释 / 297

索　引 / 318

译后语 / 325

中文版序(2017)

1966年我在牛津大学做讲座的时候,"世界风土丛书"的编辑詹姆斯·休斯顿(James Houston)跟我约稿,想请我写关于中国的那一本,我就答应了。但我可不是中国地理的专家,我10岁就离开了中国,懵懵懂懂地把母语也忘光了,就更别提认得汉字了。但休斯顿给我打气说,他并不是要我写一本高深的学术专著,而是给英语国家的地理从业者,甚至是普通公众阅读的一本书,所以像我这样生于中国、学于西方的人,写一些关于"祖国"的事情,读者肯定会有兴趣的。我就懵懵懂懂地答应了,大概是因为我一直以来都想表达我对故土的敬意,尽管我除了外表已经不是一个中国人了。

这本小书出版于1970年,已经是47年前的事情了。这期间我除了偶尔要查证一两处知识之外,很少翻看。所以你就可以想见,当北大出版社的编辑王立刚先生说要出版此书的中文版,且请我做一篇序的时候,我是何其惊喜了。这次我很热情地回答他"行!",我借此可以修正和解释一下我撰写这本《神州》时的主旨,而且我还可以在这里谈谈21世纪的中国——我的印象主要来自2005年我去中国时的短暂旅行,我终于回到了阔别64年的故土。

我为什么要答应休斯顿的约稿呢?我刚才说了,首先是因为要向故土致献敬意;另外,还有一个更理性的想法,是要想写一本不落窠臼的区域地理书。传统的区域地理著作通常是先写自然地貌,然后接着写人文景观。这种写法的缺陷就是二者之间的割裂,一描写人文景观，自然的力量就隐而不见。在写本书时，我打算克服这一陈规陋习，而且中国历史的特点使我可以轻松地采取这种写法，中国的各种天灾，比如洪涝、干旱、地震等，从来都是人文风俗中的重要因素。1960年代以前的区域地理还有一个问题是，在谈及人民生活的部分，主要关注经济和社会制度的方面，而忽略艺术和文学，这对于文化深厚丰富的中国，怎么行得通呢？所以，这本书就是要打破常规，将经济、社会和文学、艺术贯通起来。我期望这本书翻译出版之后，能抛砖引玉，中国的地理学者能够真正实现历史与人文、经济与社会并重。

而我要写一篇中文版序的最重要的原因是，我想谈谈2005年我在中国两个星期的感受。

1968年我在写本书时这么写过：1950年代中期，外国人眼中曾经富裕、蓬勃的沿海大埠都已经是明日黄花了，这里跳动的已经是工人同志们热烈工作、学习和娱乐的脉搏，无论如何，这至少是一种新的城市风尚。而高层仍然担心资产阶级生活会死灰复燃，如今这种"腐化浮华"的资产阶级生活却易容为"民主的"，终于还是"死灰复燃"了，这是我回到中国时看到的，尽管"浮华"这个词已经不合时宜，但也并非一无是处。

北京、重庆、上海，从建筑学的眼光来看，散发的是那久违了的力与美，我也为眼前的场景而自豪，这些大都会的蓬勃发展完全与西方城市不同，而是本土活力的呈现，是从积年的战争和苦难中解放出来的活力。但也使我困惑，这参差的摩天大楼和风驰电掣的高铁还是中国吗。如果我能再写一章来修订我的书的话，我会来应对这个疑问。

为了发展旅游经济，中国还努力保存一些我在本书中提到的那些古代民居和景观，我要为这种保存的努力叫好，但是这种行为更多的是一种怀旧，而非着眼于现在和未来。对我来说，更重要的是中国文化中一直存续至今的那些更为持久的东西。我认为，那就是人际关系的轻松、乐天幽默，这是我在西方很少看到的。比如在北京，他们带我去一家叫"狗不理"的包子店,"狗不理",有没有搞错?我在美国待了70年,从没碰见过这么古灵精怪的餐馆名字。至于城市里的样子,我到酒店外面散步,看见一个小区里有一小块绿地,我的第一反应是,这个公园安全吗?在芝加哥,几乎肯定会有抢劫犯和嗑药的拦路打劫。而这里,我看见人们坐在石桌旁边心无旁骛地下象棋,孩子们嬉戏吵闹,而最让我惊奇的是旁边还有一块专门的场地让老头老太们锻炼。他们在一个健身器械上来回摆腿,同时盯着孙子。我在想,如果我年轻20岁(可惜我现在86了),我干嘛不把这些场景写进我关于中国的书里?

(王立刚译)

序言（1970）

在中国漫长的历史中，人们居住在这个巨大国家的四面八方。人类留下的印记在有些地方鲜明可见，在另一些地方则已经湮灭殆尽。在过去的二十年间，这个国家所经历的重大变化一目了然：修路架桥、筑堤造坝、开坊建厂，还有农业合作化聚集的大片耕地。这些发展正在我们眼前改变中国的景观。由于引进了并非中国所独有的因素，这些景观变化似乎格外引人注目。

与此相反，传统的形式和建筑遗存，却同中国背景如此和谐地融为一体，看来几乎是大自然的延伸，因此我们对其视而不见。如果我们可以这样形容土色的城墙、古老的宝塔和庙宇，那么乡村景观中的稻田和村庄就更是如此了。在观察诸如珠江三角洲、四川盆地、江苏省以及部分华北平原这类人口稠密拥挤的地区时，我们需要努力想象，头脑中才能出现它们曾经是森林和湿地的画面；经过数世纪之久的缓慢发展，它们变成了中国传统壁毯上的典型图案。

即使在中国的穷乡僻壤，在看起来没有人迹的荒野中，也存在人类出没的印迹。例如，我们考虑一下中国艺术家的风景画。对于外行来说，这些画要么看来不真实，是道家自然神秘主义的图画象征，要么虽然真实，却是对遥远自然的描绘，除了归隐文人的茅屋，根本看不见人工技术的痕迹。但是对于那些了解中国城市之外的人来说，这些画并不仅仅是想象的产物；其表现手法至少部分得自中国环境的特殊之处。

中国的自然环境同西欧北美不同，像（北美）连绵的岭谷、圆形小山、低地、宽广起伏的平原，这类地貌在中国并不多见。大多数中国人居住在大小不一、平缓延伸的冲积平原（alluvial plains）上。在这种形成不久的沉积土上，甚至于丘陵，看来也像是陡峭的山岭。只有直立和平面的鲜明对比，没有类似于山麓小丘那样柔和起伏的坡地作为缓冲，是中国地形的常见特征。

即便在东部的大平原之外，例如，在中国西南部的贵州省这样的崎岖地区，林立的石灰岩峰丛之间，也有人们赖以栖居的碎小平原（坪或坝）。就此来说，大自然似乎同夸张狂放的艺术如此惟妙惟肖地相似。在中国北方也有石灰石和变质岩，例如秦岭山脉中那些尖锐的峰峦。在南方，火山岩经风吹日侵，变成坡面陡峭的山岭，溪水的强烈下切掩盖了其结构和地形学构成。至于说那些著名的风景胜地，陕西东南的华山和安徽南部的黄山，在照片上看就像唐宋时代的水墨画。

当中国艺术家强调需要仔细观察自然时，他听起来简直就像个分析景观的专业地理学家。郭熙是11世纪北宋著名的宫廷画家，他在《林泉高致》中说山峦的土壤和植被各有不同，又说村落与环境之关系：

> 山有戴土，山有戴石。土山戴石，林木瘦笋；石山戴土，林木肥茂。木有在山，木有在水。在山者，土厚之处有千尺之松，在水者，土薄处有数尺之蘖……店舍依溪，不依水冲，依溪以近水，不依水冲以为害。或有依水冲者，水虽冲之，必无水害处也。村落依陆不依山，依陆以便耕，不依山以为耕远。或有依山者，山间必有可耕处也。

以郭熙之见，山峦可能有土壤覆盖，也可能没有，山的植被（vegetation）取决于山的表层。在中国山水画中，林木葱茏的山景十分少见，多是光秃的山壁上矗立着几棵顽强的松树。郭熙没有谴责人砍伐树木，也没有指出树木砍伐导致几乎不可避免的土壤侵蚀（soil erosion），使山坡从"土质"变成"石质"。其实，当时人们已经认识到过分伐木的恶果。我们现在知道了，11世纪在中国森林砍伐史（deforestation）上是个十分引人注目的时期。艺术家们所崇拜的质朴之美，恰恰存在于嶙峋的岩石和荒凉的景观中，一种并非异想天开的看法是，至少在一定程度上，人类的毁灭性砍伐造成了这种独特的景色。同样，流水冲积形成的沟壑在中国画中屡见不鲜。同荒山秃岭一样，下陷的河床可能有自然原因，但也可归咎于森林砍伐所造成的迅速的水土流失。

景观对我们所具有的意义也因我们同自然依存的程度而有所不同。探险家们探索遍布中国的人迹罕至的荒蛮之地，他们对自然界的体验虽然丰富，但是时间有限。而农人对世界的体验悠远持久，但空间有限，其足迹基本局限在村庄周围步行可达的分散田地，终其一生，他亲身亲历的地方可能不超过方圆百里。但是他完全彻底地融入这片土地之中。对他来说，这不是景色，当然不能引起美学或身体上的激动；相反，这是资源，更是超出资源的养育性特质，四季轮回带来不同的情感，这主宰着他的生活形态。

乡绅的景观同艺术家和园林爱好者的一样。由于道家和佛家的启示，景观不仅仅是景色，而是一种包罗万象的氛围，可以使儒家官吏暂时归隐其中。对他们来说，景观的美学特性使人类可以超越他的社会生物性内涵。工匠的景观是他的手工制品，他将自然界主要视为机会，他创造的景观是见证人类意志和力量的丰碑，存在于几千里长的大运河中，存在于巨大的布局严谨的城邑中，存在于近现代以来的钢铁厂、堤坝、水库和治理沙漠的防护林带中。但是景观的含义远比这里所历数的几种丰富得多。自然环境本身与时俱变，自然进程造成的变化缓慢，而人类行为引起的变化迅速。所以不同时期的人们并不面对相同的现实环境。人们的态度当然也发生变化,所以对同样的事实在不同的时期有不同的看法,需要不同的应对方式。

在此书中我的主要任务是描述中国景观中所发生的一些重要变化;但是我以为不时关注自然力量和历史力量颇有裨益,因为这些力量使中国人转而关注他们周围的世界。

北宋画家郭熙笔下的山水,山峦崎岖,草木丰润,点缀着村庄茅舍、渔樵行旅。

原版编者前言

尽管研究世界上不同地区的地理学著作已经汗牛充栋,但是还没有一套丛书力图解释人类在塑造和改变各种景观中的作用。至多有出版物详尽考察个别地区,然而它们所使用的语言通常太技术性,无法为大众所接受。这套丛书的目的是使区域地理研究同当前对世界景观的前沿性考察融会贯通。本套丛书的作者都是各自领域内的专家,但是使用非技术性语言,面向读者大众和有洞察力的学生。

以前的时代将大自然视为客观现实。现在我们进入了一个更为注重实效,却缺少理想主义的时期。昔日的名词"思想的形式"(thought forms)成了动词,被新观点取而代之。纯粹的思想正日益被取代,新的思想说的是用知识服务于技术社会,是忙于改变地球的面貌。这是一个操作性思维的时代。科学正在威胁自然界,要取代自然界本身的功能。有些预见并非过于异想天开,比如人类将能操控每日的天气,控制生命进程中的生物循环,并驾驭核能。因此,今天我们这个世界上所有善于思考的公民们迫不及待地需要了解人对自己的居住地已经造成的改变,需要知道人对居住地的改变正在日益强化。

关于人类如何影响地球景观的研究发展迅速。这类研究涉及不同学科,诸如第四纪学(Quaternary sciences)、考古、历史和人类学等,课题包括花粉分析、植物驯化、土地制度、居住地形态和工业用地。但是,由于地理学家具有地方感,喜好综合,因此他们能够以一种有意义的方式处理各式各样的数据资料。对于形形色色的读者来说,评价景观的变化,讲述人如何以及何时改变、重塑地球的表面,不仅卓有实效而且饶有兴味。

当然,"景观"(landscape)这个概念既具体又难以捉摸。其盎格鲁－撒克逊语原词是 landscipe,意指某个作为自然实体的地域单元,例如属于某个部落或是某个封建主的土地。直到 16 世纪末,由于荷兰风景画家的影响,这个词具有了视觉意义,也指一片景色。德文 landschaft 一词兼具两种含义,因而在使用时会产生歧义和不确定性。然而,尽管景观这个词的含义模棱两可,但景观这个概念却日益流行。景观意指地方与时间中人－地总体关系的结合,主张空间上的相互作用,表明诸如耕地和居住地形态这类我们可以选择的视觉特征,存在于起伏的地形、土壤和植被构成的拼图之中。在范围广泛的数据资料中,"景观"成为我们的坐标。它表明人与地球联系的明确范围。它是记录性证据,记录了人类观念的力量如何将自然资源为人所用,而这一观念同人的文化一样因地而异。借助于技术的进步,如今人们的意识形态正为地球刻上前所未有鲜明的印记。

要在一本篇幅不长的书中概括如此广泛而复杂的资料,内容上不得不有所割舍。由于这是一本开拓性著作,需要进行更多的研究工作,作者在一些领域内只是浅尝辄止。但是这本书的论述足以指出,中国景观是中国文化的独创,既源于本土又历史悠久。然而在今天,社会主义的中国是一个显而易见的例证,表明对新社会价值观的拥戴可以迅速改变整个国家的面貌。农村和城市一样正在旧貌换新颜,其变化速度和程度均使中国成为最有特色的范例。

J. M. 休斯顿(J. M. Houston)

第一部分
自然和人的作用

对于中国这片土地来说，自然与人的关系绝不是舞台与演员的模式，将自然设想为不变、消极的背景，人则是灵活、积极的力量。中国的山河大地并非亘古不变，沙漠的飞尘堆成黄土，黄土的流失又造就河口的土地。

当使用火的直立人出现之后，我们必须更重视人改变地球表面细节的强劲力量。但人类力量同塑造棋盘地文格局的构造性力量完全不可同日而语。人力只是影响了地质变化的速度，而不是变化的方向。但在小片地区和有限的时间中，人类的努力可以说阻止或者逆转了自然进程。

中国复杂的地形,造就了诸如黄山这样的奇秀山水景观。

第一章 自然: 地形、气候、植被

既然我们的主要目的是追踪人类主观能动性对中国地貌所造成的种种变化,我们的讨论理应从自然环境开始。

人们往往认为在人类出现以前,自然处于一种准平衡状态。人出现了,通过自己的行动能力打破了准平衡状态并逐步改变原始形态。这样在某些地方,一种完全人工的世界最终凌驾于自然之上。对这种观点些许不同的表述是将自然视为"舞台"或是"背景",而人则是"演员";将自然设想为稳定不变,消极无为的,人则是自由而积极的力量。这种思路或许在别的场合颇有价值,但是对于中国来说,这种过分严格死板的两分法可能会不必要地歪曲事实。中国的山河大地并非亘古不变,我们不能将其仅仅视为消极静止的舞台。这一判断不论是对于长时段(包括人类的史前文明阶段)还是有文字记录以来时期的考察,都是符合事实的。

一 棋盘格局:大地构造和地形

如果眼前放着一幅质量尚佳的立体地图,你不难发现中国的地形状如棋盘(chequerboard)。在中国西部,我们很容易发现高原和盆地相间分布,它们被细长醒目的山系分割开来。在中国东部,棋盘的格子可能不太明显,但是有几处却也显而易见。例如界线分明的东北平原、华北平原,长江中下游平原,以及四川盆地;甚至于黄河北部大几字弯,也构成一个棋盘的格子。中国广阔陆地的基本地文学特征

（physiographic）表现为两组主要结构线相交的结果：一组从东北延伸至西南，另一组在地形学（topographic）上则不太分明，从东向西伸展。专家们将中国的结构视为几片不同地质构造区之间复杂作用的结果，李四光（J. S. Lee）对此进行了概括解释。[1] 以下我们将在主要的结构性框架单元下，深入讲解中国的地形，而不是仅仅根据地表，进行地片的编录。

先考虑从东北延伸至西南的走向。

我们可以将地壳上的凹凸起伏视为大地幔帐上一排排凸起的褶皱和洼陷的地槽。凸起产生山脉和岛屿，凹陷形成海洋、平原和盆地。凸起和洼陷一起构成亚洲大陆东部边界的同心弧形（concentric arcs）。从东头开始，这些走向线的第一道是个凸起的褶皱，在地形学上表现为日本群岛、琉球群岛（Ryukyu Islands）和台湾岛。它们的西面是地壳上凹下的一段，被深浅不一的海洋所覆盖：日本海、中国黄海、东海、台湾海峡是主要的水域。在亚洲大陆的边缘我们遇到另一个繁复的凸起，最先是苏联的锡克霍特－阿林（Sikhote Alin）山脉，然后向西南延伸到辽东和山东半岛。凸起褶皱的一个分支，伸进朝鲜半岛，在被黄海隔断之后，再次隆起于中国东南部。这些凸起的主要山脉，其排列走向反映了这一总体结构性；只不过在山东半岛，这一东北－西南走向被横切断层所隔断，沉入海中（也就是渤海海峡）。详细说来，凸起褶皱地形多有不同。因为其形成不仅取决于大地结构，也受到岩石质地、风吹雨噬剧烈程度的影响。所以辽东半岛和东部东北高地一般在海拔900米以下，主要是丘陵小山而不是崇山峻岭，更多的坡地只有海拔100或200米高。与此相反，中国东南部的山峦虽然也不太高，却远为崎岖难行。主要是由于在亚热带气候的作用下，花岗岩和火山岩被塑造出陡峭嶙峋的形状，当笼罩在云雾之中时，佛寺伽蓝恰如其分地点缀其间，所产生的韵味同中国山水画一般。

第一章 自然：地形、气候、植被 | 005

红色的南北轴线和绿色的东西轴线，相互交叉，
构成了中国棋盘形的地理格局。

中国主要的平原如一条带子，由东北向西南延伸，其西部的边缘是高地，东面的凸起褶皱有两处断裂：一处渤海海峡，点缀着岛屿，将辽东半岛和山东半岛的山脉分开。另一处是低洼的海岸，将山东和中国东南部浙江的群岛隔开。

平原由三个单元组成，彼此之间由热河高原和大别山隔开。三块平原的地表特征彼此不同。最北边的东北平原覆盖着侵蚀层，因此常年渗水性好，其地势略有起伏，并非一马平川。中间是华北平原，由连续不断的冲积层构成，大致平坦。平原通向海洋的坡度是如此平缓，很可能在并不遥远的过去，大部分地区要么季节性地没入水中，要么渗水性很差。华北平原上的洪水在经济上使农民遭受绵延不绝的苦难，原因之一是排涝过于缓慢。在华北地区一个古怪却并不罕见的场景是一座城矗立在一片汪洋之中，农民们在城墙外洪水泛滥的田地中捕鱼。但是一般来说，尤其在冬天刮风扬沙的日子里，华北平原一片褐色，干旱焦渴。夏天的降雨只足以灌溉耐旱的庄稼。

在这三块平原之中，最南边的长江中下游平原最为潮湿，海拔也最低，由长江中下游的湖泊盆地构成，如果站在洞庭湖或是鄱阳湖的岸边，完全可以想象自己站在大海之滨。

二 中国轴线

在这片条状平原西部的边缘是最重要的轴线，由东北向西南延伸。坡地轴线的主要单元是东北的大兴安岭、太行山脉和三峡群山（巫山）。大兴安岭将类似于阶梯结构的两边分开，高的一级是蒙古高原，低的一级是东北平原。站在低层阶梯上看去，兴安岭是一座醒目高耸的陡坡。但是站在高层阶梯望去，兴安岭顶峰仅是地平线上一个林木葱茏的土包。山西高原东部边缘的太行山更为触目地耸立在华北平原的冲积层之上，轴线西面的高原是一连串被裂缝分割的褶皱，一条下陷的断裂带在地形学上构成了汾河流域。[2] 三峡群山同样像是手风琴上的折叠，不过在这里长江令人惊叹地切开群山，塑造了一系列巨大的峡谷。奔涌向下的长江水被限制在两岸的山谷中，但是最终长江穿出宜昌垂悬一线的峡谷，在洞庭湖盆地的荡漾水波中奔泻而出，重获自由。

在兴安岭和三峡群山构成的轴线西面，我们可以发现三片较平缓起伏的单元：它们是蒙古高原，同渭河流域毗邻的陕西高原，以及四川的红土盆地。这些地区被两条较小的东西向的山脉轴线分隔：阴山和秦岭，这两条轴线与上面说的最令人瞩目的东北-西南走向的轴线相交。阴山山脉看上去不高，将戈壁滩隔在北边，鄂尔多斯沙漠和陕西高原隔在南面。然而就植物、动物和人的分类来说，秦岭轴线在中国地理学上却是最鲜明的分水岭之一。它将陕西高原同四川红土盆地分隔开来，山峰高约 2000 米。山脉的北坡是万仞绝壁，耸立在渭河河谷的上空。地形学上的尖锐对比体现为一种结构性关系，秦岭是道繁复的断层峭壁，俯视着渭河槽谷。[3] 秦岭南边的四川红土盆地被峰峦屏障所环绕，成为中国棋盘格局中颇为与众不同的一格。与华北平原和长江中下游湖泊盆地相反，东北-西南轴线西边的区域并不平坦。陕西高原和四川红土盆地内有高耸的坡地。从这些地区再往西，地理结构的外部特征变得较难描述。

值得注意的是，除了东南沿海的群山之外，东北-西南走向的同轴带似乎并不延伸到中国南方。南方的地理结构和地形不具有中国北部和中部地区的那种简明关系。南岭这条东西轴线没有明显的外部特征；而中国西南所独具的地形是由岩石质地造成，并非大地构造所为，桂林的那些平地突兀拔起的山峰和峰丛，是风吹雨淋对石灰岩侵蚀而成的结果。

中国的地形是东西各异的两个部分。西部有世界上最高的青藏高原，还有高耸的山脉，诸如昆仑山、天山和阿尔泰山。这样的崇山峻

12

青藏高原是中国最高的地理单元,图为念青唐古拉山脉。

第一章　自然：地形、气候、植被

四川盆地周围环绕着崇山峻岭，只有长江横穿而过。

阴山山脉。乌拉山段正好和 G6 京藏高速公路平行。

岭在东部全然不见。在西部耸起的高原和群山之间是东西走向的杏仁状洼陷或盆地，例如准噶尔盆地、塔里木盆地和柴达木盆地。中国东部地势较低，一系列巨大的阶梯向下延伸至海边，阶梯被东北－西南走向的高岗隔开。在总体上中国的地势自西向东倾斜，三条主要河流黄河，长江和珠江（干流西江）的流向使这一特色更加一目了然。

三　不断变化的大地

1. 西部屋脊与万水之源

以上所讲述的地理框架并非凝固不变。地理要素既发生缓慢的运动，也产生突如其来的变化。自从更新世的下半期，当人出现于华夏大地之上，使用自己的能力来改变地球物理的力量时，情况就是如此。有文字记载的历史以来，岩石运动和水道变迁持续进行，同人类的力量一起，延续着对中国大地的改变。

在中更新世的某一时间，大约是 30—50 万年之前，北京人（*Sinanthropus pekinensis*）登上中国舞台。由于掌握了使用火的知识，在华夏大地上的人类中，北京人最先有能力剧烈改变所在地区的生物覆盖层。自北京人首次出现以来，景观中发生了一些自然变化，我们先对此加以考虑。主要变化之一是青藏高原大幅度抬升。它在更新世的下半期可能最后又长高了大约 2400 米。[4] 由于青藏高原升高，阻挡了印度洋季风吹来的湿气，高原上众多湖泊已同过去大相径庭，水位降低，有些被高出水面几乎 60 米的台地环绕。因此，喜马拉雅山屏障上升很可能使青藏高原变得干燥。[5] 高原上升还产生了另一个后果：从高原边缘奔涌而下的河流更加湍急，所以它们能够切开高原，塑造出在长度、深度和密集度上举世难比的峡谷峭壁。西藏东南边缘的峡谷被茂密的植物所覆盖，成为一道屏障，有效地将印度文明同中国文明隔开。河流仍旧在汹涌切割，峡谷还在继续加深。青藏高原还没有稳定不动,喜马拉雅山脉沿线的地震扰动足以使灾难降临山脚的村落,这便是明证。

青藏高原的北面是塔里木盆地。这是中国境内最干燥的地方。干燥不仅由于它位于大陆深处,在更大程度上还由于另外一个因素:除了东面的开口,塔里木盆地被高山和高原环绕。盆地中心是广阔的贫瘠沙地,名为塔克拉玛干沙漠(Takla Makan)。但是在冰川期,这里没有沙漠,盆地底部的大部分地方覆盖着一个很大的冰川湖。湖的西部很快填满了沉积物,但是在东边,开阔的湖水存在了很长时间,足以在"干旱之山"(Qurug Tagh)的坡上留下一道湖滩线。这条线是倾斜的,以依稀可辨的坡度向东倾斜,因而使湖向东移动,在大约今天罗布泊(Lop Nor)的地方形成了一个新的湖泊。[6]这些水文学和地形学重要变化的准确日期无从得知,但是很可能发生在临近更新世的末期。如果这听来还是遥远的过去,那么其他的水文学变化则发生在有史可循的时期,甚至可能是在当代,而且变化影响了居住地和贸易通道的兴衰。例如,罗布泊西边楼兰城的命运或许能够证明水道变化的影响。[7]楼兰一度是中国和西亚商路途中一个重要的古城。城中建造了坚固的堡垒、庙宇、佛塔和房屋,坐落在塔里木河支流的三角洲上。使水流注入罗布泊并成为楼兰古城生命线的河流是塔里木河。然而,大约在公元4世纪三四十年代之间,塔里木河改变河道,向南流入另一个湖泊。楼兰很快就空无一人。这还不是故事的结尾,在20世纪初叶的某个时间,塔里木河的一道支流又改回故道,向罗布泊注入足够的水流,使其生命一度复苏。[8]

2. 风吹来的黄土高原

自中更新世以来,中国东部景观自然变化既由日积月累的土壤沉积和侵蚀所致,也是主要轴线沿地壳构造线调整的结果。在中国北部,对土壤沉积的记录清晰而广泛。在中更新世,最为常见的沉积土

新疆交河古城。
在古代西域曾经有诸多以绿洲为中心的古国,如楼兰、焉耆、龟兹等等。

第一章 自然：地形、气候、植被

西北地区的沙漠以及湖泊。

类型是山坡冲下的红色黏土和深厚肥沃的红色冲积土。这类土填满了石灰岩洞穴，包括北京人曾居住的洞穴。在一个短暂的土壤侵蚀期之后，土壤沉积再次开始。但是这回是一种被风吹来的黄色尘土，颗粒精细而肥沃，以黄土而知名。

可能因为最后一次冰融期间亚洲内陆干冷的状况，在后更新世的某个时间中，黄土开始沉积。从内陆吹来的强风将细小的尘土向南吹，被中国西部和北部的山脉和高原挡住，积累在那里。我们知道昆仑山的高坡上有小片的黄土。从塔里木盆地底部吹来的沙尘被昆仑山挡住，日后又被流水冲回盆地，形成小片极其肥沃的黄土冲积层。[9] 在更东面，黄土堆积在甘肃省祁连山的北麓，被河流冲回临近的低地之后，形成肥田沃土的绿洲。但是土层最厚，面积最为广阔的黄土层是在中国北部，大致位于长城一线以南。黄土覆盖着甘肃东部、陕西和山西的丘陵盆地，在有些地方土层薄些，在另一些地方厚些，掩埋了以前被侵蚀的地形。[10] 在陕西北部和甘肃东南的谷地中，当地黄土厚达75米以上。在山西更为崎岖的地形中，土层较薄。在每个地方黄土都塑造了一种独特的景观。稀薄的土层暂时覆盖着山坡，但是在地质剥蚀的过程中，它们的流失只是时间早晚而已，在数千年或者可能是数百年间。人口增长对华夏北方有限的耕地造成了如此沉重的压力，甚至山坡上小片的土地也被开成梯田种上庄稼。农民们尽其所能，向土地索要食物，而这片土地很快就会被冲刷而去，流进黄河，最终归于大海。谷地和盆地中厚实的黄土地寿命较长，但是按照中国人类进化的时间表，其存在也是转瞬即逝。

早在风成土洒遍华夏北方大地之前，北京人已在采集朴树果，在火塘里烧烤鹿肉，可能还信奉某种风格鲜明的宗教。在过去的5000年间，这些尘灰，这些黄土，支撑着一种连绵不绝的农业生活方式。在历史进程中的和平时期，在气候不利于对土地进行集约化使用的条件下，黄土地使农业得以养育极其密集的人口。但是根据一项估算，

第一章 自然：地形、气候、植被 | 015

俯瞰黄土高原。

在不到 40000 年间，高地上的黄土就会流失殆尽。[11] 今天在各个地方，土壤流失的过程都清晰可见。黄土地形的特点是峦峁突起，沟壑遍地。旅人行走在平地之上，在一片看似宽大的台地上发现自己的去路突然被竖直的沟壑截断。有些边缘陡峭的冲沟可能深达上百米，将高原切割成奇形怪状的起伏。在深厚的黄土层塌陷的地区，洼陷和天然的桥梁十分常见。原因是水渗进裂缝，掏空下面的土层，然后形成泥土岬地，从冲沟的一端伸出。暴雨后的冲击也剥光高地上的土壤。将黄土移走的另一种力量是地震时所引起的震动，这使黄土层与基岩迅速分离。

然而中国地理构造的框架并非静止不动。黄土覆盖的高原是中国最不稳定的地区之一。山西高原是黄土高原的一部分，也是从东北大兴安岭延伸到长江三峡群山的地理轴线的一部分。地壳张力造成裂缝。山西高原上的断裂下陷形成了汾河流域；断裂带继续向西延伸，成为陕西的渭河流域，渭河流域同样被断层所环绕。黄土地区的断裂层偶尔会重新活跃。剧烈的地震会造成灾难，使无数人罹难。在黄土层厚实的地区，大量人口住在窑洞中。窑洞所在的土质松软，易于塌陷。1921 年 12 月发生了一次波及甘肃东部的强烈地震，地震中有 25 万人丧生。地震也引起大面积滑坡。大量黄土滑进谷地，涨水的河流又将它们运出高原。地震在中国北方对人和地形的重要影响可以由一个事实加以说明，根据历史记载，从公元 996—1920 年期间，仅在甘肃东部，就发生了 50 次毁灭性地震。[12] 相当于平均每 18 年半大震一次。

有记载以来，风似乎也经常侵蚀，并从高地迎风的坡上将黄土带走，而不是加厚土层。在中国北方冬季的刮风天，典型的景色是弥漫的黄色。在那时世界似乎只是由黄土一种物质构成：土壤是黄土；房屋要么用黄土砖坯所建，要么在黄土中挖成；道路上遍布陷进黄土的沟辙；植物沾满黄土，天空的蓝色被黄土的黄色幔帐所遮蔽。

3. 中国东部的泥沙沉积和地壳下沉

黄土被从长城以南的高原上移走，最后流入大海，途中经过华北平原。华北平原表层的土壤大多是黄土冲积层，这是黄河以及其他河流从高原上挟裹下来的，同较粗的沙砾和卵石一起在平原上沉积下来。我们应该在上面提到的背景之下考虑河流侵蚀和沉积的双重过程。中国最长的两条河流长江和黄河，流经一道道东北－西南走向的大凸起褶皱和洼陷。经过耸起的褶皱时，黄河快速切割，塑造了狭长幽深的大峡谷，将山西和陕西分割开来；而长江切出著名的三峡。冲出峡谷后，沉积的过程发生在地壳上的洼陷地带。长江从三峡群山中穿出之后，在中游的湖泊盆地原野上迂回奔流。河流在盆地中留下沉淀，但盆地也是一个缓慢下沉的地区。[13] 低洼的盆地中有面积广阔但是不深的湖泊。地壳下降使水面扩大，而泥沙沉积使水面缩小，两种相反的作用过程使湖泊保持均衡。长江三角洲也是一个地壳正在逐渐下沉的地区。那里的冲积土并不只是基岩上薄薄的一层，有些地方有上百米厚。长江裹挟来的大量泥沙使三角洲的海岸线向前推进。但是由于地壳下沉，泥沙填成的陆地向海中推进的速度却比预期缓慢。

黄河穿出古生代基岩的束缚，奔向三门峡以东的华北平原。据研究，华北平原以前是一片浅海，只是在最近的地质期才被冲积物填成陆地。但是现在认为那里是地壳下沉带的一部分，地壳下沉和泥沙冲积的沉淀交互作用，维持着这块陆地的平衡状态。同长江三角洲一样，考虑到河流留下的大量沉积物，山东半岛北面海岸线向海中推进的速度也比预期缓慢，只是在黄河入海口那里，推进的速度才十分迅速。在那时华北平原上堆积着厚厚的冲积层；不过尽管经过长年累月的沉积，平原上仍有烟波浩渺、排水不畅的沼泽和湖泊，例如大陆泽（正定以南 97 公里）、西淀（保定以东）和天津以南大约 48 公里的文安洼。中国历史早期，这三块洼地很可能是彼此相连的巨大湿地，古代黄河从它们的东部边缘向北流去，在今天天津一带入海。[14]

四　摆动的黄河

在有史可考以来，黄河曾数次大幅度改变河道。在这么长的河流中，这是绝无仅有的。不同时期的黄河入海口相距甚远，北至天津，南到淮河口，甚至长江口。总的移动势态来看是逐渐向南。有时，例如在 13 世纪，黄河甚至同时保持两条河道，位于山东半岛的两侧。除了在 1855 年、1937 年、1947 年的最后三次之外，改道的原因都无法完全确定。1855 年的那次是由人无意识造成的，而后两次是人为的。

早期黄河改道的原因是什么呢？历史记载的最早一次主河道变迁发生在公元前 602 年，这不大可能是人力所为。但是我们可以肯定，如果河"床"没有高出四周平原地面，完全弃绝旧河道，改换新河道，是不合自然法则的。黄河现在是这样，过去肯定也是这样。我们知道尤其在干旱的气候条件下，像黄河这样长度的巨江大河来说，抬升的河床却是例外。部分原因可能是由于黄河从黄土高原上裹挟而来异常沉重的淤泥，还因为当黄河从峡谷中穿出，奔涌而下的巨大坡度有助于沉淀。还有另外的因素是人力造成的。人类力图修堤筑坝锁困黄河，在洪水退去后淤泥沉积在河床上。黄河与众不同的特点之一是相对于流量来说，其泥沙格外多。任何类似长度的河流在这一点上都远不能与之相比。这是因为黄土高原上的黄土易于侵蚀。对此我们要提出的问题是，在新石器后期和历史早期，是否猎人和农夫开山毁林也加速了黄土侵蚀？如果确实如此的话，那么人类在华北平原上黄河早期的改道中可能也发挥了重要的间接作用。

五　干旱的西部

人们对中国大地改变最大的地区显然是那些易于满足人类需要的地方。最主要的需要过去是，现在也仍旧是食物。就生产食物的能力

第一章 自然：地形、气候、植被 | 019

内蒙古巴彦淖尔市临河黄河大桥。

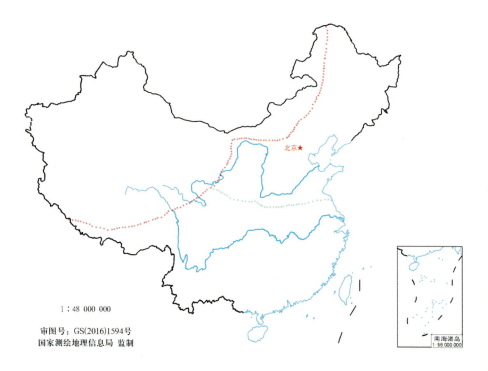

红线为半干旱与半湿润地区的界限，而秦岭－淮河构成的绿线则是湿润与半湿润地区的界限。

来说，存在三类气候分区。如果我们画一条巨大的曲线，始自北方的大兴安岭顶峰，向西南穿过陕西北部至兰州城，然后几乎成直线继续向西南延伸至拉萨以北的青藏高原，可以将中国分成面积大致相等的两半。这条曲线划出两片疆域，一半是中国西北部的干燥地区，另一半是东南部的半湿润和湿润地区。还有可以划一道分界，隔开北边的半湿润区和南边的湿润区，大致可以秦岭为界。在秦岭以北，年均降雨量剧降至500至750毫米之间，这是渭河流域、华北平原、山东半岛的特色。在秦岭以南的所有地区，降雨量都超过1000毫米。在长江以南的丘陵地带，大片地区的年均降雨量超过1500毫米。

在大曲线的西北边，很多地区年均降雨量少于130毫米，农业要靠灌溉。这道弧线本身是一条宽窄不均的带状地区，这里大多数年份有足够的降水，可以使用旱地耕作法从事粗放农业。在天山脚下的准噶尔盆地，也有大片土地可以栽种旱地作物。在春天，向东的气流穿过这条通道，产生足够的湿气维持原生的耐旱草原植物。同塔里木盆地不同，对于迁徙的匈奴人（Huns）、突厥人（Turks）、蒙古人（Mongols）来说，在历史上准噶尔盆地是一条舒服的通道。而塔里木盆地极其干燥，没有草原供游牧民族放牧马匹。我们对西藏的雨量分布所知不多。高耸的羌塘（Chang-tang）高原可能降水稀少。可是西藏的东部和东南部却远为湿润，印度洋上的季风是如此强劲，甚至能够越过喜马拉雅山屏障，在有些年份带给拉萨盆地和以远地区1500毫米以上的降水。

如人所料，虽然西藏纬度不高，位于北纬28度和36度之间，记录却显示出极低的温度。在高原的西端，斯文·赫定（Sven Hedin）所记载的温度在12月是−40摄氏度。但是至少在海拔相对不高的拉萨，由于强烈日光的照射，在冬天人们穿着羊皮衣还感觉太热。夏天的气候却令人惊讶地凉爽。根据记载，在六七月间拉萨的日均气温最高在摄氏23度以上。但是在西藏西北部，8月份时气温可能会降至−7

度,每晚都可能出现霜冻。根据斯文·赫定的记载,在 9 月中旬有一天气温升至 43 度,而这并非阳光直射时的记录。[15] 在冬天和早春,狂风和尘暴屡见不鲜,使那里的气候变得更为严酷。风暴一般从西面刮来,力量格外强劲。吹起的尘土遮天蔽日,拉萨街头没有人迹,布达拉宫目不可见。狂风和尘暴也危害塔里木盆地。但是在那里,风暴似乎经常来自东北方向,风不像西藏的那般寒冷刺骨。塔里木盆地的海拔高度只有 900 至 1400 米。北纬 40 度线穿过盆地。由于盆地地处内陆,非常干燥,那里的日温差和年温差很大。在夏日的 24 小时内,温差会有 36 度之多,在冬天温差只是略微缩小。一月的平均气温为零下 7 至 8 度,但是往往会突降至 −17.8 度。夏天可能格外炎热,7 月的平均温度会升到 32 度以上。吐鲁番盆地位于海拔以下近 150 多米,可能是中国酷热之最。根据记载,最高温度为 48 度。[16] 在蒙古高原上温差甚至更为显著。自然,外蒙古和内蒙古不同。外蒙古的年温差最为异乎寻常。从 1941—1960 年期间,乌兰巴托(Ulan Bator)的最高气温常常达到 32 度,在冬天突降至 −45 度。[17] 内蒙古只是略感温和。据记载,鄂尔多斯沙漠 1 月的平均气温可能会在零上几度,但是最低会降至 −33 度。[18] 天气骤变是另一特征。秋天是最好的季节,艳阳高照但是夜晚凉爽,可是顷刻之间会突降暴风雪,或者与此相反,季风会带来倾盆大雨,一时间将干旷草原变成微光闪烁的湖泊和激流四布的水乡泽国。夏天会刮来冰冷的狂风;人们可能会看到鄂尔多斯的牧童在 8 月穿上厚重的羊皮袄。[19]

六 湿润的东部

将中国干燥的西北部和半湿润及湿润东南地区一分为二的大弧线可以被视为一道内部边界,海岸吹来湿气的季风到此地便力道大减。中国气候主要受制于随季节变化的盛行风系。在冬天,北方季风主宰着几乎全部国土,向南的疾风从蒙古高气压地区吹来,在一个月之内扫过中国大部分地区,这是干季。尤其在北方,从 11 月到次年 3 月的全部月份中,每月的平均降水量只及全年总降水量的百分之一。同冬天的季风相比,从东南吹来的夏日季风远为弱小,它于 4 月到达中国南部沿海,但是要到 6 月底 7 月初才深入东北地区。它将雨水及时带给弧线东南的大部分地区,甚至于远远越过弧线,深入蒙古高原。可是同印度洋内陆季风相比,当东南季风刮到沿海地区和中国南方的内陆高原时,产生的降雨量则大为逊色。原因之一是中国南方的群山不够高,无法迫使大范围气流升到冷凝的高度。只有当季风气流撞到云贵高原和四川的群山时,才会产生滂沱的地形雨。因此四川著名的峨眉山是中国最潮湿的地方之一,年均降雨量接近 2000 毫米,超过中国南方的大部分地区,南方的雨主要不是地形雨,而是由于密度不同的冷暖空气团相撞产生的锋面雨。春季,来自南方的温暖湿气和来自北方的冷空气开始在长江流域上空汇聚,因此在 4—6 月那里的气旋格外频繁。而中国北部只有到较晚的七八月才受到大量气旋的影响,到那时南方的气旋已开始减少。[20]因此长江流域的降水量不但比中国北方多,而且更为均匀。

中国东部降水的另一个特征表现在秦岭一线,在那个纬度以北,降雨的总量和次数都迅速下降。群山本身并不足以解释这种变化,因为在平坦的江苏省沿海一带,这一纬度南北之间的降雨量变化也很大。在长江入海口地区,年均降水量达 1100 毫米,一年中的下雨天可能长达 130 天,向北不足 480 公里,年降雨量下降到不足 700 毫米,只有 50 天下雨。[21]在中国北方,降雨稀少,降水量在每年分布极不均匀,而且夏季雨水姗姗来迟,经常到 7 月初才开始下雨,由于这些因素,农业的收成不太稳定。

中国东部的温度态势总的来说由纬度决定,也受到当地地势起伏的影响。纬度的影响在冬季尤其显著。离极地越近,天气越冷。大致说来，在中国南方沿海和西江流域，一月的平均气温约为摄氏 13 到 15 度，霜冻极为罕见，所以这个地区可以说没有冬天。在长江流域，沿海 1 月的气温为 3 度，内地为 5 至 6 度。当人们溯江而上，深入内地，感觉气温变暖，冬天变短。这个事实十分出人意料。这看来同长江流域北部边缘地形屏障有关。四川省的红土盆地被秦岭和大巴山所环护，虽然它们的最高峰只有 2000 米，却成功地挡住了一些较弱的冷空气。与此相反，长江下游地区毫无遮拦地受到寒冷气流的侵袭。[22] 1 月份的冰冻线以秦岭的纬度为界。

在华北平原的大部分地区，1 月的气温在 −8 度至 1 度之间。在北京有三个月平均气温在冰点以下，最低时降到 −18 度。在冬天南北气温相差最大。北方大地几乎一片土黄。稀疏的杨树、榆树、柳树叶子落尽，耕地要么休旷，要么埋着冬季作物的胚芽。尘暴屡见不鲜，遮天蔽日，将天空变成浅黄色。与北方不同，中国南方和四川盆地仍旧一派绿意，坡地和谷地中生长着植物和冬季作物。纬度对气温的主宰力量在夏季减弱，北方同南方气温差别不大，实际上黄河下游 7 月的温度（28 度）同珠江三角洲相同，可能比开阔的中国东南沿海还略高。除了新疆的吐鲁番盆地，中国最热的地方位于长江中下游。根据记载，长沙和南京的最高气温达 43 至 44 度。[23] 炎热，潮湿，再加上众多湖泊，灌渠和池塘所滋生的众多蚊虫，这一切使夏季的长江平原令人难熬。

华北地区的景观随季节而变化，而西北部移动的沙丘大漠和极为干燥的高原，除了气温，在四季的循环中似乎变化不大。四季对东北针叶林的外观影响也不大，就是冬季会覆盖层层积雪而已。热带的华南四季常绿。在中部的长江流域，显著的差异存在于三峡两边。当三峡东面的大地可能已经见冰飘雪时，三峡西面的四川盆地里野草还没有变黄，只有少许树叶飘落，麦苗像韭菜，一片葱茏绿色。[24] 毫无疑问，在华北平原和高原上黄土覆盖的谷地中，我们见到最鲜明的季节性景观。在这些地方,一年到头旧貌换新颜,从深浅不一的绿色变成黄色,又从黄色变回绿色。

七 气候的波动

年复一年,气候也波动变化,变化同样发生在远比年度漫长的时间段中。在冰川期,同世界上赤道以外所有地区一样,中国气候变化很大。西面连绵高耸的昆仑山和天山山脉戴上巨大的冰帽,从那里将冰川送入塔里木谷地底部。但是比这更令人惊讶的是,在沿长江中游一带低矮的山脉中,在北纬29度至32度的地方,甚至于在贵州和广西北部这样的亚热带地区,冰河作用和严寒霜冻的痕迹清晰可辨。[25] 冰川期之间也穿插着温暖的时期。著名的古人类"北京人"就生活在冰川纪中一个较长的温暖潮湿的时间段,这个时间段中却也不乏寒冷干燥的间歇,寒冷干燥时期的环境似乎使人难以生存。相比之下,人类在黄土高原留下的印迹稀少难寻。倾斜的高地和大大变暖变潮的气候终止了黄土积累,开始了土壤侵蚀的过程。然而景观中最引人注目的变化可能是植被。大片黄土高原被树木青草覆盖。紧邻戈壁滩的干旷草原上浅湖处处可见;湖边住着猎人和渔夫。当时的景观远比我们今天所见的土肥水美。

在中国历史早期的某个时候,中国北方开始越发干燥。这到底是因为恶化的气候,还是人为所致,仍悬而未决。有些学者争论说,在商代(公元前1500—前1000年)黄河下游比现在要温暖潮湿。几类证据似乎支持这种看法。例如,在商代遗址发现了现在已经绝迹的大象、獐、貘、犀牛、竹鼠这类喜爱暖湿气候的动物。[26] 商代时占卜天气使用的牛骨龟壳上面的记载也证明在商代时气候更为温暖,尤其是更为潮湿。[27] 然而这些证据都不成定论。动物生态学和甲骨文证据还不足以确定气候的变化。资料的欠缺很令人遗憾,我们因此无法确定

商代的青铜器,其纹饰、雕刻、造型都显示了当时商文明区域内多样性的生物资源。

第一章 自然：地形、气候、植被

古代人类在改变中国景观中的作用。

在后来的历史时期中，由于文献数量增加，我们可以言而有据地描绘出气候波动的图景。[28] 诸如《礼记》《淮南子》《吕氏春秋》《周礼》这类文献记载了某些植物开花，某种迁徙候鸟出现的时间。这些古籍说明在公元前 250—前 50 年期间，黄河下游比现在温暖潮湿。对危害性霜冻和寒冷的记载指出在公元 6 世纪至 8 世纪之间，严寒冬季数量减少；但是在 11 世纪至 14 世纪之间，严冬格外多，在 15 世纪，寒冬的数量又下降了。显而易见，由于干旱和洪水对人们安居乐业有着切实直接的影响，中国编年史家对它们的记载格外用心。从一个世纪到另一个世纪，干旱和洪水发生的比例大不相同。在公元 4 世纪、5 至 7 世纪、15 世纪，干旱盛行。至少在两个干旱期中，即 7 世纪和 15 世纪，造成人民大量迁移。

八　自然植被

可以将地形和气候简单地视为自然场景，人类力图适应它们。不过这些因素也发挥积极作用。地震，河道变迁，洪水和干旱对中国人的影响十分确切。自然植被却起不到这样的作用。植物是大自然中最脆弱的部分。人剧烈改变了中国大地的植被。因为人在中国土地上生活的时间如此之长，在大部分地区原始植被已踪迹难寻，因此植被改变的确切程度难以估量。根据近期研究，中国自然植被具有以下特征。[29] 首先是林地、草原、沙漠地带的基本区别。早期中国境内有大约半数地方为原始林木所覆盖，另外一半是干旷草原，长着草原 - 沙漠植物。划分这两类地区的界限大致就是那条区分干旱地区和半湿润地区的大弧线。这道弧线北起大兴安岭，向西南延伸到渭河流域的北缘，至甘肃东南部，继续向西南经过拉萨。在这条界线东面和东南面的地区，最初都是林地。同气候一样，将这条弧线视为一道宽窄不一的波状地带会比较精确。在森林和干旷草原之间通常有一个林地和草原的过渡地区。而且在远远深入弧线西边，但是水源充沛的山坡上，也长着一片片森林。因此茂密而高大的云杉林覆盖着天山和阿尔泰山冷湿的山坡。在另一方面，干旷草原的条状地带也突破弧线伸进森林地区。最引人注目的一片向东伸入辽河上游（西辽）。在大弧的西面，可以将植物分成彼此隔离的同心圈，这些同心植物圈既反映土壤类型，也反映离干燥的中心越远湿度越大所形成的湿度圈。从中心（一个盐湖或是一个干枯的湖泊盆地）向外，同心植物圈依次为盐碱植物群、沙漠灌木、干旷草原、森林－草原过渡带。在高耸的青藏高原上也可以发现以内陆湖泊和湿地为中心的同心圆植物分布带：中心是沼泽湿地植物，中层为沙漠灌丛，外层是通常长在多石平原和坡地上的碱性植物。在寒冷沙漠地区最常见的灌木是白色的驼绒藜（白柳）。在一些地区，这是唯一的植物燃料。还需要补充的是，在林地－草原大弧边界的西面，有大片地带实际上光秃裸露，没有植被。这里是广阔的沙丘大漠，遍布鄂尔多斯和塔克拉玛干的座座沙丘。

在大弧线以东曾经是浩瀚连绵的林海。一度大致按纬度分布着不同林带，从东北北部的针叶树森林延伸到中国南方沿海的热带雨林。东北的针叶树森林类似于北美欧洲的森林，生长着许多常见而且科属相近的树木，主要有落叶松、长白松、云杉、鱼鳞云杉、偃松、柏树。[30]在高耸的大兴安岭和小兴安岭，针叶林中主要是落叶松。在张广才岭和长白山上，云杉和冷杉最为常见。在连绵山系脚下的平原长满驳杂的硬木林，主要有枫树、桦树、椴树；在较干燥的地区是开阔的栎树林。至少在过去大约200年间，这里是广阔的草原，原上点缀着榆树、杨树和栎树。可能在更早的时代，这里曾经林木茂盛。气候显然并不阻碍这里的大部分地区成为林地。

东北驳杂的硬木森林以南是人类居住之地。在那里的大片地区，有2000年之久人类充分开发利用的土地。天然植被几乎完全消失不见，取而代之的是人力充分改造的景观。这片地区包括华北平原、陕西的渭河盆地、东北辽河下游、辽东半岛较低的坡地、热河群山、山西高原、山东半岛。根据植物遗迹、零星文字记载和环境状况，这些大部分地方可能曾经森林密布，除此之外还有长在湿地和盐碱区特有的植物群落，比如繁茂于沿海低地和某些内陆洼地的植物。原始植被多半是以栎树为主的非常绿阔叶林。几种栎属栎树（槲栎、柞栎、栓皮栎）同小片的白蜡树林、榆树林，以及中国朴树交相混杂。[31] 在华北平原上，在久远的过去和现在一样，沿河道生长着高大的柳树（杨柳和垂柳）、杨树；但是在过去，这些树不仅长在河边，而是漫生四野。如果我们对华北平原过去是否曾覆盖森林还心存疑虑，那么在华北平原潮湿的南部边缘淮河流域，这的确毋庸置疑。在目前，不仅落叶树，即使常绿的阔叶树也能生长在淮河平原。

继续向南，在长江流域我们进入了一个冬季不冷，夏季炎热的潮湿地区。这里的原始植被是落叶树和常绿阔叶树混合林，这个区域因此可以被视为两种阔叶林的过渡带，落叶林在北，常绿林在南。在长江中游，树林种类依地势高低而定。在缓坡上主要长着落叶阔叶林，而在山脚丘陵和邻近的平原上，可能经年常绿的树木较多，包括常绿栎树和榕树。[32] 在长江上游，即从湖北西部上游地区到四川盆地，那里长期以植物种类繁多而著称。其丰富的程度远远超出被分类记载的物种。只是在近年，水杉和台湾杉这类引起独特兴趣的树木才被发现。四川所生长的植物同这里的地形和气候一样丰富多样。温暖的谷地上长着热带植物，包括荔枝、龙眼和橄榄（青果）。在高山上终年积雪的地区，生长着高山植物。在二者之间是宽阔的林带，有山区针叶树带、落叶阔叶树和针叶树混合带，以及常绿阔叶林带。[33] 在海拔不高的地方，包括贵州、四川、湖北和湖南部分地区曾一度为阔叶林所覆盖。

在中国南方，即东从浙江东南部、西至四川西南部、云南的整个地区，原始植被是终年常绿的阔叶森林。在人烟稀少的地方，大片森林仍原封不动。主要长着常绿乔木，如栲树、栎树。[34] 虽然以几种乔木为主，林中树木种类极其繁多。尽管植物属于几乎毫不相关的科属，但森林的面貌令人惊讶地整齐划一，树木有着同样圆形的常绿华盖，叶片光滑，类似皮革。树干笔直光洁，却不宜充当栋梁之材。森林的树冠高达30米以上，下面长着小树和灌木，但是并不厚密。藤蔓和攀缘植物虽然不少，却不及热带雨林中那样比比皆是。[35] 在常绿阔叶乔木的森林中，竹丛在当地引人注目。竹子高矮不一，在海拔高的地方有个头矮小的青篱竹，在温暖潮湿的谷地是高大挺拔的麻竹和毛竹。

在中国南方沿海以及内陆的一些谷地中生长着狭长的热带雨林带。林中也长着终年常绿的阔叶树。雨林的华盖遮天蔽日，高大乔木和棕榈伸展的树冠突出其上，可能高达四五十米。攀缘植物、藤蔓、攀藤棕榈和其他寄生性植物种类繁多。林间地面十分空旷，通常杂草稀疏。[36]

大兴安岭林场，东北的针叶林与阔叶林。

第一章 自然：地形、气候、植被 | 033

海南岛的热带雨林。

第二章　人在自然中的作用

当使用火的直立人出现之后，我们必须更重视中国人在改变地球表面细节中的强劲力量。但是重要的是需要提醒一句，自从北京人以来，中国所发生的最重要的地貌变化却并非因人而起，人类力量同塑造棋盘地文格局的构造性力量完全不可同日而语。地质性土壤侵蚀的区域仍旧水土流失，而发生地质性沉积的主要地区，例如华北平原、长江中游湖泊盆地以及长江三角洲，仍旧泥沙沉积。至今为止人力只是影响了地质变化的速度，而不是变化的方向。只有在小片地区和有限的时间中，人类的努力可以说阻止或者逆转了自然进程。因此农民可能引起小片冲积盆地上的土壤侵蚀，而当农民筑坝蓄水时可能暂时使进程倒转，在堤坝后平静的水中沉积了土壤。从空中俯视，黄土高原上纵横四布的沟壑的确令人惊叹。农民确实发挥了作用，使沟壑成倍增加，但是即便没有农民，黄土侵蚀的过程照样发生。即使没有人类的干预，黄土层也会被冲到平原上，最终流进大海。除非气候出现了重要的变化，再次有利于黄土沉积。

一　改造土壤

在中国北方，尽管中国农民坚持不懈地保持土壤，在山坡边精心铺垫层层草皮，垒起石头存水墙。人类干预所起的主要作用要么是加速土壤侵蚀，要么是加速沉积过程。然而土壤侵蚀的作用并非一无是处，因为侵蚀后的沉积过程使谷地中的土壤变得更加肥沃。在华北平原，洪水带来的冲积土会毁灭整个农庄，淤泥可能厚达数尺，不仅埋没庄稼，而且将田地农舍掩埋其下。一时间，整个大地狼藉一片。但是不过两年，新的淤泥上会长出新庄稼，农庄生活或许在更高的水平上继续下去，就像灾难从未发生。如果洪水冲来的不是淤泥，而是粗砂和砾石，便会造成长期的损害。当冲击沟割穿高原上覆盖的黄土表层，触到下面的黏土、粗砂和基岩时，这种情况会日益频繁，屡屡发生。实际上可以将地质缓慢侵蚀和沉积的过程解释为持续不断地将沃土从高地向低地运送，除了洪水使淤泥分布所造成的不便之外，低地上的农民从中受益颇多。

四川盆地久以肥沃高产而闻名。青藏高原脚下的成都平原尤其肥沃。土壤经久不衰的肥力似乎大大得益于被岷江冲入平原的大量肥沃淤泥。淤泥来自西藏东北部薄薄的黑土或是深褐色土壤。高原的土壤一般来说被草根编织的厚毯维系固定，但是动物打洞和结冰化冻不时损害草皮，所以流水可以轻易刮走大片土壤，最终把土冲到成都平原上。[1] 在四川盆地其他地区的丘陵坡地中，紫褐色砂岩和页岩风吹日晒、不断被侵蚀，形成了红色的土壤。在潮湿的气候中，土壤中的养分会被滤掉，而起伏的地形有助于土壤流动和侵蚀。在四川种水稻的梯田使土壤不致过分侵蚀。然而在四川的一些陡峭下沉的砂岩地区，土壤侵蚀确实过快。这些地方的土层本来就很薄，开垦为耕地之后，沙性土壤很快就被洗刷一空，裸露出大片基岩。[2] 四川农民对土壤侵蚀的应对措施颇为英勇。他们聚拢所能找到的小片土壤，修成窄窄的新月形条地或是梯田。这种田只有6至9米宽，四周垒起光秃的石块。

在中国中部和南部，农民精心修建了梯田种水稻，这种控制土壤侵蚀的方法似乎只是一种意外之举，并非是因为他们意识到了土壤侵蚀问题。农民修筑存水墙环绕的平坦梯田是为稻子截住足够的水流，努力的副产品是创造了行之有效的土壤保持体系。[3] 这个观点的证据

四川盆地紫褐色砂岩和页岩风吹日晒、不断被侵蚀，形成红色的表面。

是，当农民在梯田附近坡地上栽种旱地庄稼时，他就将土壤保持的观念完全弃之脑后。他在清除干净的坡地上从上到下种植一排排整齐的庄稼，土壤流失接踵而至。为了栽种高地作物，也因为其他原因，中国南方浩瀚的森林被砍光伐净，不可避免的后果是山坡上的过分土壤侵蚀和谷地中的土壤沉积。在这个过程的早期阶段，后果并非一无是处。例如，在中国南方，很多谷地呈 V 字形，谷底过分狭窄多石，无法大面积耕种。从坡上冲下的土壤沉积在谷底，使谷底变得平坦，适于水稻种植。然而好处只是暂时的，坡地上持续的土壤侵蚀将山上因过滤而养分丧失的热带土壤冲进山谷，在地面铺上一层瘠薄的土层。农民们必须将这层土移走才能使用下面的肥沃土壤。

  人对土壤的影响也具有建设性一面。在人类长期居住而且人烟稠密的谷地和平原上，冲积土中的养分大致是人类努力的结果。中国农民对土地勤于施肥举世闻名，几乎将所有可以想到，在当地可以得到的东西都用于土壤。[4]可是由于肥料中人的粪便占重要比例，而粪便在大城市和乡镇附近远比在偏远的乡村易于得到，大城市因此被不规整的沃土带所环绕，沃土带至少延伸到人负重一天可以步行来回的距离。从空中望去，城市显然是绿洲的中心，越走向远处的乡村，绿色越淡，然后融入褐色。农产品从农村流到城市，而从城市回流到农村的是粪便，这产生了一种独特的流通方式。但是所到达的农田只是从城市易于走到的地方，更远的距离需要运输费用，使得运送粪不经济划算。[5]然而在中国东部和东南部的三角洲地区，沃土带不太引人注目，因为那里的农民通过运河用船将粪便和其他肥料运到更为遥远的地方。[6]低地三角洲地区农民的另一种独特做法是使用运河河泥来肥田。洪水时河泥沿着自然洪泛的路线被散布到田地里，但是农民加速了这个过程。因此土地上升的高度多少超过了全靠自然沉积所达到的程度。

二 森林的退却

虽然人对基本自然特征和地质进程影响不大,但对植被和相关的土壤体系、土壤流失以及局部气候的影响却很深远。中国版图大约一半曾一度为森林覆盖。现在却只残存着小片分布,其中更小的一片保留着某类原始植被。据最近曾到中国参观的 S.D. 理查森(S.D. Richardson)说,他相信中国人必定感受到森林产品的短缺。竹子、蔗渣、稻秆、草经常被用于建筑和造纸,连接使用的电线杆随处可见,在某些地区似乎对用过的厕纸加以回收,送回工厂重新捣成纸浆。[7]

在云南、四川西部、青藏高原的边缘、秦岭山脉、广西、广东(尤其是海南岛内陆)、贵州和江西的偏远地区还存在面积较大,人迹罕至的林海。但是最辽阔,最易进入的原始森林位于东北北部,这是个马蹄形地区,包括蒙古高原的东部边缘、大小兴安岭、长白山脉。目前这片北方针叶林占中国森林资源总面积的 60%。[8] 直到 20 世纪初叶,据一位博物学家说,这里是一片"无缝无隙的""绿色海洋","逶迤连绵,似乎无穷无尽"。[9] 在满族(Manchu)人统治中国时,东北北部是满人的领地,禁止汉族移民进入。但是在 20 世纪初,这片地区开始对汉族农民开放,于是在 30 年代早期形成了移民高潮,一年内迁入的人口几乎有 50 万之多。虽然大多数人定居在平原上林地-草原混杂带以及山麓肥沃的森林土壤上,还是有不少人迁入针叶林地区。在牡丹江(松花江的一条支流)流域盆地和长白山的坡上,农民对云杉冷杉混合林所造成的变化一目了然。大片针叶树被砍伐,砍光伐尽的地上大多栽种硬木林。[10] 在针叶森林的下方,山边的丘陵地带上曾经也覆盖着广阔的针叶树混合林,森林延伸到东北平原的东部。农民却使森林面积大大缩小,面目全非。东北平原较干燥的西部迅速建起大型国营农场。但是我们对那里原始植被的性质不太确定。在

19 世纪，当平原上人烟稀少时，平原干燥的西部边缘是开阔的干旷草原，原上树木稀疏，大多是榆树。在这条半干旱区和半湿润区混杂的带状地上，树木可以自我更新，因此那里的树木曾一度远比今天或是过去 200 年间茂密。虽然只是在 20 世纪初叶以来，东北平原上的人口才迅速增加，在过去很长时期，或许在二十多个世纪间，这里就是通古斯人（Tungus）的家乡。在遥远的过去，通古斯人最初靠打猎和捕鱼为生，后来成了牧人和农民，他们从汉人那里学到了耕种技术。这些汉人早在秦朝（公元前 221 至前 207 年）以前就定居在平原南端。平原上本来生长着森林，而非后来的草地，但由于人使用火和放牧牲畜，造成了这种植被的变化。自从 1951 年，政府在平原干旱的边缘栽种广阔的林带，面积将近 3 万平方公里。栽种的树中包括榆树以及耐旱的杨树和柳树。[11] 对于栽种的树木是否可以存活并自我更新，我们满怀期望。

中国有大片地区在漫长的岁月中养育了稠密的人口。这包括渭河盆地和山西高原，东边的山东半岛和位于二者之间的华北平原。在冬天，我们可以恰如其分地将这个地区称之为"黄土地"。在夏天，这里铺上了草和庄稼的绿毯，但是树木稀少；在山里，树丛长在庙宇的周围，在平原上，树丛围绕着村庄，在有的路旁，树木排列成不宽的队列。这些树都由人维护、栽种。山西高原裸露的坡地和山东的丘陵地带比华北平原降水充沛。虽然这些高地的大部分地方现在是令人难受的濯濯童山，但在古代，那里无疑绿树成荫。例如，9 世纪时日本僧侣慈觉大师曾穿越山东半岛和山西高原，他描述的是一个林木茂密的地区，有的地方是湿地，甚至渗水不畅。他的描述同 19 世纪和 20 世纪初这些高地上的景色形成鲜明对照。[12] 毫无疑问的是，在地表土壤没有完全流失的地方，植树造林并非难事。所以山东省青岛以北的地带长满森林，同周围光秃的山麓小丘大相径庭。当青岛在德国人管辖之下时，他们监督种植了这片森林。如果说这个港口不幸见证了德国的帝国主义野心，这条绿带却是对这个国家有关土地态度的赞扬。

可是华北平原的原始植被到底是什么样的呢？人们众说纷纭，有干旷草原、森林草原和森林种种说法。C. W. 王赞成森林说。[13] 他认为平原上曾覆盖着广阔的落叶阔叶林，主要树木为栎树属，同山西和山东丘陵森林中的树木相似。在今天很难将华北平原想象成树木葱茏的景观。河流旁的柳树、杨树和榆树可能长在适于它们的小生态环境中，但是在这里也可以找到大量其他科属的树木。王列出40种树木，包括臭椿、合欢树、栾树、中国朴树、香椿、白蜡树、核桃、圆柏、榆树、杨树、栎树、柳树、松树、侧柏和枣树。在山麓小丘上这些树可能漫生四野，但是在冲积平原上它们长在种植园中，在人的照拂下呈半自然状态。植被的形态在很大程度上由人决定。随处可见的枣树属于半野生类型，但是人为了它的果实也栽种枣树，因此王认为很可能枣树是从山上各类常见带刺灌木枣树丛驯化而来。如果生长在茂密的森林中，有些树可能毫不起眼，但是在开阔的田野里它们却欣欣向荣，例如臭椿、栾树、松树和侧柏就是这类树木。冲积平原上树木的种类也因人的喜好而发生变化，人们偏爱某些树因为它们生长迅速，有经济价值，或是因为宗教赋予它们某种象征意义。

林学在中国源远流长。在《周礼》中我们发现了两种官职，职责是森林保护。一种是山虞，即山督察；另一种是林衡，即林督察。山督察负责维护山中林地，决定保护某些物种，并贯彻保护措施。因此平民百姓只在一定的时候才能砍树伐木；在隆冬时砍南坡的树，在仲夏时砍北坡的树。其他季节只在急需时才允许砍树，例如需要造棺材或是需要加固堤坝，但即使在急需时有些地区仍然禁止伐木。林衡的职责相似，不过他的权限遍及山下林地。[14] 另一部提到森林保护措施的古代文献是《孟子》。圣人对梁惠王献策说，如果他只在适当的时

华北地区的常见植被，栎树（上）和榆树（下）。

竹子是长江流域常见的植被。

浙江莫干山葱茏的森林。

候允许人民砍伐树木,那么木材将会取之不竭。[15]

因此森林保护的传统古已有之,并延续到当代。官方对此加以鼓励。只要森林保护同一时之急不相冲突,人民就积极主动,贯彻实施。在大约 40 年前,美国的环境保护人士 W. C. 洛德米尔克(W. C. Lowdermilk)就注意到,在安徽、河南栽种了数万亩松树,树苗来自当地苗圃。洛德米尔克认为此举源于古代传统,与当代森林保护运动无关。[16] 洛德米尔克还发现在华北平原上,人们"将相当大量的泡桐树木材出口到日本,将杨树运到工厂造火柴。虽然在平原上不见森林,但是每个村庄都有自己的树林,按照某种制度栽种成长"。[17]

在中国,路边栽树的习俗源于古代,可回溯到东周(公元前 770—前 221 年)和秦朝(公元前 221—前 207 年)。通常种在路边的传统树木包括杨树、松树(尤其是油松)、柳树、栗树、榆树和槐树。[18]

寺院中的树木以最广为人知的方式诠释了中国林学知识,以及中国人关于森林的美学和实用期盼。几乎所有大村庄都有一个村庙,院中长着精心照管的树丛。坐落在山中的佛寺和庙宇更是如此。[19] 某些树看来具有特殊的宗教意义,人们因此格外用心管理,例如银杏、白皮松、香柏。这些树在山野中很难一见。其他具有宗教意义的树木还包括道家以及后来佛家所看重的七叶树(栗树的一种);佛家尊崇的椴树,椴树将印度的热带菩提树取而代之。

在 1949 年后,因为经济建设急需而大量植树,但是种树也是为了欣赏。路边所植树木的种类延续"传统",杨树尤为多见。虽然在村庄中人们植树造林,但是在城市中,在新兴的郊区和工业区,植树造林运动才格外引人注目;那里栽种的树木在很大程度上掩盖了大兴土木所造成的杂乱。正如理查森所说:

> 这里广泛种植各种各样的树木。树木以及同时成长的开花

灌木使中国城市郊区的新发展成为世界上最迷人的景观。在北京所种植的数百万棵树形成令人难以忘怀的景色；在昆明、西安、杭州、广州街旁种下的树也同样令人赞叹；就连哈尔滨和上海的工业区贫民窟也正在有条不紊地被绿叶所掩映。[20]

除了在逶迤的山中，长江流域丘陵和冲积平原上的森林，同华北平原上一样被砍光伐尽，人所造成的变化剧烈而显著。在海拔不太高的地方，原始植被可能是常绿乔木和落叶树混杂的阔叶林，在谷地的底部变为以常绿乔木为主。然而谷地和附近大部分丘陵已经耕种了很长时间。现代所见的植被反映了人类的巨大影响。博物学家 E.H. 威尔逊（E. H. Wilson）在 20 世纪初考察了中国西部。他的观点是，人类在四川盆地中居住的时间是如此之长，所以在目前存在的森林中，天然林地已荡然无存。[21] 四川盆地长着小片的常绿的栎树、常绿的樟树、常见的榕树，说明原始植被可能是常绿阔叶林。不过在四川的榕树似乎因人的保护而格外引人注目。据索普（Thorp）说："榕树既是用来装点大地和乘凉，也是崇拜的对象。常见的景色是只需一棵这种华盖广阔伸展的树就覆盖了一座光秃小山的顶部。"[22] 在长江流域，中国冷杉的重要性远远超出其他树木，所以广泛种植。在东北之外的地区，冷杉是目前用途最广的木材。以前在长江流域的混杂阔叶森林中，冷杉可能曾是主要的树种之一，但现在在长江流域下游，它只生长在林场中。在湖北西部上游的群山间，冷杉又开始现身于天然林地。

在长江上游的四川盆地以及贵州高原的石灰岩地区，长着面积广阔的高大草本植物（竹）；小片的阔叶林仍旧环绕着庙宇，其间疏稀地夹杂着松树。树木也长在陡峭石灰岩丘陵脚下的厚土上。阔叶树构成的天然植被大都被砍光伐尽，主要是为了饲养牲畜，其次是耕种，饲养牲畜是贵州的一项重要职业。[23] 烧荒不断发生，在有的地方一年

长江流域海拔较高的山区生长着杉树。

四川、云南以及岭南地区常见的榕树。

一度，促使草木永远茂盛。在山火烧光的地方可能长出次生的松树和栎树。在贵州西部针叶树现在主导着当地景观。[24]

中国南方的天然植被是四季常绿的阔叶林。沿海岸一带森林呈现出雨林的外观，树木华盖浓密，高矮不一，藤蔓和寄生植物种类繁多。在云南、广西和海南岛腹地还保留着广阔的雨林地带，那里人迹罕至。低地上的林地已被砍光伐尽。在沿海雨林的北面本来有宽阔的林带，长着较矮的常绿阔叶树，主要种类为麻栎、栲树、台湾栎树。但是这片森林已被刀耕火种改变得面目全非。在广西东北部，整座山几乎不见树木，长满高大粗粝的草（茅草属）。在南方高地辽阔的地域，刀耕火种已使原始植被让位于次生灌木、高草、蕨类植物以及硬木树和松树构成的次生林，松树多为马尾松，在云南是针叶细长的云南松。[25]同长江流域平原一样，在南方高原人们最喜欢栽种杉树。在天然植物中，竹丛引人注目。农民们对竹子关爱有加。在中国南方的村子里，有些树受到特殊保护。例如，当人走进农田环绕的村庄时，会见到樟树（香樟）挺拔的轮廓。樟树也往往种在坟地里。

三　森林砍伐的原因

是什么力量使人对植被大动干戈，因此而改变了中国景观的特征？对世界上所有人类长期定居、密集居住的地方我们都可以总结出一系列为人所用的力量和动机，以此来解释生物层的变化。我们为中国所开列的一览表与此相比可能大同小异。在几乎所有地方人们普遍用火清除森林。清除森林是为了放牧牲畜。连年放牧牲畜阻碍森林再生，可能会彻底损害植被。清除森林也是为了开垦耕地。此外，建造宫殿、房屋和船只需要森林中的高大乔木；家庭和工业需要燃料，木材厂需要原料。人们毁灭森林还因为危险的野兽可能藏匿其间。但是很自然，毁林的手段和动机并不一样。在地中海世

中国广泛分布的石灰岩地区,形成了很多奇峰秀丽的喀斯特景观,如桂林、张家界等典型的峰丛。

界,危害森林是因为放牧绵羊和山羊,还因为海洋霸权国家的造船业对木材的大量需求。与此相反,危害中国植被的主要原因却是稠密农业人口的急迫索求。

为了理解为什么在这个国家中会出现如此大面积的森林砍伐,我们需要对中国的独特状况加以考虑。我们已提到北京人,在这里我们需要旧话重提。因为在现代人的人类祖先中,北京人无疑最先掌握了使用火的知识。(编者注:根据目前的人类学研究,北京人并非是现代中国人的直接祖先)周口店遗址提供了充分证据,证明火塘的存在,说明家庭群体曾居留在同一个地方相当长时间。遗址中所居住的人们使用这个地区的植物,尤其是朴树;但是根据动物遗迹中的大量鹿骨判断,他们所喜欢的食物似乎是鹿肉。[26] 这就提出了一个有趣的问题。鹿是一种行动迅速,善于逃避的动物。使用棒子、石斧和标枪这类极其原始武器的周口店人无法轻易将其猎杀或捕捉。C. O. 索尔(C. O. Sauer)问道:"早期人类最擅长使用的工具火不也是一种手段吗?他们用火驱赶这种敏捷胆小的猎物,直至它崩溃在人们的包围圈里。"历史上最早的猎人和采集者如何能够改变景观,使植被发生重要改变呢?以北京人为例,C.O. 索尔写道:

> 对北京的发现所呈现的遥远过去匆匆一瞥,足以使我们确定人在改变植被中所发挥的悠久作用。他有了居住的营地;在营地中踩出小路,由于透进较多的阳光,也由于不怕践踏和其他困扰,野草沿足迹在路边丛生。种子和根茎洒落在路边和营地中,有些落地生根并繁衍生长。厨房垃圾扔在营地周围,同灰烬和含氮物一起肥沃土壤。改变的土壤有利于新的杂交植物生长。挖掘食物弄乱了采集地的土壤,动物用鼻子拱地,人掘地,啮齿动物咬嚼,经过翻掘土地上的植被会发生变化。如果火在原始时代已经存在,起初用来帮助采集,后来作为狩猎的

手段，那么人获得了改变植物的最强大助力……焚烧是一种最简易有效的手段，用于驱赶敏捷高大的动物，从而将它们成群捕获。在进行焚烧的地方，火影响了植物的再生，改变了植被的构成。[27]

对周口店人来说，狩猎是生存之道；火可能是狩猎的主要手段。到了中国历史上周朝的初年（公元前 1000—前 700 年），至少在贵族中，狩猎成为一种运动，《诗经》中记载了人们用火逐出野兽。[28] 在农业文明中，放火的最一般的原因无疑是扩大可耕地。中国伟大的历史学家司马迁（公元前 145 年？—前 90 年？）在其不朽之作《史记》中，将人烟稀少的长江流域形容为一个人们进行"火耕水耨"式耕耘的地方。[29] 被说成"火耕"的模糊表达可能指的是用火烧荒，清除林地。在现代人烟稀少的地区，这是一种常见的耕作方法，往往被观察记载。1913 年时索尔比（Sowerby）对东北北部浩瀚无垠的原始森林印象深刻。但是即使在那时，他可以看到在有人定居的地方，烟从林中升起的痕迹。在今天飞过中国南方崎岖山地的上方，可以屡屡观察到严重毁林和土壤侵蚀的地方；根据缕缕烟柱，可以发现烧荒过程仍在持续。顺着烟就能找到刀耕火种的农民暂时清理出来的林间空地。

中国农民也延续着古老的传统，他们放火烧林将猛兽逐出藏身之地。《孟子》中有一段有趣的叙述，说在古代、草木畅茂、禽兽繁殖、五谷不丰、禽兽逼人。传说中的伟大君主舜命令益用火来对付，"益烈山泽而焚之，禽兽逃匿"。[30] 肖（Shaw）说在现代，广西和贵州省的少数民族部落放火烧林驱逐虎豹；索普在 1924 年记载了发生在陕西中部为数众多的野火，放火显然是出于同样的原因。[31] 当农民们说这是为了耕种而清林，但是所烧毁的地区远远超出耕种所需要的面积。可能他们为了使土匪不易躲藏，也可能是为了节省劈柴的劳力，

北京周口店古人类生活遗址，根据考察当时古人类已经会使用火，在周围的森林中捕猎鹿等动物，或许古人类长期的生活改变了这里的植被以及景观。

想让烧过的地上长出矮小的更适合劈砍的灌木！更令人吃惊的是，可能烧起燎原大火只是为了观赏取乐。[32] 当然意外也会引起火灾。中国所特有的危险是在坟堆旁烧纸钱所引起的森林火灾，在崎岖的南方，坟往往建在耕地以外，在林木笼罩的丘陵边缘。

在中国，对燃料的需求在过去以及现在都是森林砍伐的重要原因。尤其在冬日酷寒的中国北方，为煮饭和取暖用去大量木头。农村孩子的日常工作是为家里拾柴，例如山东那样的已成光山秃岭的地方，这意味着在矮小的灌木中搜索、拣拾零星树枝、干叶和草。当代植树造林工作中一个难于解决的问题是如何劝阻农民在寒潮来临时折断小树的枝干，眼前迫切的需要使他们无法顾及将来，以至于做出伐林为炭之举。在历史上，中国北方为工业用炭而伐木，森林因此遭到洗劫。自从10世纪开始，不断扩展的冶金业每年都消耗千万吨木炭，同时制盐、制矾、烧砖造瓦、酿酒也需要木炭。罗伯特·哈特维尔（Robert Hartwell）统计说，如果只用木炭的话，那么在1080年为了铸造铜钱铁币就需要砍掉22000棵中等体积的树木。[33] 自从东汉之始，砖成为中国常用的建筑材料，用砖修建房屋，为坟墓贴面，也砌在大城市土墙的外层。到宋朝（公元960—1279年）时，木柴和木炭成为重要的家庭和工业燃料，对它们的需求急剧上升，以至于国家的森林资源无法满足。这可能导致自宋朝起，煤炭日益取代木柴和木炭。饶有兴味的是我们注意到火葬也需要木头作燃料。考虑到一般中国人很害怕火葬（起码是正式态度），火葬的作用似乎微不足道。但是在佛教影响和土地短缺的压力下，从10到14世纪，火化尸体在山东、江苏、浙江这类沿海省份以及内地一些地区十分流行。[34]

建造中国城市需要大量木材，需求量超过建造同等规模的西方城市。原因是中国传统建筑用木材做基本建材。《诗经·商颂·殷武》中讲述了如何修造庙寝：

> 陟彼景山，松柏丸丸。
> 是断是迁，方斫是虔。
> 松桷有梴，旅楹有闲，
> 寝成孔安。

庙寝完成了，这是（他灵魂的）停歇之地。[35]

据说秦始皇于公元前 212 年开始建造一座巨大的宫殿——阿房宫。所需要的上好木材远远多于《诗经》中所说的庙宇。为此可能整座山岭要被砍光伐尽。至少据诗人杜牧说是如此：

> 六王毕，四海一；
> 蜀山兀，阿房出。
>
> （《阿房宫赋》）[36]

如果说造一座大宫殿需要很多木料，那么造整座城所需要的就更多得多，尤其是像唐朝都城长安和南宋都城临安（今杭州）这样规模的城市。这两座城的人口都超过百万。13 世纪时对杭州城大加扩展，需要建筑木材，四周山岭上的大片森林因此被砍光。对木材的需求是如此之巨，以至于有些农民不再种稻子，专以从事林业为生。[37] 在房屋大多为木制的城中，火灾是永远的隐患，在南方的大城市中尤其如此，因为那里的街道一般比较狭窄。在火灾后必须重建房屋，这加剧了对木料的需求。比起意外火灾烧毁部分城市来说，人为毁灭整座城市造成的后果远为严重。这种情况发生在兵燹动乱时期，当起义军和入侵的游牧民族颠覆一个王朝的时候，接踵而至的重建通常非常迅速。为了获得建筑材料，人们成群结队地上山入林，对森林毫无怜悯地大砍滥伐。

与沿海文明不同，相对于其他类型的建筑来说，造船业在中国对

第二章 人在自然中的作用 | 055

秦代咸阳一号宫殿复原图。宏大的宫殿建筑群耗费了大量的木材，减少了关中地区的森林面积。

毁林所起的作用相形见绌。但是自南宋开始,在一个延续两三个世纪的时段中,中国成为亚洲首屈一指的海洋霸权国家。在南宋时朝廷首次成立了海军,费时不长就建起一支颇具规模的舰队。在 1130 年有 11 个中队,水勇 3000 人;到 1237 年扩展到 20 个中队,水勇 52000 人。在宋代之后统治中国的蒙古人继续扩大海军,他们开始了规模宏大的造船工程,在长沙、广州、龙湖(Lung-hu)(河北东北部)*、朝鲜的全罗南北道建立了造船厂。北方的船厂对当地森林需索颇巨,砍伐了热河山中和朝鲜济州岛上的森林。根据记载,有一次一支 17000 人的大军被派到热河去砍树。[38]

我们可以用一段对中国独特现象的观察来恰如其分地结束这一章。薛爱华(E.H. Shafer)最近评论道,所有艺术中最高雅的书法艺术,也是中国北方的森林被砍伐的原因之一。因为造墨汁需要松烟,即焚烧松木产生的烟。"甚至在唐代以前,山东山中的古松就化成了炭,现在唐朝庞大的官僚集团正忙于挥毫,使山西与河北之间的太行山迅速变得光秃一片。"[39]

四 建筑和景观**

1. "非历史性"景观

在欧洲,人们可以轻而易举地在现代景观中发现昔日的遗迹。比如说有废墟,有巨石的残迹,有希腊的寺庙和剧院,有罗马的高架引水渠和宏大的竞技场,有古代修道院、教堂,有城堡空洞呆滞的外壳。虽然可能数量不多,但是这些遗迹在我们今天有关欧洲景观的概

---

* 疑为秦皇岛附近,洋河与戴河之间某地。——译者注

** 编按:此一节内容在原书中为第六章,为使其结构更明晰,遂调整至第二章最末。故本章边码上下并不连续,请读者留意。

念中发挥着鲜活的作用。它们可能仅凭巨大的体量、重要的位置就主宰着乡村景色，而在年代久远的浪漫传奇中，它们的力量更为巨大。这些遗迹还在建筑上得到复活：人们偶尔会再现过去的形式，使之在现代复制品之中获得新的生命。

　　欧洲景观是历史性的，因为它使人看到时间是个进展变化的过程。与此相反，中国景观是"非历史"的（ahistorical）。建筑可能是古老的，譬如看那些城墙环绕的城市、那些石拱桥、石笋水流的园林、塔楼亭榭，它们代表着沧桑和永恒。但是人的作品似乎和自然一样亘古不变，它们没有清晰可见的"故事"；没有明显的遗迹使人回想起过去的不同阶段。中国城市规划和建筑基本形式中的保守主义，使其富于年代感。但是这种缺少变化的形式感，常造成建筑物年代久远的一种错觉。

　　对于地球表面绝大多数人造景物来说，形式的古老和材料的易变是它们的特点：在中国即使是那些设计宏伟的建筑也不例外。我们已经讨论了城墙。现在来看一下中国景观中不太雄伟壮观的建筑。

2. 桥梁

　　在长江下游和中国南方水网密布的平原上，桥往往是引人注目的地标。因为不论在乡村还是城市，桥梁都具有视觉重要性，所以人们倾向于夸大桥的数目。最为著名的错误或许被不太公正地归之于马可·波罗对南宋都城行在（杭州）热情洋溢的描述。他写道："据说城里有大大小小12000座桥，大多是石桥，但是有些是木桥。"A.C.穆尔（A. C. Moule）认为这是一位早期的抄写者搞错了。马可·波罗多半说杭州有100座大桥，这数量足以使威尼斯人感到叹为观止。[40] 我们对华夏大地上桥的数目和风格没有做过精确的考察。富格尔－梅耶（Fugl-Meyer）在一本1937年出版的书中，说中国有大约250万座桥。在国内最富庶的地区，密度是每平方公里5座桥。正如人们所料，桥最多的地方是江苏省的水乡泽国，那里每平方公里有 8 座桥。在起伏不平却人口众多的四川盆地，桥的数目也很可观，平均每平方公里有 4 座之多。在安徽、山东、湖北省，桥也比比皆是。[41]

在不同地区，桥的风格有所不同。在北方和中部地区拱桥引人注目。晚明和清代所修建的那些具有军事或是商业重要性的桥梁大多用桥拱支撑。用巨大石板做梁的石梁桥虽然也存在，却似乎是早些时代遗留的形式。石梁桥广泛应用于修建众多小型桥梁，例如点缀装饰园林的小桥和跨越长江流域众多河汊漕渠的桥多为此种结构。那里的水浅，驳船无法通行，所以不需要高拱桥洞。在长江流域以北的半湿润地区，多用马车和牛车作为运输工具，所以上拱桥的通路坡度平缓。但是在长江下游，修桥主要为了行人、毛驴和骡子，这些桥一般是弓背桥，两端阶梯陡峭，车辆无法通行。弓背桥的造型有马蹄形和圆形桥洞，船舶可以通过，它们在平坦的景观中构成如画般的景致。

中国最著名的桥梁之一是河北赵县的平拱安济桥。*这是优美的造型与高超工程技艺的结合，桥拱的跨度达 37.25 米，从桥脚到拱顶的高度只有 7 米。在欧洲这种平拱大跨度桥（跨度 29 米）直至 1567 年才出现，是由阿曼那提（Ammanati）在佛罗伦萨（Florence）建成的。而赵县的安济桥建于公元 605 年至 616 年。这是中国最古老的建筑之一，自建成后一直使用到 1954 年。那年一座新桥在附近落成，使老桥终于可以"退休"。[42]

在长江以南的中国南方，同北方情形正好相反，最典型的桥是石梁桥。在南方，石梁桥用于承载商业性运输，而在庙宇附近和园林中最常见的是装饰性的拱桥。中国东南部的石梁桥似乎可以追溯到南宋（1127—1279 年）。这些桥的长度令人瞩目，有些长达 1200 多米；用

---

* 即赵州桥。——译者注

21米长、200吨重的巨大厚石板铺设在桥墩之间。

在西部的偏远崎岖的乡间，包括四川、贵州、云南，有两类独具一格的桥：悬臂桥和吊桥，它们用于跨度较大的地方。拱形结构用在小于30米的跨度，除了原始的木板桥，很少使用梁结构。在云南和四川人烟稀少的山间乡野，景观中最令人瞩目的人造风景往往是悬臂桥。桥的两端是灰瓦作顶，尽人皆知的客栈。因为悬臂桥是为数不多、常有路人往还的地点之一，它们成为临近地区的聚会之地和集市中心。建桥的材料是木头，这在山区从不缺少。

华夏西部另一种常见的桥是单跨的吊桥，用竹子拧成的缆索建造。在峡谷的两端各有一座坚固的房屋矗立在石基上，房屋庇护着用来绷紧缆索的装置，这里也是行人休息和缴费的地方。就起源而言，铁索吊桥出现于竹桥之后，模仿竹桥的运作原理。虽然不再需要绷紧吊索的装置，两岸仍然有座房屋。铁索吊桥本身就很古老。据李约瑟（Needham）说，至少在公元6世纪中国已修造了铁索桥。[43] 铁索吊桥从中原传到西藏和喜马拉雅山脉地区。在隋唐时代，驿路栈道和铁索桥扩展到西南地区。但是今天我们所见到的铁索吊桥跨越像澜沧江和怒江这样的长江大河，可能是在明朝。明朝的君主们力图使人烟稀少的西南部地区同中原世界紧密相连，因此深入崇山峻岭的乡间，在那里铺设栈道，架起桥梁，扩展了交通网络。架桥修路主要是为了便利军队的调遣。虽然工程上成就巨大，却并非总是明智之举。铁索桥跨越大江大河，石桥架在小河溪流上。石桥通常是弓背造型，这使商队中的驮马行路艰难。

在中国，历史上最古老的桥梁用木料建造。周朝时的桥是木结构，按照浮桥原理修造或是在桥桩上搭木板。中文桥字的部首是个"木"字，这个字历史悠久。在西汉时期，长长的厚石板替换了木料，木板桥发展成石梁桥。从木桥向石桥转化的原因不甚了了。当时并不缺少木材，房屋仍旧用木头搭建构架，这一建筑模式延续至近现代。

隋唐时期的赵州桥。

第二章 人在自然中的作用 | 061

北宋时期的绘画作品中当时汴梁的拱桥。

在宋朝时的福建省，出现了新的以石代木造桥的例证。显然仿照内地山岭中木制悬臂桥，建起巨大的石梁桥。我们仍旧找不出以石代木的理由，或许是巨大的木材变得不易寻找，因为用作桥板的木材需要有 15 至 21 米长，这样的木料并非随处可见，所以用石头代替。石拱桥出现于东汉时期，据富格尔－梅耶所见，桥梁建筑中使用桥拱的创意可能来自西亚的帕提亚（Parthia）和罗马，而尖拱创意可能源于虔信佛教的印度，尖拱桥在中国西部很常见，也很古老。但其实修建桥拱的工艺和技术纯粹是中国土生土长的。罗马的桥拱由巨大的石料修建，看来粗笨厚重，中国的桥拱用薄石作壁，里面是松散的填充物。[44]

没有见到汉代拱桥的实物留存下来。现存中国最古老的拱桥是上面提到的安济桥。安济桥的构造是如此完美，因此我们有理由推断之前一定有很长时间的历史积累。薄壁桥洞只使用最少量的石料，在冲积平原上，尤其是在长江三角洲不坚实的地基上必须如此。石桥就美观实用而言在隋朝时达到顶峰，此后便停滞不前。我们在长江下游所见到的众多桥梁本身并不古老，但是风格形式和建造工艺却源于古代。在华夏景观中石桥是一个古老而少有变化的要素。与此相反的是采石场。采石场也成为景观中引人注目的特色。"在长江三角洲的任何地方，只要有一座石料适宜的岩石小山，山圆形的轮廓矗立在泥土的大地之上，从远处就可以看到一道切口割入山里。"[45]

3. 房屋

有关中国桥梁的历史地理学我们所知甚少。关于中国房屋我们知道的要多一些，但即使是对于华夏景观中这个基本特色，我们的知识中也可悲地存在着空白。既然华夏大地的东部可以分成两个部分，一部分是半湿润的北方，另一部分是潮湿的南方，我们可以设想房屋会依不同环境修建而且具有各异的特色。在一定程度上的确如此。在中国西北部地区房屋多为平顶，而南方则为陡斜的尖顶，这反映了降水之多寡。而且在中国北方，农民房屋的墙壁是用夯实晒干的土坯砖砌成。在南方人们也使用同样材料，不过显而易见，这不太适合南方气候，为了弥补这个缺陷，人们在外墙上厚厚地抹一层泥，有时还涂一层白灰。此外，在中部和南部，竹篱笆和灰泥经常成为造墙的材料，往往用竹子，而不是木料来搭建房架。[46] 这类细节上的差异还很多。但是事实上在所有汉文化地区，中国房屋的基本大同小异：原则上要修隔墙，用木材搭建房架，用瓦或是稻草苫盖人字形屋顶，房屋外边有院子。

在史前时期的华夏北方，半坑式的民居大致成方形或是圆形。房架用木料建造，屋顶由从中心辐射的木柱搭建，铺上木条，抹上泥巴。如果是较大的长方形房屋，屋顶从屋脊向下倾斜。圆形房屋的屋顶为圆锥形，方形房屋的顶是金字塔形。有时候似乎整座房子都成金字塔形，所以看来就像个帐篷。显而易见，即使是在最干燥的地区，平屋顶也并非中国早期的建筑传统。后来平屋顶广泛传播于中国西部的山区，这表明了来自西藏和中亚的影响。新石器时代的半坑式民居延续到商代和西周。（编者注：即便到今天，在河南等地还有规模可观的半地下村落。）

在商代后期房屋建筑发生了根本性的变化。出现了建在地基上的房屋，房屋成长方形，屋顶为人字形，木材搭建的屋架支撑屋顶，将隔墙同承重墙区分开。在商代都城郑州和安阳，这种建筑非同凡响。它们是首领居住和庆典的场所，或是贵族和杰出青铜工匠这类显贵人家的居所。普通百姓继续住在新石器时代的半地下式房屋中。[47] 但是后来平民百姓也住进了地上的长方形房屋。那时穷人的房屋和富人房屋之间的区别在于：房屋的大小，搭建屋顶和墙壁材料的不同，建造屋顶的工艺，内部拥有房间的数目。

对于农民来说，最简单的房屋就是一座房子分成几个房间。就使

陕西临潼姜寨遗址复原的史前村落。

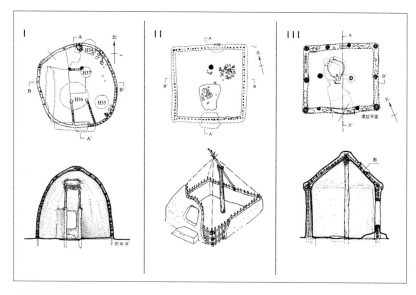

土木结构的史前民居。

用材料和建筑方式而言，农民房屋的基本特点同商代庆典场所大同小异。区别是在商代时这类房屋广受尊崇，需要用人和动物作为奉献的祭品。当平民百姓修建商代式房屋时，我们也见到对商代庆典和贵族房屋的详尽阐述。建筑材料有所变化，早在西周时就开始使用瓦，砖的使用开始于周朝的后期。[48] 到汉朝砖瓦广泛用于建造较大的房屋，不过穷人的屋顶仍旧用茅草苫盖。房屋基本建造上最引人注目的变化在于屋顶的形状。最早出现的是倾斜度不大的人字形，这种形式的屋顶在民房建造中仍旧比比皆是。但是在庆典殿堂和有钱人的豪宅建设中繁衍出各种形式的屋顶，例如全屋脊、半脊、金字塔形屋顶。全屋脊的屋顶起源于西汉时期，这是房屋建设中引以为傲之处，用于最雄伟壮丽的建筑。半脊是对全屋脊的改造形式，屋脊比建筑的宽度小，有夸张地伸出的巨大屋檐，流行于唐代。[49] 金字塔形的屋顶，就是数条脊攒聚成尖，用于较小的庙宇和亭台。

屋檐曲线的变化发展为中国建筑和中国景观增加了与众不同的特色。然而由于前几个世纪中生搬硬套的模仿，曲线形屋顶已变成建筑学上的乏味程式；以至于在今天只要给任何建筑加上一个弯曲的屋檐就可以声称是中国风格，即使是扣在一座摩天大楼上。曲线飞檐的新颖造型至少在东汉就已出现。在唐宋时期的重要建筑物上，这种飞扬脱俗的造型被发挥到极致。屋顶巨大，坡度也很大，这是建筑物最鲜明的风格。由于屋檐向上翘起，涂珐琅的琉璃瓦流光泛彩，屋顶显得优雅甚至轻灵。

曲线优雅的宋代宗庙殿堂如何能够顺理成章地继续发展呢？不再增加更多的曲线，相反，在整体形态上表现出对简洁平实的回归；应寻找一种端正，整洁与不朽的气势。在这一方面明朝殿堂与宋代的不同。[50] 350多年的清朝（1644—1912年）为明朝建筑增添了许多细枝末节，基本结构的变化却寥寥无几。

汉代画像石上的房屋、庭院、殿堂等。

4. 庭院

比起中国房屋的基本建筑单元来说，更墨守成规的是对这些单元的空间布局。自从第一座高出地面、人字形屋顶的长方形房屋出现于商代，我们就可以窥见依直角布局安置不同单元房屋的模式。[51] 在安阳遗址我们已经见到一种基本的庭院规划，即东－西或是南－北朝向的房屋围绕着一片空地。

庭院式布局最初只应用于城市的礼仪中心，同帝王的皇宫布局相同。这种格局后来扩展至一组组官方建筑，扩展至王公贵胄和地主豪强的住宅，扩展至他们的乡村农舍，最后到达中等阶层农民的居处，为所有造屋者所认同。到汉朝时，庭院式布局已经深入到丰衣足食的农民阶层。1500年来，都是中国风景中最独特的要素。这一模式历史悠久，是今天例证犹存。比如说北京皇宫的院落。

庭院布局的基本形式当然为长方形。中国人传统上视宇宙为方形。自从周朝初期，作为宇宙蓝图的城市展现为特有的长方形，朝着四个基本方向。自从周朝中期，城市呈现出一分为二的基本划分：一个区域内坐落着官府衙门、宗庙殿堂，其他地方住着平民百姓。官府衙门或是宫城一般位于墙壁环绕的城郭中心或是靠北一边，从那个位置帝王官吏统治着人类的世界。在宫城之内，殿堂宫阙的布局仿照大城郭的某些特点。君主的宝座或是召见群臣的朝堂位于重重院落的中心，帝王的寝宫聚集在"内"（即北）庭周围，次要的衙门散布于"外"（或南）庭一带。

有钱人家效仿这个布局，不过规模逊色很多。可能有两重或多重院落，位于中央的大厅分开外院和内宅，这是客厅，或者是礼节性接待宾客的地方。北面是内院，坐落着家中父母和年岁较长子女的住房。父母的房屋在北边，孩子的房屋在东边和西边。客厅的南面是外院，在东西两侧排列着客房和孩子的住房。南面靠街，有厨房和佣人住的下房。[52]

等而下之的住房属于丰衣足食的农夫。是三面的房屋马蹄形一样围绕着一个小小的院落，大门的一面有墙无房。北面的房屋中间是客厅或是起居室，两边是卧房。东西的厢房一边是厨房，另一边是仓房和堆放工具的地方。在所有这些布局中都存在着方位上的等级，以中央或是北面（朝南）为尊。

只要家宅的院落超过一个，基于某种功用性或是社会性区分，一般都始终如一地将院子分成"内"院和"外"院。但是并不一定遵守朝向基本方位的原则。正如我们可以想见，基本方位对于城市围墙和街道布局影响最大。独立于平坦原野上的城市无需改变传统的原则。皇城也可以自由自在地遵循当时所接受的蓝图。城市中的房屋就必须考虑邻居的要求和街道走向，面南的规矩往往要打折扣。即使按照院落布局修建而且独立四野，农舍往往并不遵守基本方位。乡村传统支配力减弱之时，农户认为更需要同自然特色保持一致。

根据博伊德（Boyd）所述，华夏中部安徽省东南边缘（徽州）保留着明代（1368—1644年）民居，它们大多面向西南，偶然也面向东南；这出于各种当地需要，比如说为了避免从正南方吹来的风，或为了得到冬天的阳光。在安徽东南部冬日阳光照不到低处。[53] 因为需要冬日阳光，房屋的正房面向南方。由于外墙很少有窗户，对方向的选择更是必要。不论房屋奢华还是简朴，家宅无窗的外墙可能是中国房屋最习以为常的特色。

由于对历史上不同时期庭院布局多寡和地理范围所知甚少，对这个主题的探讨很多存在于理论层面。从长方形城市到长方形农舍，我所列举的这些形式在清朝比比皆是，今天仍旧可以见到。但是它们可以回溯到多远的过去呢？这些形式确实存在于古代，考古发现证明了城市的形状，汉代简朴的家宅有陶器为证。这再次表明形式上令人瞩目的保守主义，即形式上的主要特征一成不变，而个别细节有重要的改变，单元房屋的细部已大相径庭。在清朝时豪富人家的府邸宽敞阔大，单层的房屋环绕庭院。庭院面积同房屋面积的比例，因贫富而变，宫廷院落相对更大，而乡间农舍则院落局促。在近现代，虽然农舍有的为一层半或是两层，但是大多数为一层；房间环绕四周，院落通常很小。在中国历史早期，似乎两层和多层房屋远为普遍，同院落周围体积庞大的多层建筑相比，被围绕的庭院面积狭小。

死人的墓葬中埋有陶器房屋，作为逝者生前财产的见证，我们由此对汉代乡间的房屋印象深刻。这些住宅模型属于衣食不愁阶级，有围墙环绕的庭院，房屋位于庭院一侧，两侧（L形），或是三侧（U形）。甚至有些显然窄小简朴的房屋也有两层。同近现代一样，院落和一层饲养牲畜，可能还储藏食物。同小康之家不同，达官富人们住在豪华的宅邸之中，总体安排同后来相似。重重院落顺中轴线依次排列，越是靠里隐私性越强；房屋环绕庭院，讲究的是左右对称，主要的正厅位于院落后部中央。房屋高度不得而知，知道的只是正厅可能有两层。[54]

由于缺少墓葬模型和其他的证据（诸如绘画），我们对盛唐时代住宅建筑所知甚少。敦煌洞窟中的壁画说明在宗教建筑中，庭院式格局十分普遍。富人豪宅可能也有庭院，中厅一般有两层，有时两侧的房屋似乎也高于一层。对于城中较为穷苦人家和拥挤地区的建筑结构我们几乎一无所知。汉代时的墓葬展现给我们一个非常浅近的庭院，后面是一个五层高的塔形建筑，这可能是一所城内住宅。[55]

在宋代（1127—1279 年）人满为患的都城行在（杭州），房屋摩肩接踵。出自马可·波罗、阿拉伯人以及 14 世纪时欧洲旅行者的叙述指出房屋有很多层。修士和德理（Odoric，编者注：罗马天主教传教士，元代时来中国）说房屋高达 8 至 10 层。[56] 有钱人的房屋为长方形，留出宽敞的地方建起或多或少封闭的庭院。据谢和耐（Gernet，编者注：法国汉学家）说，这些房屋只有底层，或最多二层。[57] 所以在宋朝，富人住在宽敞的庭院中，穷人住在拥挤的高层建筑中；至少在城市中这是通行的划分。

在安徽，明代的乡间房屋保留至今，房屋为两层，结构紧凑，庭院非常窄小，同汉代时一些农舍颇为相似。与城里有钱人的豪宅不同，这些房屋貌似堡垒。因此可能农舍紧凑高耸的构造同防卫有关。客家人引人注目的公共房屋（如土楼、围屋）说明，高耸紧凑的建筑可能是对敌意的应对。客家人本来住在黄河平原上，但是在12世纪时中国北部受到异族入侵，所以他们南迁到福建、广东、广西一带。在中国南方，客家人发现自己身处不同方言的当地人中，这些人并不友善。客家人的应付方式是自成一体，形成完善的防卫体系；在建筑上这种复杂的心态表现为修建围墙环绕的高耸建筑，形状为长方形或是令人惊讶的圆形，环绕着长方形或是圆形小院落。[58]

5. 猎苑、园林、花园

不论是富人宅邸还是帝王宫阙，庭院的特点是方砖铺地。引人注目的是没有植被；在宽敞阔大的石板和土地上至多只有一隅栽树种草。乡村农舍的院落饲养牲畜，因此必须空旷无树，树木种在墙外。帝王的宫殿同样没有植物。北京的故宫就表明了这种了无生命的森严。庭院是人们礼仪生活的一部分，同房屋、街道、城市一样线条笔直；这不是人们可以将体统和社会等级置之脑后，同自然交流的所在。

那么，在哪里人们可以同自然交流呢？在哪里中国人可以对孔孟之道的严格置之不理，沉迷于性情中的道家成分呢？我们似乎可以这样回答，对于农民来说，战天斗地实际上使他们几乎没有时间作沉思默想式的交流；对于文人士绅来说，这可以发生在各种不同的地方，可以在他自己城市住宅小巧的花园中，在公众和半公众的人造景观中，在乡村的"草庐"中；对于帝王之家来说，可以去避暑的离宫，可以去城郭之外宽广的猎苑。

在华夏历史中遥远而漫长的周朝，花园或苑囿这个概念还和周天子以及封建诸侯们巨大的猎场和动物保护地难以区分。在《诗经》的描绘中，一边是生气勃勃的狩猎场面，另一边是繁忙的农村生活。可是并没有优雅花园或是欣赏野外，深思冥想的清晰场景。汉朝时，中央集权帝国的皇帝们能够下令建造宏大的游乐园，园中有多种多样象征性组合，有各式各样目的不同，用途各异的设施。在后来的朝代中它们被分门别类，各归其所。公元前2世纪的游乐园坐落在都城长安西墙外。我们可能注意到这样一个事实，中国皇帝喜欢到城墙环绕的地方之外，到次序和礼统规范的环境之外去寻欢作乐。唐朝时，当长安城建成只有数十年，皇帝开始在城墙环绕的长方形大京城以北修建一座游乐园，这就是著名的大明宫。此外，"在6位同北京宫殿园林有关的皇帝中，只有乾隆一位驾崩于北京城里，因为他在城里过冬。其他5位都死在他们的山庄或是离宫中"。[59]

  帝王的园林是什么样的呢？根据诗人和历史学家班固（32—92年）的描述，我们可以想象长安以西的上林苑巨大无边，有绵延400多里的环形围墙环绕。里面山岭重重，灌木葱茏，森林茂密，沼泽片片，一派自然风光。与此同时，园内有36所离宫别馆，有奇异的溪流，奇妙的池塘，湖中岛屿上面点缀着精巧的山石。园中长满异地的奇葩，养着来自遥远国度的奇兽，包括 "九真之麟，大宛之马，黄支之犀，条支之鸟"。* 简而言之，这是自然同艺术的比肩而立。人造景观的设计是为了反映对道家仙境的信奉。人造湖泊中央耸起的锥形岛屿模仿传说中的三座东海仙岛。因此我们可以将整座园林视为一个理想化的小型宇宙。在园中皇帝沉溺于世俗同宗教混杂的诡异生活。皇帝兴致勃勃地狩猎，在屠杀之后，他和随从宴饮行乐，享受舞者、

---

* 参见班固所著《西都赋》。——译者注

清代的皇家园林颐和园。

西湖景区自唐代以来就是当地著名的公共园林。

弄臣和杂耍艺人的表演。在恣意行乐之后，他可能会登上一座俯视全园的高楼，独自同自然交流。[60]

在汉朝覆灭之后，户外场所变得更为分门别类：有狩猎的山庄，有野生动植物保留地，乡村有景色如画的园林，有些富丽招摇，有些较为简朴。城市居民区中还有小型花园。狩猎基本上是皇家贵族的运动。唐代宏大的皇家宫苑中仍有供狩猎的兔子、鹳鸟、白雁。不过在佛教慈悲为怀和儒家臣下崇尚善行主张的影响下，为娱乐而杀生变得不太为人称道。猎场发展成天然的猎苑或是野生动植物保护地，它们同精心布置构筑的花园分开。比如，康熙（1662—1722 年）和乾隆（1735—1796 年）这两位伟大的满族皇帝在北京之外的西山修建了山庄和园林。其中两座是自然保护区，只有少许建筑点缀其中。这一传统可以追溯到金代和明代。另外三座华美的花园中坐落着巨大的宫殿楼阁。[61]

在大分裂时代（200—600 年）后期，中国人中产生了一种对自然前所未见的感悟，其出现尤其同隐居诗人密切相关。这种新的感悟对中国绘画和园艺影响极为巨大，远远超出皇家宫苑和贵族庄园，涉及整个华夏景观。对自然的欣赏包括两种彼此交织的成分，一种是对农民寂静质朴生活的渴望，另一种点染着道家神秘主义色彩，追求完全摈弃你争我斗，渴望在远避世人的山谷之中，像神仙一样生活在平静和满足之中。

达官富人虽然远不如汉朝的皇帝们那样登峰造极，但他们可以营造全然不同的环境，从而产生田园牧歌式的气氛。在这样的花园中可能有为龙而造的洞穴，有为神仙修的假山，有鱼塘和人工的水渠。在那时和现在一样，中国园林的基本要素（就像中国风景画一样）是山和水。清贫的文人修不起如此宏大的园林，但是他能够在院子里造一个僻静的小园，里面有几棵树、一方池塘、几件盆景、几枝花卉。或者他可以归隐到一座农村的茅屋，或许在他的家乡，在乡村菜园和田

地的环绕中过着淳朴的生活。作为归隐诗人的典范,陶渊明(365年—427年)吟诵道:

> 引壶觞以自酌,眄庭柯以怡颜。倚南窗以寄傲,审容膝之易安。园日涉以成趣,门虽设而常关。策扶老以流憩,时矫首而遐观。云无心以出岫,鸟倦飞而知还。景翳翳以将入,抚孤松而盘桓。(节选自《归去来兮辞》)[62]*

根据迈克尔·苏利文(Michael Sullivan)所言,在大分裂时期文人墨客们大批迁移到南方之后,那里的新环境使他们对园林的兴趣为之苏醒。[63]尤其是因为迁徙和随之其后的动乱,他们脱离了朝廷生活,环境的变化便激发了新的兴趣。而且在南方,可以相对舒适地享受自然。文人们不需要穿越风吹四野的平原便可以进入森林覆盖的山岭,在林中听猿猴长啸和瀑布鸣吼。如果风景画能够作为证据,我们便可以附和喜仁龙(Oswald Siren)说,那些环绕文人官宦茅庐书阁而建的花园最切合中国人对自然的感情。[64]这类风景的要素包括错落有致的亭台、丛丛修竹、远岚中的孤松、潺潺的流水、夹岸的花树。为数众多的这类风景画同拘泥形式的庭院以及城市形成强烈反差,在宋朝、明朝、清初的画作中屡见不鲜。

我们已经讲述了私家园林,不论这是皇家宫苑还是官宦花园。但是也有对公众开放的园林和半开放式花园。佛教寺庙大庄园属于半开放范畴。中国人对于自然的感悟可能源于道教以及同道教融为一体的某些萨满教信仰,但是佛教寺庙庄园的具体实例却激发人们以园林形式表达这种感悟。杨炫之所著《洛阳伽蓝记》可能对中国人有关花园

---

* 译文根据陶渊明诗的英译本。——译者注

园林的概念影响至深。在书中杨（生活在 6 世纪的下半叶）描绘了洛阳城中及周边佛教建筑和场地的华美，在北魏王朝覆灭后，一切已成残垣断壁。[65] 但是人们不需要文学作品来宣传有关园林的构想。至少从 4 世纪之后，佛教庙宇在华夏大地上比比皆是。不仅建在城市中、驿道旁为过往官员和商人提供食宿，也修在山岭之中，被巨大而精心照管的庄园所环绕，接待远远近近前来朝拜的香客。

另一类半开放的园子是环绕着"陵墓的园林"（陵苑）。中国由来已久的传统是将神圣帝王陵墓四周的土地视为天然的公园。园中所有生灵都分享逝者灵魂的神圣不可侵犯。这类地方满足人类对于宗教和娱乐的不同需要。根据唐朝的刑律，这里门禁森严。可是在 8 世纪时，律令已大为放松，宏大陵墓周围的园林成了士绅们的消遣娱乐场所。不过那里的总体氛围是安静，庄严而美观。[66]

第三类园林是以娱乐为主要目的，更为真正开放的公园。这样的大型人造景观修在城墙环绕的城郭一隅，或是刚出城门的地方。我们已经讲过唐代长安华美的曲江池。这是上流社会士绅流连之所。虽然对住在城市另外一边的"平民百姓"不明文禁止，但也可能并不欢迎。在那里可以荡舟于蜿蜒曲折的湖泊之上，伫立于美丽的亭台，徜徉于杨柳花卉装点的甬道。

在中国所有面向大众的公园中，最为著名的是杭州的西湖。在长达千余年的岁月中，文人墨客们对西湖之美大加赞扬。正如中国所特有的美丽景点，西湖四周的景色和西湖本身基本上都是人工修建。杭州地区的天然地貌是个平坦的三角洲，上面缓缓地流着几条河。在平坦的冲积土上，几个基岩的岛屿突出其上。或许早在公元 1 世纪，在为河流修筑了堤坝之后，河堤后面汇集成了一个湖泊，形成中国景观的基本要素，即山岭同湖水毗邻。在 9 世纪初，当诗人白居易成为杭州知府时，西湖已因其美丽而久负盛名，它的魅力又因为佛教寺庙和世家大族建在山岭中远避尘嚣的庄园而增色。在数个世纪之间，官方招募人工扩大湖面，因为湖水不深，西湖总是处于被淤泥和水草堵塞的威胁之下。在1086—1093年间，另一个著名诗人苏东坡成为杭州通判。他向皇帝递送奏折，申请资金修缮西湖景观。到1275年时湖水阔约方圆14公里，深约2.7米。有巡逻兵丁负责维护；禁止向湖中丢弃垃圾，也禁止在湖里栽种荸荠。在唐朝和宋朝的数个世纪中，人们对湖和周围地区关爱有加。新建的房屋必须同景色协调一致。佛教亭台塔楼完全符合这个规定。虽然精心维护并制定规章，但西湖和公园对百姓开放。根据1275年的讲述，总是有几百条大小不一，形态各异的船只泛舟湖上。逢年过节，湖岸的公园和花园挤满游人，他们前来一睹奇花异树的风采。有些人带着吃食乐器在湖边和周围的小山上流连忘返。其他人花几个铜板雇条船，观看中国最受赞誉的美景在眼前浮动，享受审美之乐趣。[67]

第二部分
中国古代的景观和生活

史前的黄河和长江流域，气候比现今更温暖湿润，植被茂密，犀象成群。

但随着气候变得干燥凉爽，农业开始在中国南北出现。接着人口持续增加，最初的城市和国家出现了。

草木丰茂的内蒙古地区,其自然条件优越之处也是中国文明最早兴起的地区之一。

第三章　史前景色

　　临近更新世末期,中国北方处于一个凉爽干燥的时期。黄土正在沉积,中国北方和内蒙古似乎在那时人烟非常稀少,也许比四川盆地和南方人口更少。黄土沉积阶段的终结以一系列变化为标志,结果是产生了一个对人来说远比昔日更惬意的环境。在黄河流域,气候变得更温暖潮湿,植被面积扩大,动物生活在更丰饶的环境中,而且从猛犸和长毛犀一类的更新世形态进化到现代动物群,其中包括很多南方物种。土地升高了,再加上气候湿润,河流水源丰沛,这些因素使黄河及其支流开始了一个新的土壤侵蚀过程。[1]

　　在这个吸引人而且多样化的环境中,人口增长十分迅速:渔夫和猎人们定居在辽阔的地区,包括东北、黄河中游、内蒙古。根据目前发现的数千遗址和一些村庄的规模来判断,随着农业和村庄生活的出现,人口增长的确非常迅速。[2] 但是在北方地区人们生活的区域似乎没有继续扩大;与此相反,定居地倾向于集中在黄河流域中部一个较狭长的地带。之后,这个遍布新石器时代村庄的地域向东向南扩展,到达华北平原和东南沿海地区。如果将定居地形态的变化追溯到历史时代的初期,那么我们认为农民逐渐迁出中国北方干燥地区的边缘,游牧民族则取而代之。在更后的时期,有关景观变干的文字记载开始出现。这不仅影响到内蒙古平原,而且波及中国文明的核心地区。如何解释这个显而易见的趋势?最现成的答案是,尾随黄土沉积之后是个湿润期,在那以后气候又变得越来越干燥。但是这个解释不足以说明总体的气候学因素。而且,在为支持这种观点而排列证据时很容易

45 误读景观性证据:人们倾向于将林木覆盖的原因解释成湿润的气候,而将植被稀疏归咎于气候干燥,却没有注意到是农民的斧头造成了二者的区别。另一种解释是在更新世结束之后,气候并没有持续变化,所出现的是气候波动。中国北方不同地区和内蒙古明显可见的干燥化是人为造成的。尤其在历史时期,有很多证据支持这种观点,但是我们对中石器和新石器时期人的作用不甚了了。众所公认,在黄土沉积之后气候大为温暖湿润。困难的是判断后来的干燥化中,人力和气候本身两个因素占怎样的比例。在描述从史前至历史初期北方景观的变化时,我们应该记住这个悬而未决的问题。

一 史前雨量充沛、植被繁茂的北方

在较近的几百年中,内蒙古、辽河上游以及部分东北平原,和今天一样,是半干旱的干草原。旱田耕作技术使拓荒的农民得以耕种庄稼,但是收成却无法保证。在2000多年的时间中,草原游牧是主要的生活方式。内蒙古平原的景观尤其干燥平坦,平展的地面偶尔点缀着大小不一的洼地。考古学家令人惊讶地屡屡在洼地边缘、半掩半埋的沙中发现文化遗迹,表明猎人和渔民曾在此地停留。他们并不只是路过,而是曾暂时居住在那里。显然,当时的环境同我们今日所见十分不同。[3] 如今是片片盐滩、干涸的河床、盆地和洼地,当年却是波光粼粼,水里鱼贝丰盛。四周的乡村并不散落于贫瘠的干旷草原,却是青草茂密,树木稀疏。人们喜欢的猎物似乎是鸵鸟。鸵鸟蛋壳的碎片保留在营地遗址。狩猎活动,至少是对大猎物的射杀,不如采集和打鱼普遍,这说明围绕湖泊和河流而建的居住地具有某种程度的永久性。再往北边到达赉诺尔湖(Djalai-nor,今内蒙古赤峰地区)附近,气候变得更凉爽。像亚洲象和犀牛这样的更新世动物群在那里存活的时间比在欧洲要长。离奇的是发现了一个篮子残片,篮子用柳条和更新世动物的骨头编成,可能用于捕鱼捞虾。所以达赍诺尔的定居者是个农耕兼渔猎的部落。类似的自然文化环境也存在于东北平原,这个地方在那时树木茂密。中国北方同样林木繁茂,在华北平原的边缘,人们住在干燥的石灰岩山洞里。附近是虎豹狼罴居住的森林;也有麋鹿,马鹿和羚羊漫游其间的干旷草原,还有平原湖泊,水中游着巨大的鱼类。人们在林中狩猎,在湖里捕鱼,用丰盛的兽骨和贝壳制造物品。[4]

二 农业的出现

正是在这种树木茂盛、水源丰沛的多样化环境中,中国北方的渔夫和猎人开始务农,从而开启了新石器文化特有的技艺和大规模的聚居生活。新生活并非同过去截然不同,湖里捕鱼和林中狩猎的技巧延续到新石器晚期。在内蒙古发现的遗址同过去一样,邻近水源丰沛的地区,干燥化还没有开始。陶器碎片和锭盘说明在内蒙古,湖边的定居者受到南方农民的影响,但是他们的生活方式却没有多少重大变化。虽然锄头的出现和挖掘的分量表明那里的人们最终开始从事农业,但他们仍以打鱼,采集食物和狩猎为生。[5]

在黄河流域,虽然早期的某些传统仍绵延不绝,但是革命性创新层出不穷。其中最重要的是培植作物、驯化牲畜,因而获得的食物大为增加。考古学家已确定了像粟、糜、高粱、稻子,可能还有麦子之类谷物的存在。在驯化的动物中,狗和猪最为多,分布也最广。牛、绵羊、山羊次之。手工业有纺麻,麻很可能是人所种的;甚至可能还出现了丝织。[6]

在黄河流域和平原地区,迄今为止人们已确认了数千个新石器遗址。它们大多属于两个时期,较早的称为仰韶文化,较晚的是龙山文化。仰韶文化的中心在地形上是个盆地,是传统上中国文明的核

商代的象首青铜器，以及四川地区出土的大量象牙，说明当时的气候和生态比现在更为温暖湿润。

心地区。这个地区被黄河及其两条支流渭河与汾河所冲击而成，大致成新月形。后来这个核心地区的文化向西延伸，远至黄河上游的洮河流域。龙山文化的中心区没有很分明的界限，但是其遗迹主要分布在华北平原、山东半岛、中国东南部。

三　新石器晚期文明的绽现

1. 仰韶文化

仰韶农民所身处的自然环境是什么样的？他们如何改变了这个环境呢？

我们先来关注今天景观的一些特点，然后根据所搜集的证据推断久远过去的状况。瑞典地质学家安特生（J. G. Andersson）最先在中国发现并挖掘了一个新石器晚期的村庄。他在1921年似乎偶然地撞到仰韶村遗址，它位于黄河与其支流洛河之间的一条土壤侵蚀的狭长地带上。[7] 这个地区的土壤是黄土和红黏土。在被侵蚀的黏土表层之上不规整地覆盖着黄土。这个条状地带被剧烈切割。有些沟壑超过45米深，不仅切穿了黄土层，而且也切穿了下面的黏土层，切入基岩本身。在这种沟壑纵深的地形中，任何规模的灌溉显而易见是不可能的。种庄稼靠通常不多的降雨，如果无雨，底土存不下湿气。

当仰韶扬名于当代考古界之前，它只是黄土高原上一个不起眼的小村庄。村子一半位于地面，另一半是在深沟边挖掘的窑洞里。在村子周围安特生发现了容器碎片，表明一个远古的文化层存在于黄土高原和山梁土柱的顶部。容器碎片经鉴定属于一个距今大约4000年或是5000年的新石器时期的村庄，位于目前仰韶村所在地。但是在那时这里的景观同今天完全不同。那时地面平坦，点缀着池塘和溪流，林木繁茂。有几类证据能证明新石器时期林木茂盛的图景。例如，这个文化层一度连绵不断，而现在这里狭窄的山脊土柱四布，很多地方无法居住。再如，厚约 6 米的砾石堆出现在黄土层之上，表明至少在某些地区，新石器时代的主要变化过程是土壤沉积，而不是土壤侵蚀。还有证据指出，仰韶农民挖掘水井；如果是这样的话，那时的地下水位肯定远远高于现在，因为这些井都没有达到今天水位的深度。[8] 支持林木茂盛景观的证据是新石器文化层中为数众多的灰烬和木炭，以及频频发现的兽骨，这说明森林近在咫尺。众多新石器时代的村庄用木料搭建梁柱，说明不缺乏这类原材料。安特生设想仰韶农夫可能用火和石斧清理出林地。石灰岩制作的锄头在松软细腻的黄土中通行无阻。[9] 对自然植被的破坏当然会改变表土流失的性质，或许导致沟壑密布，这是一个极为迅速的过程。

　　仰韶文化延伸到黄河上游，那是黄河同洮河的汇聚之处。这里的居住地发展晚于下游的核心区，当核心区已经使用金属、建造城市的时候，这里还处于新石器时期。在现代，广阔而平坦的洮河谷地是个良于灌溉、精耕细作、人口稠密的平原。在河谷两岸梯田高达 50 米以上，那里的小村庄靠种麦子和其他不需要人工浇灌的作物为生。而在新石器时代后期，平坦的河谷是个沼泽密布，树木葱茏的地方，鹿一类大猎物和其他猛兽出没其间。新石器时期的农民避开这里，寻找坡地上干燥的地方建立村庄。坡地还有另一个好处，因为风侵水噬，那里的土地被切割成裂缝和岛屿，成为抵御野兽的天然堡垒。[10] 所以与仰韶村地区不同，洮河流域的新石器时期定居者们没有造成水土流失，他们有意挑选在土地已受到侵蚀的地方居住，那里比谷地远为干燥，也不易遭受野兽偷袭。

　　在中国新石器时期的仰韶阶段，大量村庄出现在黄河流域，也扩散到其他地区，例如出现在南边的汉江中游。在树木密布的环境中，仰韶居民们为了建立村庄和开垦小片耕地，必须清除一些植被。虽然主要以农为业，人们仍从事狩猎、打鱼、野果采集。在陕西省渭河流域的半坡村遗址中发现了栗子、榛子、松子的残留物。带回营地的野兽有竹鼠，獐子和梅花鹿。根据在仰韶文化其他遗址中所发现的兽骨，野兽的种类增加了马、野牛、犀牛、野兔和土拨鼠。依据渔具的不同种类和数量、众多的鱼骨、陶器花纹中鱼形图案，可以证明捕鱼非常重要。但这些活动在中石器时代早已有之。全然不同的新事物是种小米之类的庄稼，是饲养驯化的动物，尤其是养猪养狗。这是永久性大型村落的社区生活形态。至于说村庄的规模，有证据表明古老的半坡村在鼎盛时代有 200 座房屋，人口达 500 至 600。[11] 对于永久性（permanence）这个问题有不同的解释，毫无疑问，有些遗址持续有人居住。例如在半坡村，出土了 5 层附加土层。但人们是否不间断地居住在这里呢？在山西省西南部的新石器遗址西阴村，有些地段已经挖掘到 4 米深，每一个文化层中都有生活遗迹。这说明人们连续不断地在这里居住了或许数百年之久。这个遗址所延续的时间之长，足以见到陶器和房屋建设中所发生的细小进步，在这一方面西阴村遗址并非绝无仅有。在另一方面，张光直（C.K.Chang）最近争论说应该将"重复"（repeated）居住和"持续"（continuous）居住加以区分。张光直将仰韶时期农民视为移动耕种者（编者注：即游耕者。张光直的这一观点遭到何炳棣先生的反驳，后者认为仰韶农民是定居者）。他们在一个地方刀耕火种，从土地中榨取收获，一段时间后迁到另一个地方，在短期离开之后又不断回到喜欢的地方。[12] 迁移的原因不太清楚，想来是为了林中的野物和水中的游鱼有时间休养生息。地力消耗可能也是一个原因，但或许不是主要原因。很多村庄坐落在黄土或是黄土冲积层上，那里的地力不会轻易被仰韶农民的简单需求所损耗。

就仰韶文化时期村落的外观而言，我们可以从半坡村遗址了解很多，在中国考古遗址中，对半坡的发掘较为详尽彻底。首先，在这个地方人们间歇性地居住了很长时期，这个时期至少可以区分成两个阶段：在早期阶段房屋的外部轮廓为方形或圆形，都建在地下；后期阶段的房屋较大，大多为长方形；有些隔成数个房间。人口显然增加

仰韶文化的彩陶盆。

第三章　史前景色 | 089

龙山文化中的黑陶高脚杯。

了。这不仅因为后期房屋面积较大,而且储物用的地窖也说明这个事实。在后期,人们掘了很多地窖,比前期几乎大一倍。半坡村一座典型房屋的直径约为3至5米,方形、圆形,或长方形;支撑圆锥形或是金字塔形屋顶的是木柱,之间泥巴为墙,横梁也是木头的,屋顶上铺着层层黏土和稻草。村子的房屋和场院被一道壕沟环绕,目的可能是防卫,或者是为了在夜里圈住牲畜,隔阻野兽。场院之内有较小的沟渠,这可能是为了排水。村民的房屋围绕着一个空场,空场中央是个宽大的公共房屋,长有20米,宽约12米。屋门朝南或是朝着广场中心。村子的东面立着烧陶器的窑,北面越过壕沟是村子的墓地。[13] 当村子变得更大,建起卫星村落,便在离村庄较远的地方建立公共墓地,供几个村落共同使用。我们在仰韶文化后期的洮河流域也见到了这类墓地的鲜明例证。一些村庄建在泛滥平原之上的阶梯状坡地上。村庄公用的墓地位于远处的高地上,比阶梯状坡地高约400米。[14]

2. 龙山文化

继仰韶文化兴起的是更为先进的龙山文化。一个引人注目的变化是它广阔的地理区域:从黄河中游的高原环境扩展到黄河下游的冲积大平原以及长江下游,往北至东北南部,往南至中国南方的沿海地区,以至远至台湾。我们是否能够确定一个核心区域,从那里龙山文化的要素向外扩展?我们所知太少,无法给出确定无疑的答案。不过一般说来,龙山文化从仰韶文化中脱颖而出,是兴于黄河从高原进入平原的地区(河南西部),从那里向西扩展进入陕西,向东到达冲积平原。

在龙山阶段,文化中心区的村庄比仰韶村庄要大,仰韶村庄往往埋在龙山村庄的地层下面。但是在冲积平原潮湿的新环境中,龙山村落遗址总的来说比仰韶村落要小。[15] 在高原上,龙山村庄的典型位置同仰韶村庄相似，位于河流旁的阶梯坡地上。在平原上，村庄建在溪流旁一个稍微隆起的地方。隆起的高岗是自然形成的，但是在更大程度上是由于人类长期居住所致。在一处遗址发现了九层，说明人们在这里居住了数百年之久。只要可能，村庄建在山岗附近，以备发洪水时躲避之需。[16] 在长江下游平原上不难发现这样的地方，在那里凸起的基岩往往矗立在泥地之上，在中国东南部的小三角洲平原上山岗也不少。但是在华北平原一望无际的平坦之上，这样安全的地方在过去和现在都不易找到。

同仰韶前辈相比，龙山人发展到一个更高的水平。他们的制品更精致实用。龙山陶匠已经知道如何使用陶轮；他们已经懂得如何用平原当地的黏土准备一个细腻的黑土团，用来制造精致发光的黑色器皿。在仰韶文化的半坡村遗址中，在村子的一处发现了六个陶窑，说明制陶是一项重要的工艺，同其他活动分开进行。龙山文化使之更进一步，开始使用陶轮，并在某种程度上使产品标准化。石器制造业同仰韶时期相比变化不大。但是石刀、石镰、长方形石器开始出现，这类工具后来用铁制造，一直使用到近现代。

正如我们所料，在潮湿的低地和沿海地区有更多的骨制品，制作得比仰韶时期更为精良。出现了用贝壳制作的物品。根据居住地的自然条件，龙山人仍旧狩猎打鱼，但是他们的经济活动主要是荷锄务农。农具不仅靠打磨石头，也用贝壳、兽骨、木头制成。在驯化的动物中，猪和狗仍最多，但是牛、绵羊和山羊的数目在增加。在有些遗址中发现了马和鸡。在农作物中小米在北方仍占首位，在安徽北部出土了麦子，在汉江、淮河（安徽）流域、以及长江下游（江苏）一带的河谷和平原上稻子十分常见。至于说村庄的外观，住房结构没有出现明显的变化。最显著的建筑创新或许是增加了围墙。有几处龙山村庄有夯实的土墙围绕。[17] 到目前为止在仰韶村庄中只发现了一种防御性壕沟，可能主要用于阻挡野兽，而不是防御人。厚实的龙山围墙则更具有战斗精神。

龙山文化已经接近有文字记载的历史，接近冶金术的成熟，接近用人来祭奠神明的仪式，接近战争，也接近一个日益分化的社会。换言之，龙山文化将我们引领到文明的门口。

第四章　早期区域性发展

龙山文化走出高原到达华北平原和沿海地区，冒险进入辽阔的泛滥平原，在那里人们遇到的挑战远远多于黄河中游的河边台地和高原。在黄河奔涌出基岩围困之后，水流急剧奔腾而下，泻到平坦的华北平原。那片地区自从历史之初，乡间百姓就遭到汹涌的洪泛之害，一直持续到今天。正如前文所述，可能在中国文字记载历史的前夕，黄河所裹挟的淤泥已经超出常量，淤满河床，使河道增高，并在洪泛时分成数道支流。由于早在新石器时期农夫已经定居在黄土高原，他们可能对森林植被已经大量砍伐，这就不难明白为何易于侵蚀的黄土在那时就已经开始流失，黄土被冲进黄河，大大增加了河水携带的沉淀物。无论如何，"洪水"在中国传说中是个重要的主题。夏代（其存在还没有被证实）的创立者大禹因为治水有功而被中国人尊为文化英雄式的圣人，他被赋予先见之明："于是禹以为河所从来者高，水湍悍，难以行平地，数为败。"[1]（《史记·河渠书》）

一　华北平原湿润的环境

在中国历史初期，黄河下游经平原向北方和东北方流去，在天津附近注入大海。在某个阶段河分成数支，但在入海前重新汇合。至少《史记》中记大禹功德的段落使我们只能这样理解。疏通的模式说明这是个平坦而水泽遍布的景观，在那里黄河分成不同的河道，很难将水同陆地分开。在《尚书》"禹贡"篇中，屡屡提到湿地。

《史记》的作者司马迁修改了"禹贡",赞扬禹"通九道,陂九泽",因此将和平与秩序带入夏朝大地,禹的功绩持续惠及以后的历朝历代。早些时候人们认为禹是个将陆地同水分开的神,他在东周时才以夏朝立国之君而闻名。将所有这些信仰和描述综合起来,便构成一幅水流不畅的图景,一个难于生存的环境,人因此必须付出很大气力才能在一定程度上驾驭环境。

动物遗迹也使人们对中国历史和文明初期华北平原的状况有所了解。在安阳遗址确认了大约 29 种哺乳动物。最令人吃惊的发现之一是鲸的骨头。很显然这来自沿海地区。像熊、虎、豹子这类动物很可能曾在当地生存,因为人摧毁了它们的天然栖息地和狩猎,后来它们消失不见了。其他诸如水牛、貘、象的存在需要存疑;如果它们曾是当地动物,或者它们曾很好地适应了安阳纬度的北方环境,那么当时华北曾比现代温暖湿润。[2] 或者这只是零星存在的例外,它们被人从南方带到此地。很可惜,我们对这些动物的生态环境所知甚少,无法确信推断出当时的植被性质和气候。

但是我们十分确定,在古代这里林木密集,水源充沛。在安阳所发现的哺乳动物多种多样,即使有些不是当地动物,也表明环境的多样性,可能既有芦苇丛生的沼泽、碱性土壤、地下水位低的草原,也有森林。麋鹿的故事说明人类行动可以在自然环境中造成某种实质性变化,通过改造天然植被,疏通沼泽而创造一个更为单一、更为干燥的景观。麋鹿的天然栖息地是沼泽湿地。直到 1877 年,北京南边的皇家猎苑中还可以见到麋鹿群,同其他几种野生猎物在那里的湿地和溪流中吃草。[3] 但是实际上,除了在这样的保留地中,麋鹿在很久以前就已经从这个地区迁走了。在中国历史最初的两个朝代商代和周代期间,麋鹿在华北平原上司空见惯。商代出土的大量鹿角可以证明它们的数量,当时麋鹿在黄河下游可能是最常见的鹿科动物。麋鹿的数量保持到周朝中期(前 7 世纪—前 5 世纪)。但是到了汉朝,

商周时期广泛分布在华北地区的麋鹿,后来在中国野外灭绝,1983年从英国引进少量,并逐步繁殖野放。

麋鹿不再以华北平原为家，而成为长江流域特有的动物。[4]到公元2年，在华北平原上数量远远超出其他哺乳动物的是人，当时人口达到大约3500万。

二　商代

1. 城市

在简述了中国历史初期的自然环境之后，我们来看人如何使环境为己所用。通过1928—1937年期间的数次实地发掘，当代考古学确认了商朝的存在。在此之前，熟悉西方文本考据的中国学者们对所谓周朝中期以前的历史记载广泛质疑（编者注：其实只是当时的一部分学者，以顾颉刚等疑古派为主）。像司马迁所著的《史记》这类史学杰作可能有一章讨论古代中国，追溯到公元前30世纪。在这一章中可以发现夏代和商代统治者的简要年表，然而这类记载所根据的史料为数不多，年代不够久远。关于商代（前1630—前1520年）（编者注：前1520似乎应为前1120之误），《史记》声称这个王朝延续了17代，有些时期兴旺发达，有些时期征战不断。商朝的都城迁了六次，最终定都于洹河岸边，洹河是黄河古道上一条支流。1928年，在安阳附近洹河的弯曲处，考古学家们发现了文字记载中商朝的最后一个都城，使以前疑为神话的记载获得了确凿的历史地位。后来在现在郑州附近发掘出另一个遗址，这是商朝的一个较早的都城。两处遗址都位于河南北部，在华北平原的边缘。河南北部可能是商朝文化的核心地区，商文化从那里向东扩展到河北南部和山东西部。商代文明的影响最终渗透到长江流域。

郑州和安阳遗址是商朝生活方式独特要素的最佳见证。商代最重要的文化创新是发展了复杂的青铜冶炼技术和文字。在建筑上，古代商朝的都城比龙山人所建造的任何东西都高大繁复。但是在两个文化之间存在着显而易见的衔接。夯实的城墙最早出现在龙山文化遗址的周围。商朝把墙变得更加厚实，围绕着远为阔大的场地和更多的房屋。龙山土墙环绕的城子崖（Cheng-tzu-yai）居住地超过 260 亩；而围绕郑州商都的城墙周长约 7000 米。城墙环绕的地区有 3.4 平方公里，比当代郑州城的面积大两倍还多。[5] 城墙环绕的长方形商都引人回味；因为长方形城市的四边沿着东南西北方向所建，这最终成为中国北方主要政治中心的特有格局。城市及其周边村庄的空间和建筑布局体现了商代社会的阶层的划分和专业分工。这虽然是商代的独特创新，但我们也可以在新石器时代追溯到它们的起源和先兆。甚至仰韶文化的半坡村已表现出清晰可辨的空间布局，大的公共房屋位于广场中央，四分之一的地方留作陶窑，另外四分之一是墓地。龙山村落将这种划分向前推进一步：同以前开放型村庄不同，土墙围绕的村庄可能已具有了礼仪和政治功能。另一个特色是数个居住地聚集在一个地区，表明不同的单位虽然基本上自给自足，却可能已有了不同的分工。但是这同商朝日臻完善的布局不可同日而语。

在郑州遗址，围墙环绕的地区是行政和礼仪中心。这里坐落着高大的建筑，还有一个夯实的土台，可能用作祭坛。在城墙外是数个居住区和手工作坊，有制骨厂、陶窑、青铜冶炼作坊。平民百姓的住所同新石器时代的农民相比却少有进步。这是些圆形或长方形半地下建筑。但是冶炼工人似乎是个特权阶层，他们住在夯筑的土房中。安阳遗址是商王们最后一个国都。安阳周围还没有发现城墙，但是挖掘出了一个与众不同的礼仪和行政中心，包括很多建在夯实土基上的长方形或方形房屋，排列成行，纵横交错。最大的房屋宽达 15 米，长达 84 米。有些房屋想来是官员的宅邸，有些是王家的庙宇和档案馆（里面发现了大量甲骨文），大多数具有礼仪功用。一个用土压实建成的方形台子可能是个祭坛。房屋全部建在地面之上，耸立在平台上，倾斜的屋顶用巨大的梁柱和横梁支撑，木材可能是从森林中砍伐而来，西面不过 32 公里就是林木茂盛的山岭。为了祭奠建筑物而奉献的祭品很多，有人也有动物。这座帝王的城市是人类热望的奇特混合。同高耸的建筑、青铜冶炼术、对占卜献祭详尽阐述密切相关的是一种志得意满的信念，相信人是导致宇宙中某种变化的力量，或至少是力量的中介物。在另一方面，平民百姓的生活质量极低，同驯养的动物绵羊、公牛、狗差相仿佛，人也物尽其用，包括成为献祭的贡品。虽然并不常见，人骨也成为制作物品的原料。我们好奇地思考城中居民：一部分人活着，住在地面；另一部分人死了，埋在地下。在某种意义上这座帝王之城也是一座巨大的墓地，用人类作为祭品。在祭奠一座重要的建筑时，不仅需要牺牲人以确保地基的牢固，而且在每根梁柱和房门下面也需要埋一个人，然后在整座建筑完成之后，数百个人还要失去他们的性命。[6] 在王朝中心的外面坐落着按专业划分的不同作坊区、居住区、村庄，这些地方基本上可以自给自足地生存，但是在行政、宗教、礼仪事务上依赖王朝中心。普通百姓的住处全部是半地下的窖屋，宽约 4—4.5 米，很深，同早期郑州遗址出土的房屋如出一辙。直到商朝灭亡之后，人们还在修建这种半地下房屋。

2. 乡村

考古学使我们能够大致将商朝首都的外观视觉化，但是我们对乡村景色却几乎一无所知。不过我们可以推测。虽然商文化在其存在的 500 年间扩展至华北平原上的较大区域，在这个地区中只有很小一块地方可以被称之为人造景观。如果我们同意当商朝被周朝灭掉时人口大约有 400 万至 500 万，[7] 那么每平方公里平均人口密度并不高，大致是 8—12 人；换言之，这种低密度人口类似于中世纪欧洲的较发达地区。大量的猎物本身说明森林和湿地遍布四野。商朝贵族酷爱打猎。根据卜骨记载，商王经常询问的是狩猎事宜。一片甲骨说在一次围猎中就捕获了两头老虎，射杀了 162 只鹿。其他被捕获或可能养在皇家禁苑的猎物包括狐狸、公野猪、犀牛、象。有趣的是，根据卜骨记载，在所有围猎中收获最丰的一次是 348 只麋鹿。[8] 麋鹿在潮湿的沼泽中兴旺繁殖。商王和贵族们打猎不仅使用弓箭，而且驾着马拉的战车，簇拥着猎狗，配备着网子，夹子；也使用火。正如我们以前所说，火是一种改变植被构成的有效手段。《诗经》中的一首诗使我们管窥狩猎的场面：

叔于田，乘乘马。
执辔如组，两骖如舞。
叔在薮，火烈具举。
袒裼暴虎，献于公所。

（《国风·郑风·大叔于田》）[9]

　　根据地下坑中垃圾里发现的鱼骨、鱼钩、渔网以及商朝艺术和手工艺品中广泛使用的鱼的图案，说明捕鱼仍很重要。虽然中国位于沙漠的边缘，发展成一个"陆地"文明，鱼作为食物和象征物对于中国人来说一直很重要。人们注意到仰韶陶器上屡屡出现鱼形图案，以及在长期历史中鱼所获得的丰富含义。

　　从新石器时期农夫手中，商朝人继承的驯化动物有猪、狗、牛、羊、马、鸡。但是在商朝，这些动物的数量大为增加。商朝贵族毫不吝惜地用动物作为祭品。《诗经》中有一首诗说将 300 只羊和 90 头牛作献祭之用。[10] 安阳遗址中有一个大坑，几乎完整地保存着 30 头公牛和 3 只羊的骨骼。[11] 因此我们有理由推断，当时牧场放牧为数不少的畜群。新驯化的动物中包括水牛，可能还有大象。

　　狩猎是贵族从事的运动，主要用于消遣，也为了培养商代上层阶级浸润其中的军事精神。绝大部分驯化的动物用作食物。猎物和鱼补充肉类的不足，对于贵族来说肉类应有尽有。可是商朝的经济基础是

商代的四羊方尊,是当时高超青铜铸造技艺的代表。

商代时期古蜀国的三星堆金面具,显示了与华北地区迥然相异的文化风格。

农业。卜骨上的记载指出这一点,占卜一如既往地询问农作物的收成,对牲畜的状况却鲜有提及。当提到牲畜时,这些动物是为了获得更好收成而奉献的祭品。所培植的作物有两种小米、大麦、小麦、高粱,可能还有稻子。[12]证据表明,在农具方面商朝比新石器时代少有改进。用的是石锄或是木制耒耜。但是收获工具有所创新,出现了用板岩做的更高效的半月形镰刀。

虽然有人认为商朝人使用灌溉技术和肥料,但是证据不足。不过为了供给大量增长的人口,其中包括不从事农业生产的手工业者和统治者,商代农作物的产量肯定大大超过新石器时期。而且商朝人必定有充分的余粮和闲暇以便从事战争。什么因素可能产生这样的后果呢?答案似乎在于商朝统治者的组织能力。例如根据估算,为了修建郑州的城墙,必须征用 10000 个工人,他们一年工作 330 天,一共要干 18 年。[13]战争当然也意味着组织,需要训练征发大批百姓。似乎农业工人也被组织起来,他们在监工控制之下,成群结队被派到田里。安阳遗址发掘出一个储藏窖,内有 400 把用过的石镰;这个事实说明当时劳动工具归统治者掌管。可能应集中管理农业活动之需,商朝后期发明了复杂的历法。有些田地一年两熟,轮种小米加麦子或是小米加稻子,这也增加了农作物的产量。但是我们不应夸大管理农业的地理范围,这可能只是王室田产的特点。大多数村民们散居在华北平原上,多少与他人隔绝,他们仍旧是自由的农人,延续着同新石器前辈们区别不大的生活方式。

三 西周

在公元前 1150 年之后,华北平原上的商朝被周朝推翻,周朝所建立的王室延续了大约 800 年之久。这个悠长的阶段传统上分为西周(前 1127—前 771 年)和东周两段,而东周又分为春秋(前 770—

前476年）和战国时期（前475—前221年），其间发生了众多的变化。人口可能从周朝初期的1000万增加到周朝末期的5000万；与人口剧增息息相关的是农业方法和技术上的创新（例如铁的使用），以及崭露头角的商业和城市。[14]农村和城市的景观自然反映人口增加和经济变化。我们将力图再现某些场景，但是由于我们对周朝社会和生存状况所知甚少，这些场景往往基于模糊含混的设想。

  周人最初的家园位于商朝版图以西，在陕西省的渭河流域。对于征服商之前周人的文明发展，我们实际上一无所知。同商朝人一样，周人的祖先也是中国北方新石器时期的开拓者；同商朝人一样，周人也基本上以务农为生。在征服商朝之后，周接受并传播商文明，只是在细枝末节上加以修改。这说明在文化上周人没有他们所战胜的商人先进。对于商朝社会我们所知太少，无法定性。在周朝，当统治者将版图从渭河－汾河流域扩展到沿海地区之后，其发展特征可能被归结于封建制社会。周王授予其族人和结盟部落首领们对其封地的主权。这些首领们（封臣或诸侯）的义务是对周王室给予军事援助和称臣纳贡。

  在西周时期封国的总数很大，超过1000个，大多数面积不大。在华北平原上封建诸侯可能会将城建在封地中靠近水的地方，而在渭河－汾河高原上河流水系是首要条件。[15]同样，在景色单调的平原上，高地上的一个树丛可能成为确定城市位置的决定性因素。将高地整理成方，形成土质的祭坛。很快一道墙会绕祭坛而起，为此会举行适当的仪式。在公元前600年之前，周朝封建诸侯的都城一般来说毫无雄伟可言。诸侯及其亲属的宅邸朴实无华，这些部分设防的建筑挤在一起。贵族的住处紧挨着随从的房屋，这些随从在作坊、军火库、粮仓、马圈和庙宇中服役。市场和郊区挤在围墙之外。[16]农村中的百姓可能还生活在地下的居处或是黄土的窑洞里，正如以下所引《诗经》中的诗句所形容的：

> 古公亶父，陶复陶冗，
>
> 未有家室。
>
> （《大雅·绵》）[17]

《诗经》中的诗句使我们得以窥到平民百姓的生存状态。

生活很艰难，满足封建诸侯的众多需索似乎耗去很多时间。在一年里，姑娘采桑，男人犁田；人们"为主人做了一件袍子"；人们收获庄稼；在冬天捕捉浣熊、狐狸和野猫，"为我们的主人做皮衣"；人们也猎野猪，将一岁大的留给自己，将三岁大的献给主人；人们用黍酿酒，修整房屋，收集盖房用的芦苇，搓绳索。除了作为祭品，在《诗经》中没有提到驯化的动物。有时食用公牛、羊、猪、狗，但是没有提到大量饲养牲畜。只有统治者和官吏才能尽情食肉。

务农是最重要的活动。为开垦荒地，人们砍倒树木，清除灌木，烧光废枝残叶。除了灰，在《诗经》中没有提到粪肥。新开垦的大田分成田埂相隔的地块，田埂上栽种蔬菜。一片大田分成众多条条块块，散布于广阔的原野。这片大田属于主人，其中一部分由百姓为他耕种，另外的部分百姓为自己生存而种。[18]（编者注：所谓井田制）在周朝的发祥地高原上，地形繁复，大田方向条件各异。《诗经》中屡屡提及朝南或者向东的田地，这样的田似乎备受青睐。

在平坦的华北平原上，可以对大田进行几何式的划分。在早春时节，农民们离开设防的城郭去开垦荒地，然后将一片大田分成9块，地块之间有边界相隔，小径成直角彼此交错。分配给每个家庭的土地大约有24亩，面积因土壤质量不同而有所区别。但是所有的家庭一起工作，进行耕种和收获。农民们也为诸侯贵族耕种所谓的"公田"，或者可能王公贵族有成群结队的奴隶为他种田。[19] 在收获之后农民们返回城里从事其他工作，例如修整房屋、修理工具、纺纱织布，并为贵族服各种劳役。

大多数平民百姓的生活分为两个部分：冬天住在城中，夏天在开阔的田野里。这种二元生活可能催生了一种哲学表述，即将自然区分为阳和阴，明亮和阴暗，夏天和冬天，男性和女性。

表面看去，在景观中似乎长方形受到偏爱：城墙环绕的城市是长方形，每片大田中的地块是长方形，大田的边界、田埂小径成直线，由北向南，或由东向西延伸。与此同时我们不应设想一种"固定不变"、长期延续的格局。在耕种几年之后，农民弃旧田而去，开垦新地。耕种的田地、遗弃的旧地和尚未开发的荒地混杂相交，在旧地上正在长出次生植被。《诗经》中的以下篇章使我们对农业活动有所了解：

> 载芟载柞，其耕泽泽。
> 千耦其耘，徂隰徂畛。
> 侯主侯伯，侯亚侯旅，
> 侯彊侯以。
> 　　（《周颂·闵予小子之什·载芟》）[20]

> 信彼南山，维禹甸之。
> 畇畇原隰，曾孙田之。
> 我疆我理，南东其亩
> ……
> 疆埸翼翼，黍稷彧彧。
> 曾孙之穑，以为酒食。
> 畀我尸宾，寿考万年。
> 中田有庐，疆埸有瓜。
> 是剥是菹，献之皇祖。
> 曾孙寿考，受天之祐。
> 　　（《小雅·信南山》）[21]

四 东周

1. 灌溉工程和农业技术

在春秋时期,当国都从西边的渭河流域迁到东部的洛阳之后,王室权势日渐衰落。而封建诸侯们势力日大,逐渐在他们的封国为所欲为。征战兼并使封地采邑数量减少,强国诸侯的权势凌驾于周天子之上,他们的封地变成了独立王国。在这些诸侯国中,传统的封建土地所有制度,古老的义务与服役关系都逐步发生变化。例如在公元前6世纪时实行了税收制度,对那些自由开荒的农民进行征税,可能使农民们获得了更大的自由。有很多荒野可以开垦,在春秋时代农民们自发地开荒种地,因为新开垦的田地不属于任何特定庄园。在一定阶段他们大约也无需交税。[22] 在战国时期,一些官吏为了讨好国君,尽力开垦荒地以便充实诸侯君主的国库,孟子谴责了这种行为。[23] 当越来越多的土地成为农田,木材开始短缺。孟子认为有必要规劝梁惠王说:"斧斤以时入山林,林木不可胜用也。"[24]

根据史料记载,周朝时中国人口可能增加了5倍,约有5000万。人口增长得益于农田扩展,也得益于农业耕作方法的重要变化。大多数变化发生在春秋末期以后。据《汉书》记载,李悝为魏文侯(前403—前387年)制定了充分利用地力的政策。在战国时魏国大致位于今天的山西南部和河南北部,位于黄河以北。李悝计算说:

> 地方百里,提封九万顷,除山泽,邑居参分去一,为田六百万亩,治田勤谨则亩益三升,不勤则损亦如之。[25]

由于采纳了李悝的政策,每亩地产量增加到257升(6石4斗)。有人认为商朝时已开始使用灌溉技术。在安阳和郑州遗址发现了某种类型的排水渠,但是对于灌溉我们无法肯定。有关人工浇地的最早文字记载出现于公元前 6 世纪的小邦郑国。[26] 但是就发展大型灌溉工程而言，这要归功于强盛的西部诸侯秦国。秦国位于渭河流域。以这个中国古代文明发源地为据点，秦最终获得了充足的财力和兵力，消灭了其他战国六雄，第一次建立了大一统的中华帝国。

当秦国在公元前 329 年控制了富庶的四川盆地之后，它的经济实力大增。在征服四川后不久，就任命李冰为蜀郡太守，李冰父子因整修成都平原上的灌溉系统都江堰而久享盛名，发展水利巩固了秦国的实力。在李冰之前，蜀国国王可能已经修建了水利工程和漕渠，但是流进农田的水仍旧时多时少，无法保障。成都平原上的大片地区干旱缺水，无法受惠于水量充沛的岷江及其支流，而其他地区则总是水量过多。洪水泛滥时常发生，人民灾难深重。民间传说将洪水归咎于愤怒的龙王，认为必须用人作为祭品来进行安抚。李冰治理了 36 川的水利工程。工程始自岷江出高原时流经的灌县。岷江向南直至叙府（编者注：岷江入长江口为宜宾，古称僰道、叙州等。）汇入长江。由此李冰驯服了洪水，使成都平原永享丰年。[27]

司马迁在《史记》中将秦国的强盛归因于挖掘了一条灌溉渠——郑国渠，渠将泾河和渭河流域以北的洛水连在一起，这发生在公元前 3 世纪中期。

> 渠就，用注填阏之水，溉泽卤之地四万馀顷，收皆亩一钟。于是关中为沃野，无凶年，秦以富强，卒并诸侯。[28]

在使用灌溉技术之后，粮食产量增加了 5 倍。产量提高的另一个原因是在战国时开始普遍使用肥料。西周时田地可能主要依赖烧林后的草灰肥田。至少在《诗经》中没有提到其他肥料。可是到了东周以后，几本著作都提到肥料。在《孟子》中信笔提到似乎施用粪肥习以为常；在《周礼》中，有一段指出在不同的土壤上使用不同肥

都江堰水利工程。

料。[29] 就农业工具而言，在战国初期开始出现铁制的犁铧，到了孟子的时代可能铁犁已经广泛应用。但是铁犁铧较小，无法在土里犁出深垄沟，可能开始用牛拉犁，但是直到西汉时期，才见到牛拉重犁的考古学证据。

即使出现了以上提到的农业改进，我们必须明白，农作物仍旧因变化无常的大自然而深受其害。在中国北方，旱灾和洪水是最主要的自然灾害。战国时期的收成悬殊。丰年的产量可能是平均年成的4倍，而灾年的收获可能只有平均年成的五分之一。[30]

2. 商业和交通

在周朝的历史进程中，为数众多的封建经济小封邑演变成几个强大富庶的诸侯国。西周时的自给自足逐渐被一种专门化并且互相依赖的商业经济取代。《诗经》中的农人几乎可以满足家用所需要的一切；《孟子》中的农人已经无法做到这一点了。

在西周时商人是豪门贵族的家臣，他采买当地没有的物品，同时出售地方产品。农民家的自给自足在更高的程度上表现在封地之内。在春秋初期，仍旧存在着数百个各自为政的国家。但是，都城城门收费和国家边界征收关税的习俗表明了贸易的存在。道路维修不易，交通联系不畅，这些都强化了经济上的自给自足，而不利于贸易。

华北平原上的冲积土中找不到铺设路面的材料，即使是在近现代到那里旅行，路上牛车碾成的车辙都会使旅人举步维艰。在瓢泼大雨之后，遍地烂泥，在天旱无雨时，路面板结成纵横交错的辙印。然而可能是为了军事和政治目的，而非商业需要，周天子修建了通路驿道。路旁可能还栽种树木，任命看守人维护道路。[31] 似乎在整个春秋时期，各国间的官方联系十分频繁。使臣们及其随员满载着百乘之礼往还于国与国之间，大量运送物品和位高权重之人的来来往往说明有易于行走的道路。到了战国时期，官方和私人旅行都变得更为常见，为私务而出行的人中包括像孟子那样游学四方的学者,还有商人,道路的质量和数量无疑都得到改善以满足人们的需要。[32] 尤其在像楚国、吴国、越国这样的长江流域的南方国家中,水路在整个东周时期都得到发展。吴国和越国位于长江下游的低地上,在春秋时期这两个国家活跃于周朝的政治舞台。吴国修建漕渠使国中江湖相连,以此巩固国力,其成就的顶峰是修建邗沟运河使长江三角洲同淮河水系相通。《史记》中记载了另一条长运河将淮河的支流泗水同黄河相连,因此人们得以从长江三角洲的河口走水路到达华北平原北端的黄河口。[33]

3. 星光璀璨的北方大城

东周时期的重要变化包括耕地增加,农业技术改进,人口增长,经济自给自足性下降和商业扩展;此外各国互相兼并,到战国时只剩下七个大国和几个小国。很自然,城市的面貌发生变化,不仅数量增加,而且功用和形式也有所不同。春秋时期,在中国北方各地城镇数目大增,根据记载,新兴建的城池有 78 座之多,其中鲁国建城最多,其次是汉江和长江流域的楚国。北方大国秦以建城 10 座夸耀于人;地处中心的郑国虽为小邦,但繁荣兴盛,建城 4 座。[34] 公元前 658 年卫国的都城被戎人所毁,必须在现在的河北省南部建造新城。《诗经》中有一首诗记载了城池的兴建,饶有兴味的是周朝中期建城的步骤。诗中记载了天文学的作用,方向的重要性和早早栽种的树木:

> 定之方中,作于楚宫。
> 揆之以日,作于楚室。
> 树之榛栗,椅桐梓漆,
> 爰伐琴桑。
>
> (《国风·鄘风·定之方中》)[35]

在春秋末期出现了一种新的城市格局，即内城与外城，这反映封闭的封建经济的崩溃。在王公贵胄居住的、壁垒森严的核心地区之外，又修建了远为巨大的防御墙，将作坊区，商业街市和郊区包围在内。所形成的格局成为中国城市的基本形态，直到 20 世纪以后在中国北方城市中还清晰可见。这种城市布局至少包括三种不同的空间单元：小而封闭的中心属于贵族和官吏，他们（在早期）同依靠权贵为生的商人和手工业者混杂；作坊区，商业区，以及居民区位于另一个阔大的围墙之内；紧挨城墙外便是农田。在战国时期有时依次修建三座防御城墙，说明需要对日益扩展的商业活动区加以保护。

外城墙变得更加坚固，而对内城墙不注意维护，任其崩塌。城市商业化趋势的后果之一是城市形状的变化。它们不再建成长方形或是依方向而定，却逐渐依据东南西北基本方位而造。在有三层城墙时，环绕行政核心的内城墙是长方形，但是外城墙日渐失去简单规整的形状。而且，自从春秋时期，城池的兴建和发展可能同政治功用无关。证据是在宋国和郑国边界之间有一片无主之地，这片地区有 6 座城池。两国为了争抢城池的归属而争论不休，最后要凭借武力解决争端。[36]

在东周时期，有些围墙环绕的城池令人惊讶地广阔浩大。周的都城王城（位于今天的洛阳）夸耀说占地 8 平方公里以上。诸侯国的都城可能小一些。在陕西和山西省挖掘的城市遗址表明它们的面积小于 3 平方公里。在这一方面，《左传》对春秋时期城市规模大小的讨论很有意思。根据《左传》，一座大城的周长约为 4600 米，所围绕的地区约为都城的三分之一（这个观点看来为考古学证据所支持）。中城是都城的五分之一，小城为都城的九分之一。根据《孟子》，一般战国城市的外城墙周长约 7 里，内城墙约 3 里。[37] 但是考古学证据指出，有些战国时期的城市远为宏大。比如说赵国的都城邯郸大致呈正方形，每边长约 1400 米。一座鲁国的城池比邯郸要大两倍；齐国的一座城比邯郸大 5.5 倍。所有城中最大的看来是燕下都。它南北走向的一条边为5000米，东西走向的边长6400米。城墙内参差不齐的区域可能接近26平方公里。这些城里似乎人口众多。例如齐国的临淄城，大约有70 000户。街道上店铺林立，行人摩肩擦踵，路上车水马龙，水泄不通。[38]

在东周时期，黄河流域的很多地区已被人大大改变。灌溉农业和城市化塑造出人造景观。人需要更多田地，家用和工业需要更多燃料，森林只好不断收缩。自从东周以来，砖日益成为主要的建筑材料，烧砖需要木头。人们认识到树木的价值：

> 山有嘉卉，侯栗侯梅。
> 废为残贼，莫知其尤！
> 　　　（《小雅·四月》）

树木是上天所赐的恩惠：

> 瑟彼柞棫，民所燎矣。
> 岂弟君子，神所劳矣。
> 　　　（《大雅·文王之什·旱麓》）

然而在周朝时的华夏大地上，即使是一些有人长期定居的地方，野生动植物似乎仍旧繁荣兴盛。韩国位于汾河下游，山西省西南部，《诗经》把这里形容成一个引人入胜的地方：

> 孔乐韩土，川泽訏訏，
> 鲂鱮甫甫，麀鹿噳噳，
> 有熊有罴，有猫有虎。
> 　　　（《大雅·韩奕》）[39]

在东周文明的核心区域也生活着非汉人部落,他们可以积聚足够的兵力,严重威胁周朝的封国。例如公元前 658 年卫国人就因屡受戎人部落骚扰,不得不放弃位于河南北部黄河以北的都城。但是尽管蛮夷游牧部族持续进犯,并在周朝文明中心地区建立了据点,东周的疆域在南方和北方均大大扩展。在西周时黄河文明的北部边界渗透到山西南部和河北南部,而新石器生活方式在森林和林地干草原混合区中的小片地方延续。小群聚居的人们以务农为生,并以打猎和捕鱼补充食物不足,这样的生活已经持续了至少一千年之久。到东周时黄河文明的边缘大大向北推进,进入内蒙古和热河,战国时在那里兴建的炼铁场便是明证。[40]

4. 北方的游牧民族和日渐干燥的景色

与周朝文明向北传播的同时,草原上的游牧部落向东扩张。自从大约公元前 700 年,以放牧,狩猎和打鱼为主的游牧生活方式日益取代了定居的农业。干燥化似乎也开始发生,不过比较缓慢。东周时在内蒙古的小溪湖泊旁还坐落着大型的永久性农业村落。但是之后这里的水源枯竭了。从史前时期到西周时期之间,蒙古高原和中国北部之间广阔的地带是一个文化过渡区,那里的人们主要靠农业为生,辅之以渔猎。但是在东周时期,尤其是东周之后,这里日益成为一个冲突地带,居住着对土地愈来愈精耕细作的农民和逐渐放弃农业传统、不断迁徙、靠牲畜为生的游牧部落。当游牧部落学会了骑马作战,足以抗衡汉人在数量、武器和战车上的优势之后,二者的冲突激化了。马拉战车虽然迅疾,但却不再是优势的保障了。[41]

墙是对冲突存在的建筑学表述,说明需要划定文化区域的界限。在中国最早修建的城墙是为了界定和保护城里井然有序的生活,抵御城外未开拓地区的混乱和威胁。在春秋时期,黄河文明的疆域之内修建了长城区分国与国的界限。战国时期在各国边界修筑长城以区分文明化的内部世界和野蛮的外部世界。

5. 华夏中部和南部的文化

春秋时期，在长江中下游出现了强大的诸侯国。周朝对这个地区的影响力微乎其微，但是考古学证据充分表明，在西周时黄河文明扩展到了长江下游。[42] 那里存在三个新的国家，楚国位于长江中游，吴国和越国位于长江下游。在春秋时代，楚国是华夏中部最强大的诸侯国，楚不仅支配吴国、越国，而且对北方诸国影响甚大。楚一定拥有足以同其北方邻国相匹敌的经济、技术和城市生活，才可能发展如此强大的国力。在长沙地区发现了精心建造的坟墓，墓葬使我们有理由相信，楚国社会已划分成不同阶层，经济相当发达。楚国冶金业很先进，并精于制造各种手工艺品，包括陶器、木雕、木器、竹器、皮革制品、漆器、丝织、麻织以及石头和玉石工艺品（编者注：楚国的青铜器和中原地区的一样精致）。但是楚国大部分区域是森林覆盖的荒野，长着参天大树；犀牛，大象和鹿这类野生动物出没其间。楚国出口象牙、兽皮和羽毛之类的原料。[43] 农业主要是种植水稻。农民们烧山垦荒，灌溉农田，使用铁制的锄头和铲子。稻米和鱼是主要的食物。

在勾画中国日益变化的景观时，我们应该主要关注黄河流域文明的变迁，然后追溯文明向中国中部和南部的扩展。人们在历史时期中的主要运动方向是从北至南，移民自然而然将北方文化特点扩散到南方。但是我们需要对这一概括附加两点说明：第一，至少从新石器时代开始，黄河文明自身也受到南方文化的强烈影响；第二，我们应该注意不要轻视中国南方湿润地区和沿海的景观与生活的特色，这些特色并非来自北方。

在北方仰韶文化时期，驯化的动物有狗、猪、牛、绵羊、山羊。在之后龙山阶段，又增加了鸡和马。在后来的商代文化历史时期，增加了水牛，可能还有大象。发人深省的是在这些动物中，牛、绵羊、

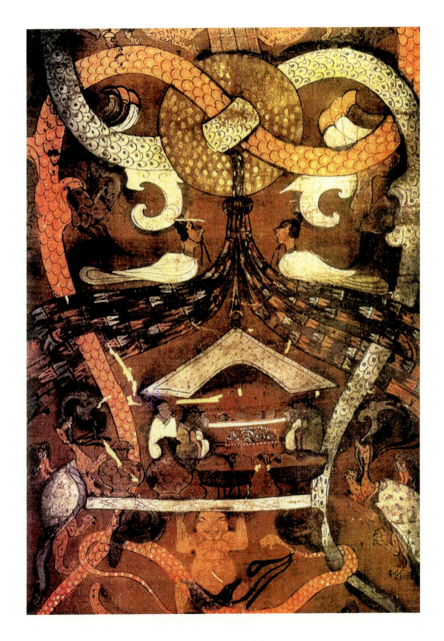

马王堆汉墓帛画(局部),显示了自楚国以来独特的南方文化。

山羊、马，都来自西亚的半湿润地区。在那里它们最先为人驯养。在新石器时代，可能也包括商代，这些动物的数目比狗和猪要少，我们有理由相信，狗、猪（东南亚野猪）同家禽一样，原本生活在林地中，它们的天然栖息地是南亚。水牛和象肯定来自比较温暖潮湿的地区，而不是华北平原。所以早在农业生活开始于黄河流域之时，牲畜中不仅存在南方动物，而且以南方动物为主。其他从南方或是沿海地区引进的东西还包括稻子（编者注：以前认为亚洲稻最早可能生长在孟加拉湾不太潮湿的边缘地区；今天已经发现了比南亚更早的中国本土的水稻遗存，可以证明水稻原产于中国南方）和用作货币的贝壳。

　　重要的是指出，这些南方特色并非只同黄河文化发生关联，它们是作为文化复合体的一部分发挥影响。在史前时期，狗、猪、家禽这类动物在南亚主要因为祭奠和占卜仪式而被驯化，食物只是第二位的需要。狗在古代仪式中尤其重要。[44] 狗在古代对于黄河文明的重要性可由几方面加以证明。在商朝后期，通常用狗随葬，以及埋在建筑物的地基中。在诸如《周礼》《仪礼》《礼记》这类中国古籍中就有用狗祭祀的记载。《周礼》提到任命一个名为"犬人"的官吏，他的职责是为祭祀选择适当颜色的狗，并保证仪式遵循适当的程序。在中国北方这一习俗慢慢不再流行，在公元前1世纪时开始用稻草狗代替真狗（刍狗）。在南方偏远地区狗祭传统一直延续到近现代。在20世纪，贵州仍旧用狗祭祀，也可以见到石狗和石公鸡守卫在村口。

　　狗以及少见的鸡和猪在仪式中的重要性只是南方沿海文化系统的一部分，其他习俗还包括女巫、母系社会遗迹、文身、水稻游耕、木桩支撑的谷仓、凿出的独木舟和公共房屋。[45] 有些习俗还没有完全消失：例如较偏远地区仍流行游耕，每隔几年这些村庄就要搬家。在当代中国，沿江边河岸常见半桩屋，但是全部建在木桩上的房屋并不多见，不过有报道说贵州的苗族地区有这样的水边桩屋（吊脚楼）。因为显而易见的环境原因，在南方低洼之处没有发现史前期地窖式住处。即使是在中国北方，排水的沟渠对有些仰韶村庄来说也是必要的设施。在安阳和郑州的商代遗址，这样的沟渠比比皆是。可能为了解决潮湿低洼环境的特殊问题，村庄建在土堆或是木桩上。

在南方，尤其是在中国沿海，另一个鲜明的建筑特色是公共房屋。其当代范例是个长约百米的建筑，用木料和竹子搭建，立在地面的木桩上。屋顶为人字形，长长的游廊上方遮蔽着伸出的屋檐。一连串房间房门通向游廊，每间房住一户人家。在屋下的木桩之间养着狗、猪、鸡，存放着独木舟和渔网。

一项历史悠久的南方仪式是赛龙舟，在夏初举办。仪式可能起源于将人沉入水中祭祀的巫术仪式，目的是求得风调雨顺，五谷丰登。龙船长而窄，是独木舟，操桨的是一个 20 人到 100 人的队伍。除了举办仪式，当水战发生时，独木长舟也发挥巨大作用。

正如以上所说，东周时强国兴起于长江流域。在多大程度上这些诸侯国属于我们所讲述的南方沿海文化体系的一部分呢？最强大的楚国颇受中国北方周朝文明的影响，但是楚保留了很多自身特色，诸如其独特的神明、仪式、高度发达的竹木器手工艺、船葬、面部刺青。根据古代文献，长江下游的吴国和越国当地人断发纹身，驯养的动物不多，只有狗、猪和家禽。此外，同驾着战车彼此征战的北方诸国不同，吴国和越国人率领独木舟组成的船队在水中激战。在公元前 5 世纪，吴国一位君主下令开凿了一条古老的漕渠邗沟，将长江同淮河水系连在一起，这表明当地人对水路的认识。开凿运河是为了使吴国的势力扩展到北方。

中华帝国晚期的北京皇宫,紫禁城。

第三部分

中华帝国时期的景观和生活

到了帝国时期,中国人对自然施加的影响更加清晰可见。

农业从黄河和长江流域开始向四周不断扩展,东北、新疆、西藏和岭南都汇入了帝国的版图。

帝国不仅使农业和人口大范围扩展,也通过巨大的城市、宏伟的宫殿苑囿、运河和道路的营造改变了大地的景观。

唐代的雕塑,天王鎏金像局部。

第五章　秦朝至唐朝

西部的秦国于公元前 221 年首次统一了中国,中国成为一个强盛的中央集权帝国。东周早期众多的诸侯国与日俱减,到战国时期只剩下十来个。这些国家彼此征战不休,直至最后秦国以武力吞并了所有。在周朝的最后两个半世纪中,政治上的分裂只是表面现象,表象之下是一个文化上统一的中国。这种文化一致性,再加上开始有意识地接受一种定居的汉人同北边游牧的野蛮人相互对立的观念,使秦国君主不难在政治上统一中国,而随之兴起的汉朝能够将国家统一维持了 400 年之久。

一　秦帝国及其景观

周朝文明内部的主要诸侯国一贯将秦国视为外来人,什么因素使秦能够脱颖而出呢?自西汉以来,历史学家众说纷纭。一种说法是秦国位于渭河流域,在地理上得天独厚。例如,贾谊(前 198—前 165 年)不愿将功劳归于秦国的统治者,而是强调秦国被山带河,受崇山峻岭保护,为黄河所环绕,四方都有屏障。[1]

另一种说法则与蛮夷有关。秦最脆弱的一面是北面,向北朝着鄂尔多斯沙漠敞开,至少自从公元前 771 年就受到了蛮族进攻。在公元前 3 世纪上半叶,秦沿着国家北翼修建了一道长城作为额外的防卫。由于秦国必须在脆弱的一面防守蛮族部落,秦积累了军事经验和新技术,尤其是骑马作战的技术。

但是最令人信服的解释是，在控制了四川盆地上肥沃、发达的平原和谷地之后，秦国大大扩展了支撑其国力的经济基础。李冰发展了成都平原上的灌溉系统，使这个地区更加富庶。正如我们已经提到的，在渭河流域修建的郑国渠使 270 万亩荒地变为良田，渭河流域的农业产量增加了 5 倍之多。

因此，在秦国统一中原前大约 1 个世纪中，秦国君主们为抵御蛮族，保障国家的疆域，在北方修建了一道长城；在南方则占据了一个资源丰富的肥沃盆地，大规模兴修水利，而且还废除了封建土地占有制度以鼓励移民迁入。当始皇帝建立了帝国之后，秦致力于统一和集权，却为此而牺牲了经济利益。始皇帝将战国时彼此隔离的各国防御土墙连在一起，这构成帝国北部一道有形的边界。除了新建城墙围绕黄河北部大几字弯地区，秦帝国并没有企图将领土推进到北方干旷草原。没有理由这样做。战国各诸侯国所修建的城墙已经达到中国农民精耕细作土地利用的环境极限，这使他们同游牧民族迥然相异。与此相反，长江流域以南的中国是个森林覆盖的荒野，为殖民和农业生活形态提供了无限的机会。受此诱惑，秦始皇在前 221—前 214 年间发起了一系列征战，秦朝大军越过部分汉化的长江流域，远征其他民族居住的福建、广东、广西以及越南北部地区。伴随征服的是令人瞩目的工程：开凿了一条超过 50 公里的运河灵渠，将长江和中国南方的西江以及珠江三角洲连在一起。征发移民去巩固新征服的地区，这主要包括商人、犯人、政治流亡者和贱民。这些人在遥远的南部边陲收效甚微，他们所面对的挑战不仅是瘴气氤氲的热带环境，还有满怀敌意并组织良好的当地人。只是在今天的湖南和江西这样较为靠北的地区建立了军屯村落作为据点。[2]

在黄河和长江流域，统一化和集权化要求一致的度量衡单位、统一的书写文字、同样的货币和相同的轮距。最后一个规定说明在全国大部分地区，城市与城市之间的道路基本上是由车辙碾压而成的。秦

第五章　秦朝至唐朝 | 123

秦始皇陵陪葬坑中的兵马俑。

始皇力图改变这种状况,他命令在帝国内修建四通八达的道路网络。从渭河流域的都城,驰道向外辐射,据记载路宽 50 步,林荫夹道。[3] 修路的原因之一恐怕非常实际,是为了将足够的粮食运到这个新中央集权帝国人口剧增的国都。另一个目的是迅速地调遣军队,并使皇帝能够长途旅行,巡游各地。不论目的何在,发展商业似乎不是重要的因素。

秦朝的政策不利于贸易。在秦朝中央集权的控制下,战国时期由于贸易刺激而蓬勃发展的城市开始停滞不前。尤其当秦始皇决定将帝国中为数众多的权贵富豪迁出封建壁垒,移往都城咸阳之后,有些城市衰落了。极端政治集权显而易见的征兆是寄生性都城的暴富和乡村的贫困。我们没有关于人口的统计数据,但是从《史记》的一些片段中我们可以窥到秦朝都城建筑上的铺张靡费。例如,记载说咸阳周边 200 里之内有王公贵胄的府邸 270 座,全部由空中架设的栈道和地上的甬路阁道相连。[4] 当起义军占领并焚烧了帝王的宫室之后,熊熊大火燃烧 3 月方熄。[5]

秦朝国祚不长,在秦始皇死后王朝很快就覆灭了。然而秦朝对中国文化和历史的影响非常深远。它一方面消除了诸侯林立的局面,另一方面,在长城以南定居的农民中发展了一种人类学家称之为"我族"(We-group)的情感。驰道轨路象征着内部统一;长城象征存在一个非我族类的威胁性"外部世界"。

我们可以将秦朝时的宫殿、道路、运河和城墙视为景观;但是对于乡村的一般景色和土地的利用形态,我们所知甚少。尽管有对南方的军事冒险以及雄心勃勃的殖民计划,那里可能仍旧是林木覆盖的浩瀚荒野。人口中心仍在中国北方,这样的状况将还要持续数个世纪之久。渭河流域和四川盆地的某些地区或许养育着前所未有的众多人口。修建咸阳城耗费了大量的木材,甚至使远在四川的山岭草木荒芜。秦始皇所兴建的宏大的公共工程对他的国家有害无益,实际上耗尽了国库。但是继之而起的汉朝从中受益,使汉朝延续了400年之久。

为了考虑汉朝以及唐朝时土地利用和景观中所发生的变化,我们需要先对变化的动力,即人口总数和人口分布,以及中华文明的领土扩张,略作观察。汉朝是中国第一个旷日持久的帝国,唐朝是后来帝国时代中一个同样宏伟壮观的王朝。

二 西汉帝国:人口和土地使用

在汉朝之前,我们至多只能估计中国的人口。例如,人们认为在战国时期总人口可能达到5000万。但是自从西汉时期(公元前202年—9年),开始定期人口普查。虽然我们往往不容易确定其准确性,普查却使我们有了远为可靠的依据来确定人口总数以及人口在不同时期的分布状况。

首次可靠的人口普查发生在西汉王朝末期的公元2年。那时的总人口大约是5800万。他们中的绝大部分,大约为4300万住在中国北方,在从秦岭群山至长江三角洲一线以北地区。[6] 在黄河流域之外,只有长江流域的四川盆地有人口密集的居住地。一个位于成都平原,另一个在嘉陵江流域。根据出土的大量青铜和铁制物品遗迹以及文字样本,到战国时这两个地区都有了高度发展的文化。在另一方面,虽然在东周列国悠长的时期中,长江中下游地区已有发展,但到西汉时那里仍旧人烟稀少。汉朝伟大的历史学家司马迁对这个地区广为人知的描述值得在此长篇引用。同样应该注意的是他对当地居民在温和富庶环境中悠然自得生活方式的解释:

> 总之,楚越之地,地广人稀,饭稻羹鱼,或火耕而水耨,果隋蠃蛤,不待贾而足,地埶饶食,无饥馑之患,以故呰窳偷

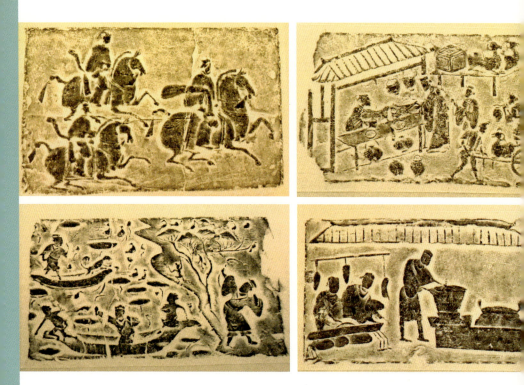

汉代画像石中显示的农业生产、商业和日常生活。

虎形雕塑,是桌案之类的承重物。

生,无积聚而多贫。是故江淮以南,无冻饿之人,亦无千金之家。(《史记·货殖列传》)[7]

根据公元 2 年的统计资料,中国北方的人烟稠密地区是黄河下游的冲积大平原和黄土高原上的汾河－渭河流域。在4300万人口中,聚居在冲积平原上的可能有3500万之多。在平原上有大片荒原野地,例如沿黄河向北河道的宽广带状地区和整个沿海低地上的沙土带和盐洼地。[8] 但是汉朝时期一个重要的事实是人口和经济中心从渭河－汾河流域向东转移,从黄河西边的高原盆地转移到河东,即黄河经过关隘峡谷从西向东进入的冲积土大平原。在王莽篡权的短暂年间(9—23年),共有 5 个人口稠密的城市:洛阳、临淄、宛、邯郸、成都,除了成都以外,四个都在山西高原的东面。[9]

然而在西汉的悠长岁月中,渭河盆地始终是中国的经济中心,人口最稠密集中的地方是都城长安及其周边地区。这是古代中国文明的核心区域:在这块肥沃的冲积土上,农业知识和传统可追溯到 1000 年以前的西周时期。这个地方以平安而著称,起码从战国时代至秦朝灭亡以前,这里一贯是屯兵之地,从未成为战场。秦时在渭河以北修建的郑国渠大大提高了盆地的农作物产量。

虽然乡村农民们受战乱之灾的程度还无法确定。秦朝的灭亡一定对他们不利。汉朝建立之后恢复了和平,在文帝和景帝统治期间,战争的创伤逐渐平复。人口和生产力都开始增长,前者的增长速度快于后者。

在汉武帝统治时(前140—前87年),在渭河南面修凿了一条漕渠,渠从长安向东通黄河,比沿渭河旅行的距离缩短了 300 里,而且还避免了渭河流域的一些最险恶的激流险滩。运河不仅大大便利了从三门峡(黄河峡谷)以东的平原上运输粮食,而且将渭河盆地上的水浇地增加了 10000 多顷。[10]

我们已经强调，在中国北部至少存在两种界限分明的自然环境，黄土高原和冲积土大平原。在这两种环境中，高原上比较易于生存。因为那里小型的河流盆地中并不存在广阔的沼泽，那里的河流也不像黄河那样迅猛奔腾，无所顾忌地横冲直撞。高原盆地孕育了中国文明，只有当文明获得了更大的自信去驾驭自然之后，它才冒险进入地势低矮的平原。我们注意到，即使在汉朝，渭河流域还是远比大峡谷以东的黄河冲积平原更易于发展。渭河漕渠具有双重功用，既可运输又可灌溉，用 6 个月修成，证明是一大成功。这鼓励河东太守对皇帝进言说：

> 漕从山东西，岁百余万石，更砥柱之限，败亡甚多，而亦烦费。穿渠引汾溉皮氏、汾阴下，引黄溉汾阴、蒲坂下，度可得五千顷。五千顷故尽河壖弃地，民茭牧其中耳，今溉田之，度可得谷二百万石以上。(《汉书·河渠书》)[11]

这个新计划值得实施，如果这条漕渠完成，原来只用于放牧的荒地将成为引水灌溉的良田。皇帝认为计划实用可行，于是征用 20000 或 30000 民夫，费时数年挖渠开地。但是这一次，一切努力都付之东流。黄河改变了河道，没有足够的水注入开通的漕渠。在新开垦的田地上，农民们的收成还不足以支付栽种的花费。

三 农业技术和景观

西汉时期的农民们栽种什么样的庄稼呢？2000 年前的农民如何进行耕种？幸亏著名农学家氾胜之所作的零星记载，我们可以尝试回答这些问题。氾生活在公元前 1 世纪下半叶，他的评论简要总结了黄河中游盆地半湿润和半干旱区的农业耕作，主要阐述旱地农业技术，对黄河下游泛滥平原和长江流域环境中的耕种方法却较少提及。根据保留在其著作中的叙述，氾胜之对如何栽种13种作物做出了详尽的指示，这些庄稼是小米、糯小米、冬小麦、春小麦、稻子、大豆、小豆、麻、葫芦、甜瓜、芋头、稗子、桑树。[12]

必须依靠对耕作方法的叙述和所种植作物的生态需要，我们才能设想汉代时黄土高原上的农业景观。氾对于如何保持湿度的屡屡告诫说明农业已扩展到气候上不太适宜的地区。首先，人们在干旱的春天和干热的夏季必须对降雨密切关注。我们一再读到他指示人们"在下了小雨后……犁田"，以及"在下雨时犁田"。[13] 在东方国家的著作中他首次提到春小麦，指出这是为了适应北方寒冷的冬季。对土地精耕细作，保持土壤肥力的方法包括使用蚕粪（这说明丝织业的广泛存在）、充分发酵的粪便、腐殖质；另外在春天把青草和野草犁到土下，使之腐烂成为绿肥。[14] 当时已实行间种，种糯小米的地块位于桑树之间。氾也讨论了一种利用贫瘠土地的古老方法，对山岭、峭壁、靠近村庄的陡坡，甚至是围墙里的坡地加以利："诸山陵近邑高危倾阪及丘城上，皆可为区田。"这种方法称之为区田制。

尽管氾对这种方法进行了十分详尽的讨论，我们还是不太清楚他的确切含意。但是有一点是确定无疑的：这种方法需要花费更多的人力以及将水和粪便集中使用在小块地里。这说明不缺少人力，可是需要对所有的田边地角充分利用。[15] 虽然氾说区田制古已有之，可能目的只是用传统来支持这种方法。

与此相同，根据《汉书》所言，以代田制得名的农业技术同样古已有之。西汉时的搜粟都尉赵过（公元前85年）精于此术。同样，我们对这种耕作方法的精确使用不甚了了。据 N. L. 斯万（N. L. Swan）说，这是一种轮作制，在田间三条宽阔隆起的垄台与低平垄沟相间，一亩田起三条垄台，100亩就有300条。将种子洒在垄沟里。把长在垄台上的草拔掉，这样土就可以在下雨时冲到沟里帮助庄稼生长。到夏天时，把垄台平掉，田野平展一片。冲到沟里的土壤有助于庄稼生长，使它们能够抗风抗旱。[16]

因此代田制似乎是另一种适应黄河中游地区半干旱环境的方法。所以我们奇怪为什么像芋头和稻子这类潮湿的亚热带地区的庄稼会包括在氾胜之列举的作物中。确实，植物地理学家说稻子最初曾是芋头田里的杂草，在除草的过程中，在其他地方生根发芽。在人们认识到稻子的价值之后，最终开始照料并选择稻种。[17] 在中国的西北部芋头和稻子离开人的照管都无法存活。以下是氾对如何栽种芋头的指点：

> 种芋，区方深皆三尺。取豆萁内区中，足践之……取区上湿土与粪和之，内区中萁上，令厚尺二寸，以水浇之，足践令保泽。取五芋子置四角及中央，足践之。旱数浇之。萁烂。芋生子，皆长三尺。（挖掘阔约3尺，深约3尺的土坑。将豆杆填在坑里，并踩实……把坑里刨出的潮湿松土同粪便混合，再将土粪混合物放在踩实的豆杆上，厚达一尺二寸。浇水，踩实以保土壤潮湿。把五块芋头种子块茎放在坑的四角和中央，踩入土中。在干的地方浇水。埋在发芽生长的芋头块茎下面的豆杆很快就会腐烂，会收获三尺长的新芋头。《齐民要术》）[18]

关于种植水稻，氾也提供了详尽的指示，说明在他的时代，这已经是一种传统作物。除了北方炎热的夏季可以提供适宜温度之外，稻子在某个生长阶段需要泡在静止不动的水里。氾建议将稻田建成阶梯形，"稻田不应太大，如果太大，就不容易保持适当的水位"。"在水稻生长的早期阶段需要保暖，所以需要使田埂上的进水口和出水口远远错开，在夏至之后，天气变得非常炎热，所以使进水口出水口直接相对。"[19] 根据这些指示可以设想出面积不大的稻田，肯定是地的坡度越大，田的面积越小。在等高的地形中小小的稻田连成或许窄窄的条条带带。水温受天气影响迅速变化，因此需要控制流进流出稻田的水量来调节水温。到公元前 1 世纪，或许大大早于此时，通过适当调整将高低不平稻田分割开来的泥土田垄上进出水口的距离，人们已经能够控制水温。

或许我们不应对氾胜之的指示进行牵强附会的理解。在四川盆地的低处以及中国南方的大部分地区，精心修建的梯田从过去的数百年间到现在一直是中国农村景观中最引人注目的特色。令人沮丧的是我们无法将水稻的起源追溯到久远的，或是年代确切的过去。氾胜之的阐述至少使我们能够确定，在早于公元前 1 世纪的某个时期，阶梯状的稻田已经存在于中国北部。

诸如氾胜之和赵过这类西汉农学家提到新出现的或加以改良的农业方法，人们正在使用这些方法，或是打算予以实施。汉朝的政策是任命专家将新农业方法传授给人民，尤其是那些住在边疆欠发达地区的人们。主要自汉武帝以来，技术的进步和官方对新方法的推广一定提高了中国的农业生产力。在昭帝和宣帝在位年间（前 86—前 49 年），大量开垦荒地，丰收捷报频传。[20] 在另一方面，我们必须强调一个事实，尽管农业进步，普通农民们仍旧靠天种地。"不论他们如何辛勤劳作，不论他们如何吃苦受难，他们还要屡屡遭受洪泛和旱灾之害。"人们听天由命，认为一辈子中有灾年丰年是理所当然。甚至是被尊为圣贤明君的禹和汤也不能使国家免于天灾。农民的生活非常艰辛，"在春天他们犁田耕种；在夏天他们除草培土；在秋天他们收获庄稼；在冬天他们储藏粮食，砍伐树丛杂木做木料和柴火；他们修缮官家的衙门，并从事其他种种劳役"。[21]

四　领土扩张：新作物和新景色

在汉武帝统治之下，汉帝国的疆域向四面八方扩展。在南面，公元前 111 年武帝的一支远征大军重新征服了以番禺（今广州）为中心的南越国（编者注：此处所谓重新征服是指秦朝时中原军队征服了南越，汉灭了秦之后，征服南越的秦军在番禺建立了独立的国家，即南越国。汉王朝则将这个建立在南方蛮族土地上的中原文化国家再次并入版图）。正如秦始皇对南方的冒险一样，军事征服之后的殖民化政策并不成功。朝廷通过当地部落统治南方诸国。汉武帝征服的后果之一是在中原引进了诸如橘子、槟榔、荔枝这类南方水果。

沿北方边界的领土扩张更见功效。在东北面武帝的大军于公元前 108 年攻占朝鲜半岛北部，在那里建立 4 郡统辖。其中最主要的是乐浪郡，那里的汉人大约有 31.5 万。[22] 在北面，朝廷派遣十万军队到黄河大几字弯地区的河套地区修建防御工事。但是最重要的领土扩张发生在西面，远至今天甘肃祁连山下的绿洲和更远的塔里木盆地。汉军于公元前 121 年和公元前 119 年大败匈奴军队，然后又征服了西域诸国。此后在这些地方设立了军屯村落。在征战期间大约 60 万驻防军队被派往西部边地，其中很多人成了农民，永久居住在那里。[23]

为了保护屯垦定居点以及穿越西域到达帕米尔高原以西世界的贸易商队和使节随从，长城向西北延伸。到公元前 118 年，长城修到肃州（今酒泉），在公元前 108 年到达敦煌绿洲。

向西部扩张使中国文化中出现了新鲜成分。尽管路途遥远曲折，充满艰难险阻，但长达 7200 公里的商路使中国和地中海世界首次建立了贸易联系。西亚的产品和技术通过内陆沙漠进入汉帝国。武皇帝派遣的使臣张骞坚韧不拔，从帕米尔高原以西带回了关于良马的信息、葡萄、苜蓿。大夏的曼陀林传到中国成了琵琶。兽皮、肉桂、大黄辗转进入黄河流域。除了玻璃，地中海世界对中国奉献的不多，不过"似乎毛织品和亚麻制品向东传播了一段距离"。[24]

这些边疆的前哨驻地，给这里带来了新的景色，这是一个由荒野大漠所环绕的绿洲，这时灌渠四布、防守严密。同时在开发干草原和发展内陆农业二者之间,人力使用的冲突大大加剧了。在西汉时期的中国诗篇中出现了一种忧郁寡欢的新音调,其新主题是关于边疆的征战、大漠的荒凉、故乡与异乡的阻隔、寒冷的朔风。

五 东汉帝国:人口的骤减与南迁

如果说公元 2 年时汉帝国的人口是 5800 万,到公元 57 年,据报告说下降至 2100 万。毫无疑问这是个大大缩小的数字。在那时东汉帝国的人口似乎不可能少于 4000 万或 4500 万。[25] 当然,人口无疑是下降了,但不可能下降的那么多。在这两次人口普查之间帝国内部发生了内部战乱、农民起义(赤眉军)、对匈奴及其他草原游牧民族的战争、洪水、饥荒、瘟疫,等等。

大自然所造成的洪水泛滥加剧了内乱、人口迁徙、饥荒、死亡。在平帝统治时期(前1—公元6年),黄河泛滥淹没了部分大平原,在山东半岛的南部冲出一道支流汇入淮河。在公元 11 年,黄河再度屡屡决口,原来向北的分支甩向东南方,离开了今天津附近古已有之的入海口。南分支涌入古老的汴渠。汴渠流经大平原上一个低洼带。从那里通向海边的坡度非常平缓,所以洪水蔓延,淹没田地。直到公元 70 年,淹没汴渠两岸的洪水才退去。[26]

洪泛使数百万人遭灾。在黄河改道之前,黄河以南的大平原养育着中国总人口的几乎一半。洪泛使众多人口背井离乡,流离失所。人们主要向两个方向逃亡,一些人向东,进入仍旧被黄河两条河道环绕的山东半岛的高地。另一些人分三股向南迁移:一股进入长江三角洲,一股到鄱阳湖盆地,然后上溯至赣江;最后一股到了汉江流域,进入洞庭湖盆地,然后上溯至湘江。

到公元 40 年时,虽然华北平原的大部分地区仍然受黄河泛滥的困扰,但中国在东汉王朝统治下完成了政治统一。自那之后,人口逐步增加，在公元 140 年至 160 年间达到 5000 万至 5500 万的高峰。在公元 140 年，东汉帝国统治下的人口仍旧比公元 2 年的西汉时期少大约 800 万，但是从国家今后发展的观点来看，人口在地理分布上所发生的变化更加重要。在公元 2 年，中国人口以压倒之优势集中在北方。到公元 140 年时，集中的程度已大大降低。在那个时期，黄土高原上的渭河－汾河流域减少了大约 650 万人，华北大平原减少了 1100 万人。秦岭至长江三角洲一线以南地区则增加了 900 万人口。湖南、江西和广东的人口增加了 4 倍。[27] 西南部纳入中国统辖之下，自云南通往印度的商道建立起来。帝国的南部边陲实际上远至安南（越南北部）。

但是在中国南方，比如在东南沿海，还有长江中游大湖地区周围的沼泽地带，仍有大片地区人烟稀少。山岭上丛林密布，蛮荒一片，人迹罕至。当时的中国人难以欣赏这样的景色。西汉时的一首诗表达了诗人淮南小山（淮南王刘安）对峥嵘粗犷景色的恐惧，诗中说"桂树长的如此浓密"，它们的枝叉"纠结缭绕"：

    山曲弟……虎豹穴……
    嵚岑碕礒兮，硱磳磈硊。
    树轮相纠兮，林木茷骫。
    青莎杂树兮，薠草靃靡。
      （《楚辞·招隐士》）[28]

六　豪门大族的庄园

汉朝时农民的生活极其艰辛。根据晁错的记载（前 178 年），"在夏日他们无法躲避炎热酷暑……在冬天他们必须承受严寒冰冻。一年四季没有一天能停工休息"。在东汉时期小农的生活仍旧很苦。虽然理论上农民受到尊崇，实际上备受轻蔑，状如草木牲畜。小农的苦难来自何处呢？苦难根源显然可以追溯到周朝的战国时期。当封建制度崩溃之时，起初农民获得了一些自由，成为自耕农。他所耕种的田地多少归他所有。但是这种状况并没有延续多久。大地主将封建诸侯取而代之，他们兼并土地，开垦荒地，大地主应付天灾人祸的能力远非一般小农可比。

在汉朝期间富有的地主权势日大。他们成为"豪门大族"，这些新贵取代了过去的封建王侯。豪门大族以一个扩大的父系家庭为中心，此外包括很多通过政治经济关系依附其下的家庭和个人。越来越多的农民不能靠自己田地所产度日，他们发现依附有财有势的豪门大族不失为便利之举。

在东汉时期，很多大庄园面积达数万亩之阔，它们展现出何样的景观风貌呢？首先，这些大地产资源充裕，不缺劳力、耕牛、一般牲畜、种子。在一个大地主的庄园上，除了像糯小米、普通小米、稻子和麦子，还栽种数十种其他作物，包括亚麻籽、葱、蒜、苜蓿、萝卜、各种甜瓜、倭瓜、芹菜、葵菜、豆、水蓼、芥末等。树木包括竹子、漆树、桐树、梓树、松树等。[29]

根据以上所述，我们可以设想一种高度多样化的土地利用方式。除了庄稼，还栽种种类繁多的蔬菜、水果、观赏树木。大地主可以实验新的耕作方法，例如赵过的代田法和氾胜之的区田法；他们也能够使用像水磨那样的新机械。大庄园主富比王侯。他的宅邸有房屋数百，肥田沃土连绵阡陌，奴仆成千上万，货物车运船拉，运往全国各地。他堆满的货栈遍及全城，巨大的房屋装不下珠宝财富，山谷中放牧不下他的马、牛、羊、猪。[30]

以上的段落引自当时的文献，值得一提的是豪门大族不仅务农，而且经商，并拥有成群结队的牲畜，数量之多，以致山谷中放牧不下。如果说的是欧洲，我们可能应设想一个豪华的乡村住宅，或者甚

汉代大庄园里的贵族生活（上）和劳作的农民（下）。

至一座宫殿坐落在园林环绕的景观之中，周围环绕着农庄和务农的村落。但是这幅图景不适用于中国。以上所说的乡村宅邸可能阔大而兴旺，但是一般来说在建筑上却朴实无华。家族中胸少文墨，却野心勃勃的成员住在那里经营产业。那些饱读诗书，出相入仕的成员们则成为朝廷的命官，住在京城宅邸中。

城中住宅可能雄伟壮观。还记得为了摧毁各地封建势力，秦始皇命令权贵们将府邸迁到京城中吗？汉朝延续了这个政策；不过只是豪门大族的家主们必须搬到京城之中，处于王朝的监视之下。京城毕竟是功名利禄发源之地，凡有雄心者都趋之若鹜。在城市府邸中饱读诗书的有钱士绅们可以悠闲地吟诗作画，但他们更常选择入朝做官，跻身于回报丰厚却危机四伏的政治角逐。如果不幸失去朝廷欢心，这位官员可以乞假还乡，不失体面地过着道家文人的日子。同样，当内乱发生，儒家官宦自然而然向往乡村中的道家风景。就此而言，仲长统（180—220年）的白日梦并非绝无仅有：

> 使居有良田广宅，背山临流，沟池环布。林木周布，场圃筑前，果园树后……与达者数子，论道讲书……逍遥一世之上，睥睨天地之间。不受当时之责。[31]

七 大分裂时期

巧合的是，仲长统的逝世之年恰是东汉终结之时，华夏大地分裂成数股割据势力。在其后的3个半世纪中，除了短暂的统一，在大多数时间里都是分裂割据，征战不休。公元589年，隋朝重新统一了中国。虽然隋朝的统治十分短暂，但是自那时直到9世纪末唐朝覆灭时，华夏是一个统一而强盛的帝国。

就历史和地理变化而言，自东汉覆灭到隋朝统一之前的大分裂时期尤为重要。在这期间人们大批迁徙，在中国南部的遥远艰险之地定居下来；由于动乱削弱了传统框架，文化创新得以出现。

在公元 157 年，朝廷的人口普查说全国人口达到 5600 万。这可能是东汉人口的顶峰。在公元 280 年，当西晋帝国达到昙花一现的峰巅时，人口令人惊讶地只有 1600 万。人口的最低点出现在公元 3 世纪初，即东汉奄奄一息的数十年间，人们认为那时只剩下汉朝人口巅峰时期的十分之一。[32] 在急剧动乱的时代，隐匿不报无疑导致人口下降，但是死亡和迁徙也是主要原因。

在公元 2 世纪末和 3 世纪，人命贱如草芥。除了战乱中的屠杀之外，瘟疫和歉收也是重要原因。这使人吃人的现象屡有发生。在 2 世纪末，由于中原动乱不已，人们成群结队向南方迁徙，迁徙的队伍由数百到数千人不等。虽然人们也向西南逃亡到四川、云南，向东北进入河北、辽宁，但是最大规模的流亡是向南，这是由于内部政治骚乱和边境冲突所致，匈奴游牧部落最终占据了整个北方的华夏大地。在动乱的最初年代中（298—307 年），向各地迁徙的人口已达 200 万。公元 304 年匈奴人在山西称王起兵，其后有大约 20 年，移民的百姓汹涌如潮。根据《晋书》记载，自从公元 311 年洛阳陷落至公元 325 年，王公贵族们十有六七从中原省份迁到长江以南。到公元 4 世纪中叶，大约 100 万北人在南地的新家定居。[33] 主要因为来自黄河流域的难民，长江流域和南方的人口在公元 280 年—464 年之间增加了 5 倍。[34]

人口大规模向南迁徙产生了重要后果。以前因为难以进入或是环境恶劣，很多地区荒无人烟。现在人们在那里定居下来并耕种田地。东南沿海的崇山峻岭（福建）被纳入中国势力范围，难民们也居住在湖北湖泊盆地的沼泽地区。在人口增长之后，人们认为原有的耕作方法不再适用。例如，杜佑批评古代的"火耕水蓐法"说，当地广人稀时，"火耕"是可行的，但是在人口迅速增长的压力下，这种方法会滥用耕地，毁灭草场。[35]

黄河流域的农业创新随移民传到南方；这包括灌溉工程、牛拉耕播机械（耧犁）、水磨。公元321年，在今天江苏省镇江附近修建了两个大水库，并清疏了一个湖泊；稍后，两条漕渠将长江流域同富庶的淮河流域相连。[36] 早在公元前5世纪，灌溉已在华夏中原使用，可是在中国南方的丘陵地区，直到公元3世纪后期，灌溉才成为重要并广泛使用的农业技术。堤坝和水库修建得仓促，以致于不能保证质量。在水流格外迅猛时，堤坝水库决口使下面的平原成了泽国。

《齐民要术》是一部有关植物和农业的著作，编纂于公元6世纪初。从这部书中我们了解到在大分裂时期发展了农业技术有了新发展并付诸实践。比如书中提到带铧的犁翻起土壤，再用翻土犁板把土翻个儿；还有一种尖头耙土工具叫做耙耪。小米和麦子仍旧是中国北方的主要作物。到公元6世纪时，由于在略有不同的地方环境中发展了不同的种植和生长类型，所以这两种作物衍生出名目繁多的种类。发明了一种称为"两年三田"的特殊轮作制，按照这种方法，在麦子收获之后栽种晚小米，或者在完成早小米的栽种后再种麦子。除了讲授树篱维护的方法，《齐民要术》用整整一章讲述树木移植，用6章讨论为获得木料而栽种树木。其目的显然是为农民提供副业收入。[37]

移民进入中国南方亚热带地区的收益之一是发现了茶树。虽然饮茶的习俗可能确实非常古老，但是在公元273年才首次提到茶，载于当年逝世的一位官员的传记中。[38] 而且饮茶在几百年里只限于中原大地和南方，后来才为北方和西藏人所广为接受。种茶要求多雨的气候，降雨最好是均匀分布在一年之中，还需要渗水性好的土壤。

浙江和江西的丘陵坡地是最早栽种茶树的中心区域。不过那里显然没有大茶园，只是各家各户种茶自饮。直到18世纪，这个地区的华夏子民基本没有深入到森林密布的丘陵坡地。当他们开始拔出树木，清理山坡，开垦荒地时，便发生了灾难性的土壤侵蚀。或许人们利用丘陵坡地的最早努力便是种茶。就此种实验而言十分幸运，因为茶树成为保护性植被，阻止了雨水的冲积，使水土大量流失的危险降到最低。

八　佛教对景观的贡献

大分裂时期也是文化创新的时代。内部纷争和五胡乱华震撼了儒学思想体系和帝国官僚机制。这个时期最重要的创新是佛教，佛教对华夏文化和景观的影响源远流长。中国最早的记载说佛教僧众团体在长江入海口附近，时间是公元 65 年。最早关于佛寺和佛楼的记载可追溯到公元 190 年。这片建筑包括一座两层的佛塔，上面立着的塔刹有 9 层青铜相轮，屋顶覆盖的长廊可以容纳 3000 人。[39] 在公元 3 世纪时佛教开始在华夏大地上广得人心，在战乱割据的土地上迅速传播。到 4 世纪初叶，西晋王朝的大城洛阳以拥有 42 座佛塔寺庙为荣。在突厥人所建立的北魏王朝统治下（386—535 年），佛教僧侣的数量在中国北方达到 200 万人。在中国南方，佛教传播可根据寺庙的增长略见一斑，以下是在迅速更迭的各朝各代寺庙的数目。[40]

朝代		寺庙数目
东晋	（317—420）	1768
刘宋	（420—479）	1913
齐	（479—502）	2015
梁	（502—557）	2846

这些简单明了的事实表明，一种新的外来宗教成功地嫁接在中国本土的儒道传统之上。这一文化创新在多大程度上，以何种方式为华

天津蓟州区的唐代独乐寺。

南方的寺庙清幽秀丽,与周围景观巧妙融合。

夏景观增添了新鲜要素呢？数量可以说明程度。在中国南方梁朝的统治之下，总共 2846 座寺庙中住着 82700 名出家人。在北魏帝国，大约 500 座庙宇散布在京城洛阳的城里城外，庙产达可利用土地的三分之二。[41]

佛教成为朝廷认可的宗教，佛教屋宇殿堂体现出中国传统建筑的风格，修起了围墙，建造了高大的门庭，辟出庭院，造起游廊和巨大的殿堂。到唐朝时（618—907 年），尤其是那些位于京城长安的一些寺庙宏伟巨大，修饰奢华。比如位于长安东门的章敬寺有庭院 48 重，房屋 4130 余间。于 656 年完工的西明寺虽然只有 10 个庭院，4000 余个房间，却更加壮阔。"在寺庙之外，树林环绕为界，地上溪流纵横。在寺庙之内，亭台殿堂高耸入云，大柱上贴着耀人眼目的金箔。"[42]

唐代时，诸如寺庙、寄舍，或是一般修行之所这类佛教设施点缀着城外的景观。这些地方不仅常为游方和尚们提供膳宿，而且为旅行的官吏、军事统领和商人们服务。在中国的某些地区，宗教性的寄宿之地每隔 5 至 16 公里就有一处。其中有些十分宽大，因为有个寄舍为 100 多旅人提供膳宿。一些奢华的寺庙坐落在山中或是山脚下广阔的寺庙地产中，庙产包括森林、灌木覆盖的丘陵坡地、草原、耕地。这些地方可被视为平安美丽之所，但是它们的存在却以宗教狂热、世俗财富和寺庙奴隶的汗水为基础。

我们的问题是，在何等程度上这些佛教设施在建筑上与众不同，使我们可以谈论华夏景观中的佛教要素呢？我们的答案是，起初佛教寺庙几乎同所有一定规模的中国建筑相差无几。正如前文提及，对东汉时一个江苏寺院的描述提到一个独特的两层佛塔。其新颖之处是楼顶上的塔刹，装饰着一层层象征性的相轮。在佛教传播的后来阶段，寺庙越来越雄伟壮阔，其中最大的在规模上可以同朝廷的宫阙争奇斗胜。它们保留了中国传统建筑的几乎一切特色。不过一个重要的例外是佛塔，这是一种多层建筑。洛阳市中心的永宁寺自公元 516 年开始兴建，"这是一座木结构的 9 层佛塔，高 270 米，塔顶的塔刹高 30 米。在京城方圆 100 里内清晰可见"。这段叙述可能有所夸张。塔大约实际只高出寺庙地面 90 或 120 米，但是其高度肯定足以引人注目。[43]

直至 19 世纪后期，当欧洲式建筑大量传入中国沿海省份之前，佛塔是华夏景观中最与众不同的外国建筑。佛教虽然由印度传入，佛塔的建筑渊源却不太清楚。除了塔刹和上面的华盖装饰，中国木塔同印度石头修建的萃堵波并无相似之处。就其建筑要素来说，4 世纪时的 3 层木塔似乎更像汉代的瞭望楼（台），如果再向古代回溯，似乎像周朝封建天子们用于取乐或狩猎的楼台。[44] 在另一方面，有记载说中国佛教采用塔为祭拜建筑是因为受到印度贵霜帝国（Kushan）佛教建筑传统的影响，这一传统经塔里木盆地沙漠绿洲城市传至中原。[45] 木材是中国传统的建筑材料。但是早在公元 6 世纪，有些佛塔几乎成了实心砖柱。就其外观，就其使用砖石，尤其是就其装饰细节来说，这些佛塔反映出强烈的印度影响。

九　隋代：胡汉融合与沟通南北的运河

在超过三个半世纪的分裂之后，杨坚（541—604 年）在公元 589 年使华夏大地重归统一。杨坚建立的隋朝寿命不长，可是在这个短暂的时期，隋朝独断专行的君主们好大喜功，在国内大兴土木。首先是挖掘运河和灌溉系统，其次是修建道路和城市。在对外方面，隋王朝向西北面推进，将中国的势力范围扩大到西域，向南面扩大到林邑（Champa，在东南亚）和台湾岛。隋朝同秦始皇统治之下的秦朝颇有相似之处。二者都不能从自己的艰难辛苦中获利。历史学家一贯指责他们的过分之举。而他们之后的朝代都繁荣昌盛，广受赞誉。

根据公元 609 年的人口普查，隋朝时中国人口是 4600 万。一位当代学者将这个数字加以修正，增加到 5400 万。[46] 同公元 140 年的东汉帝国相比，在以渭河－汾河流域为中心的黄土高原的人口有所增长，增至 1100 万。绝大多数肯定不是汉人，但是到 7 世纪时他们已完全被汉人同化。居住在长安及周边地区的人口可能有 180 万之多。虽然很多人从北方迁到南方定居，而且在大分裂时期有数个朝代在南方建都，南方看来仍旧人烟稀少。《隋书》中的地理志将中国长江以南的整个地区视为总共 9 省中的一个巨大省份。[47] 可能 609 年关于南方的普查数字并不完全。但是无论如何，同 140 年的普查相比，在 609 年时南方的某些地区人口确有增长，在湖北的湖泊沼泽地区增长尤其明显。到 5 世纪时，东南沿海地区已不再自成一体。而广西和云南还没有纳入中国朝廷的统辖范围。

在隋朝短暂的统治时期，动工修建并且完成了规模宏大的建筑工程。征用 100 万民夫加固长城，其中很多人死于非命。隋朝开国君主着手在旧都长安附近修建一座前所未有的宏大新都。城墙环绕的地区超过 80 平方公里，这成为西都。东都洛阳则使用 200 万民夫修建。从长江以南地区运来巨大的木材。[48] 在城外建立了一个方圆数百里的巨大皇家园林。帝国管辖内所有府县奉命进贡植物和奇鸟异兽装点园林。由于不满足于黄河流域的两座帝都，隋朝皇帝命令在长江入海口以北的江都（扬州）修建第 3 座都城。挖掘漕渠将 3 座都城连在一起。水路也是为了将人口众多、地力已不足以支持宏大城市人口的古老北方同富庶的南方连在一起，将南方多余的稻米运到北方。

在隋朝时，运河的兴建开始于公元 587 年；先对 4 世纪中期修建的沟通长江和淮河的旧水道（邗沟）进行疏通，到隋朝末年，运河将北边的海河（今日的天津位于海河流域）同南边的杭州相连，使东南的扬州和西北的长安相通。在这个时期总共挖掘运河将近 1300 公里。[49] 根据宋代史家对一段运河的描述，我们可以窥到建筑的规模以

及相关的景观变化,

> 自山阳至于扬子入江,水面阔四十步。两岸为大道,种榆柳。自东都洛阳至江都(扬州)二千余里,树荫相交。每两驿置一官。自京师至江都,离宫四十余所。[50]

十 唐代:不断拓展的边疆

根据 742 年的人口普查,唐朝时中国人口是 5150 万。但是有人认为数字实际要高些,可能有 7400 万。隋朝 609 年普查以来的人口增长要归因于从 640 年延续到 755 年唐朝统治下的太平盛世。[51] 在唐朝的扩张阶段,帝国对西部和西北部的部落和国家大加征伐。到 7 世纪中叶,唐帝国击败了西突厥,再次将势力扩大到塔里木盆地以远地区。但是在 751 年,唐朝军队败于大食军队(阿拉伯人)。失败的间接后果是塔里木盆地绿洲一带永远改变的文化景观。佛教建筑、寺庙和萃堵波被西方宗教,尤其是胜利的伊斯兰文化的建筑所取代。穆斯林圣地、寺庙、学校和集市保留至今,成为西域绿洲景观的特色。

唐帝国的失败和收缩使佛教从塔里木盆地退却,但在另一方面,唐朝则促使佛教在吐蕃(西藏)的传播。在公元 641 年,唐朝将文成公主远嫁松赞干布,这位首次统一西藏的领袖。公主随身带去释迦牟尼的大尊佛像、几卷佛经和一些有关医药及占星术的典籍。[52] 西藏独具特色的文化影响来自中国和印度,在二者中印度影响更为重要;这种双重来源的象征是西藏的统一者不仅迎娶了中国公主,而且还有一位尼泊尔公主。据悉在西藏至少有三座著名的寺庙可以回溯到这个最早的历史时期,这是西藏文化中心雅隆河流域的昌珠寺(Trhan-tr'uk)、拉萨盆地的大昭寺(Trhul-nang)和小昭寺(Ra-mo-che)。修建拉萨的两座寺庙最初是为了供奉松赞干布两位妻室带进西藏的佛像。相传被文成公主带来的释迦牟尼像是今天香客们顶礼膜拜的中心。[53]

不论如何牵强附会，藏族传说急于将当地习俗归之于印度。传说藏人用大麦酿造啤酒，制作酥油和奶酪的技术起源于那个时代，这类食品属于印度或西南亚文化而非从中国传入，因为汉族人总的来说不习惯食用奶制品。不过在另一方面，人们认为松赞干布的孙子把茶从华夏大地传入西藏。[54] 茶成为藏族人的民族饮料，他们一天要喝30至70碗不等。但这是一种特殊的茶——酥油茶，是印度和中国影响的混合物。

在中原大地，唐朝时人们主要向亚热带和热带地区移民。到8世纪中叶，总人口的几乎一半住在长江流域和长江以南。移民的原因多种多样，例如战争、突厥人和吐蕃人的骚扰、饥荒、洪水以及诸如横征暴敛、强征民夫、日益扩展的佃农制度这类社会不公。换言之，同以前引起移民的原因大致相同。在历史上只有一次，即在秦始皇统治下，朝廷发布敕令向南方移民。在长江以南，人口增长最快的地方是江苏南部和浙江。在唐朝时，东南沿海完全同华夏帝国融为一体。以长江支流赣江为中心的江西不再自成一统，到8世纪中，江西人口首次超过湖南。

南方和东南沿海人口增加，日益繁荣，这得益于兴旺发达的商业。8世纪时阿拉伯商人们扩大了贸易活动，他们先在珠江三角洲，后在福建和江苏建立商行。波斯和日本商人们也往返于东南沿海做生意。阿拉伯和波斯商人的活动中心是长江三角洲以北的扬州。760年时扬州爆发了一场骚乱，导致数千阿拉伯和波斯商人死亡，这个事实可以佐证这些外国商业社区的规模。

向南方殖民并不是朝廷刻意所为，而向北方边疆的移民确是朝廷政策使然。唐朝时朝廷占有大片土地，其产出的收益用于支付官吏薪俸、维护朝廷建筑以及饲养马匹。北方广阔地区被圈为草场，为国家放牧马匹。马对于帝国的安全举足轻重，所以需要大片草场放养。在

7世纪中期，唐帝国饲养存储的马有70万匹之多，分布在渭河流域以北的8大牧场上。[55] 除了建牧场之外，朝廷的土地出租给佃户，向佃户收取地租充实国库。

除了这些土地，朝廷对其他国有土地的开发具有更直接的考虑。其中一类成为屯田，即是由亦兵亦农的聚居地所开垦的土地。屯田制源于西汉，目的是占据并保护新近平定的西北部疆域。在唐代，殖民性屯田制度具有类似的功用，是为了保护疆域并建立村落，不过屯田数目远远超过汉代。到763年，在北方边境省份建立了超过900个军屯村落。这些屯田南起长城以南靠海的榆关，向西延伸到长城深入黄河大几字弯地区，并沿甘肃河西走廊的绿洲向西到达吐鲁番盆地；屯田也建在西藏边境的山谷中，位于青海湖以东。根据土壤的肥沃程度，也根据栽种旱地作物或是灌溉农业，屯田面积从2200亩至5600亩以上不等。大些的屯田可能驻扎着数百名农夫兼士兵。一些遥远地区的肥沃土地似乎缺乏劳力。比如河西走廊上的绿洲甘州就没有足够的人去定居。正如684年一份递交皇帝的奏折所说的，

> 甘州诸屯，皆因水利，浊河灌溉，良灌不待天时，四十余屯，并为奥壤，故每收获，常不减二十万。但以人工不备，犹有荒芜。今若加兵，务穷地利，岁三十万（石）不为难得。（《陈子昂集·上西蕃边州安危事》）[56]

十一　繁荣昌盛的经济和景观

唐初的数十年远非太平盛世。但是自从640年以后，直至755年到765年间的安史之乱，唐朝一片和平兴旺景象。唐代的第一个鼎盛时期是在玄宗统治的年代（715—756年）。年景富饶平安，物价低廉。帝国境内为数众多的店铺货栈为旅行的商贾提供货物，商人们长途跋

敦煌壁画里描绘的唐代楼台。

唐代墓葬中的房屋院落彩陶。

唐代的乐队和歌舞。

唐代的马球竞技。

涉，不用担心盗匪。除了平坦安全的驿道，纵横交错的运河漕渠从中国南方将生活必需品和奢侈品运到北方的京城。

最主要的必需品是粮食。正如《新唐书》所记：虽然关中（陕西）以膏腴之地而闻名，但这个地区太过拥挤，物产不足以供给京城所需，不足以为洪泛和饥荒之年进行储备。所以从东南方将进贡的粮米运到京城。[57] 西汉时的主要问题是将粮食迅速地从华北平原运到渭河盆地，而到了唐朝，问题是将粮食从更加遥远的中国东南部运到古老的西北部。需要运输的粮食数目巨大。据记载，在 735 年左右的 3 年之间，运输了大约 7 百万吨粮食。[58] 主要是什么粮食呢？在汉朝时无疑是麦子和小米。但是在唐朝，中国东南部的主要作物可能是稻米。不过早在 318 年，当北方被匈奴攻占，晋朝宗室在建康（南京）称帝，麦子和大麦就传入水稻产区。据估算在 4 世纪时迁徙到南方的汉人有上百万，他们一定也对小麦种植在南方的传播有所贡献。[59]

向北方京城运输的生活必需品必须同日益增加的奢侈品竞争。奢侈品五花八门，来自广州的有珍珠、翠鸟羽毛、活犀牛。从广州向北可以走两条路，一条沿长江支流赣江，另一条沿长江支流湘江，同归于长江中游的湖泊平原；从那里可以轻而易举地顺江而下到扬州，然后往北顺大运河和汴渠到长安。实际上从广州可以全程走水路，穿越南方丘陵到长江流域，再北上到华北平原、进入陕西黄土高原。虽然帝国的京城位于亚洲干旷大草原的边缘，运输货物却有水路相通。公元 743 年在长安东面挖掘了一个人工湖作为船舶转运地。薛爱华对此作了栩栩如生的描绘：

> 在那一年，兴致勃勃的北方人……看到船只从帝国的四面八方聚集到这个船舶转运地，船上装载着向朝廷进贡纳税的各地物品：从北方来的是猩红色马鞍毡垫，从南方来的是朱红色柑橘，粉色丝织镶边的粗毛地毯来自东方，梅红色矾土来自西

方。将货物装上驳船,驳船上的水手特地装扮成长江船工,他们头戴竹边帽,穿着罩布衫,脚蹬草履。[60]

西京长安的人口将近 200 万。100 万住在城墙环绕的城里,另外一半在郊区。东都洛阳居民 100 来万。在 8 世纪时的唐代中国,人口超过 50 万的城市有 25 个之多。即使是南方和东南沿海的新兴城市,例如杭州、福州、广州,人口也有数十万。扬州居民大约有 45 万。

到 8 世纪中叶,中国人口可能达到 7500 万。城市和农村人口增长说明农业产量相应增加。为何获得了这样的增长呢?因为在华夏大地中部和南部耕地面积增加,在北方对土地更加精耕细作。但是土地所有制的变化可能也有助于提高产量。在大分裂时期,农民占有小块土地,并从朝廷得到田地,允许他们耕作并受益终身。公元 624 年唐朝颁布律令,重申"均田土"的原则。[61] 意在抑制土地兼并,保障普通农民的生存。但是很快,尽管政府明令禁止,富人开始向穷人买田。之所发生这种现象,首先是因为唐朝的君主并不遵守自己颁布的律令。除了对有权有势者分配大田产,还任意对他们赠与田地。唐太宗曾赠与一位宠臣土地 1000 顷,一座豪宅,300 户封地。为数众多的豪门权贵得到 5 顷、10 顷,或是上百顷田地、府邸、庄园采邑。[62] 而且在内战和安史之乱后,朝廷开始和豪强地主争夺地产。因为战乱所引起的破坏甚至使华夏中部存在大量无主土地,所以朝廷也加入土地兼并之列。[63] 总而言之,在唐朝统治期间,小土地占有制和自耕农让位于大庄园和富有的豪强地主。

虽然从社会角度来看,这种现象令人叹息,农业生产却可能因为土地兼并而发展。大庄园主们有财力大量垦荒,小农却无法做到。豪强地主能够更好利用重型农具,例如三铧犁、耧犁(一种连犁地带播种的工具)和耙。他们有为数众多的耕牛骡马和雇工来实行 6 世纪出现的"两年三田"轮作制。

十二　山川孕灵异：对自然的感知和保护

　　显而易见，到唐朝末期，人们已经成功地改变了华夏大地的大片地区。文化凌驾于自然之上的最尖锐辛辣的证据在于文字写作对植被的影响。如前所述，为中国庞大官僚集团制作墨汁需要把松树烧成煤烟，中国北方的松林因而被大量砍伐。由于雄伟壮丽的城市，由于行路的安全，人变得信心十足，对自然的美丽和脆弱有了更深刻的感受。在汉朝时，尤其是南方森林覆盖的荒野那类大自然对人类仍旧是一种威胁，人们还无法领略自然的迷人之处和转瞬即逝的可爱。但是到了唐朝，自然似乎已从令人畏惧变成岌岌可危。从汉代诗人所作《招隐》，可以看出他们害怕云雾缭绕的山岭，害怕陡峭的深谷，人若跌入其间，则有去无回。但是唐朝大诗人李白却以其特有的玩世超然的笔调写道：

> 问余何意栖碧山，
> 笑而不答心自闲。
> 桃花流水杳然去，
> 别有天地非人间。
> 　　　　（《山中问答》）[64]

　　对自然的感受转化成律令，重新实施古代对庙宇辖地和圣明君主墓地四周的尊崇，这些地方成为不可冒犯的庇护之所，居住其间的所有生灵同受祭拜的死者一样神圣不可侵犯。朝廷日益认识到森林的价值，发布敕令禁止纵火，禁止无故放火烧地，禁止在公共道路旁点火。[65] 既为了宗教原因，也为了实际目的，朝廷也努力保护分水岭。唐朝律令指出：

> 凡五岳及名山能孕灵产异，兴云致雨，有利于人者，皆禁其樵采。时祷祭焉。（《唐六典》）[66]

不论目的崇高还是卑劣，人类的繁忙劳动改变了大自然，改变的证据比比皆是。但是我们不应将唐代中国设想成一个土壤侵蚀，不见森林的国家，那是以后的事情。在南方，尽管定居的人潮涌进冲积谷地，那里浩瀚的常绿阔叶森林几乎还是人迹罕至。下列事实证实了那里的原始景观：到9世纪时，广东的山野中仍然野象成群，犀牛仍然生活在南方的大部分地区，尤其是在湖南西部和南部。华夏北部也远比今天林木繁茂。比如山东，现在那里不见森林，土壤侵蚀，被极为稠密的人口所累。而在9世纪初叶，那里似乎林木葱茏，气候潮湿，人烟稀少。当日本僧侣慈觉大师在839年去山东沿海途中，他遇到朝鲜水手。水手们正将他们在山东半岛烧的炭运到长江下游没有树林的平原。慈觉大师为我们留下难能可贵的史料，讲述当他穿越山东半岛山岭起伏的海岬时的情景：

> 从海州直到登州以来路境不可行碍，旷野路狭，草木掩合，寸步过泥，顿失前路……入山行，即一日百遍逾山，百遍渡水；入野行，即树稠草深，微径难寻……蚊虻如雨，打力不及……路次州县但似野中之一堆矣。[67]

慈觉大师的目的地是山西北部的五台山，那里有12座宏大的寺庙和为数众多的较小庙宇，是唐代中国香客们顶礼膜拜的中心。在今天，除了树荫覆盖的庙宇四周和几个深谷之中，群山光秃无树。它们裸露的山梁和干涸、填满圆石的谷地同慈觉大师日记所述形成鲜明的对比。慈觉大师形容的景色是凉爽、葱郁的大地。山顶的松林和谷地中的树木笔直高大。高山花朵在高坡上盛开。在山顶的平地里冒出清凛的水流，在较深的谷地中甚至有长年不化的残冰。[68]

十三　长安：百万人的大城

到目前为止我们讲述了已知的物质环境以及帝国时期社会、经济、农业技术中的变化，力图展现出中国景观的一些风貌。需要更详尽讲述的是景观中的主要特色：城镇。实际上，华夏大地的人造景观中很少有比围墙环绕的城市更界限分明，更令人惊叹的景色。而且城市的基本格局在以后的年代中极少变化。当一个20世纪初的旅人走近一座中国城市，他遇到的是坚固阔大的城墙突兀矗立于田野之上；他所见到的城市同日本客人慈觉大师在唐朝的所见大同小异。

如前所述，战国时期，显然由于商业发展，新兴城市比比皆是，甚至于都城失去了它们的堡垒特性。秦朝终止了这一发展趋势，朝廷不支持贸易，力图以中央集权的控制来摧毁富有的世家大族，其极端性政策要求世家大族迁居到渭河流域的京都咸阳。其结果是咸阳面积扩大，财富增加，但以前诸侯封地中的市镇衰落。在秦朝短暂的统治期间也建立了新城，比如说长江以南湘江流域的郡都县城。但它们是政治行政中心，具有捍卫华夏势力堡垒的功用，在新近开发的国土上这种功用尤其重要。城市不论大小，日趋恢复周朝前期森严壁垒的要塞作用，不过秦朝时所建造的城墙既要控制内部居民，也要防守外部劫掠者的威胁。

西汉继承了秦帝国的中央集权政府框架，包括以首都为中心的道路体系和围墙环绕的城市这类物质性建筑，这些设施使独裁式控制模式便宜可行。汉代都城长安保持并强化自己作为众城之首无可争议的地位，城中宫阙楼阁，建筑雄伟壮丽，其人口大大超过其他城市。在王莽当政的短暂时期之后，当数股势力为争夺帝位而争战时，长安被洗劫一空并付之一炬。帝位争夺战的胜利者建立了东汉（公元25年—

220 年),并迁都洛阳。然而,在对长安屠城发生之后,新的帝都无法称霸全国,至少在数字上无法冠盖群城。直到公元 111 年,洛阳的人口(居民为 101 万)可能还少于富饶的成都。成都城内的人口至少有 100 万,郊区还有 35 万。[69]

西汉时在高皇帝刘邦到武皇帝刘彻的统治下(前 202—前 87 年),延续了将豪门大族迁往都城居住的政策,但是这并没有能够阻止世家望族权势的扩大,也没有遏止朝廷的式微。在东汉时期,这种以中央权力为中心的金字塔式社会控制制度不再行之有效,围墙环绕的城市作为控制象征也日趋衰落。不过根据汉朝的城镇我们可以进行几点综合,因为在中国历史的这段悠长岁月中,这些城市的发展表现出一些同古代及后代均有所不同的特色。

根据宫崎市定(Miyazaki)所述,可以将汉代的市镇依规模划分为 3 个等级:县,乡,亭。最小的单位是亭,人口数百。在数个亭中,其中人口最多的可能超过 2000,这样的大亭被叫作乡。同样,人口最多的乡成为郡都或是县。这些市镇的密度和规模可能根据当地的农业生产力而定,因为汉朝的城镇实际上主要是农业性的。它们之所以被称为城镇而不是村庄可能是因为在地理位置上它们同田野分离,而且居民生活受到严密管理,这是一种自上而下强加于人的严密组织。

汉代城镇最关键的要素是墙。城墙将居住地同外面的耕地隔开,由于建立起一个密封的驻地而有助于对内部生活的严密组织。不论大小,汉代的城镇就像被一层层围墙环绕的长方形。城墙或是城郭在四周都有城门。城墙之内的地区被分割成不同的街区,称为"里"。城市的大小决定街区的多少。常用的表达"十里一乡"说明乡的规模。长安城被分为 160"里"。"里"之间有街道相隔,而且同样被围墙或是垣环绕。在汉朝时,一"里"只有一个大门通向街道,其中的居民多达百户,每一户同样也被院墙环绕。很细的小巷通向每户人家的院门。居民如果出城的话必须通过 3 座门:他们的家门,他们所住的"里"

门和城门。而且所有的门都有人守卫,在夜间关门上锁。城中的街道在太阳落山之后一定是吓人地空无一人(宵禁)。在"里"境之内,月光下可能会看到年轻的情侣翻墙出入。这样的景象在中国浪漫传奇中已成为俗套。翻越院墙会受斥责,但是如果翻越城墙便犯了要严厉惩戒的罪行。[70]

西汉时共有 1587 个县,6622 个乡,29635 个亭;总共有 37844 个城墙环绕的驻地。如果我们假设每个城镇之中平均有居民 2000 人,那么这说明西汉帝国的所有人口(6000 万)都住在大小不一,围墙环绕的地方。宫崎市定便这样认为。他的观点是在西汉时期,很少人住在围墙之外,自从古代以来这便是中国人的居住常态。[71] 当然也存在另外的观点。艾伯华(Eberhard)认为在西周时,商代遗留的村庄同周朝围墙环绕的城镇比邻而居。在封建制下,中国农民在整个夏天离开城去住在田野里临时搭建的栖身之地,在收获之后才返回城镇,那些临时的栖身之所最终变成了乡村。[72]

在东汉时期,城镇的总数看来有所下降。有几种解释似乎言之成理:一是因为总人口下降,尤其在华北平原上人口下降更为严重;还因为城镇规模扩大;此外,在新兴的边境城镇附近和新垦荒地中,出现了为数众多的小村庄。在大分裂时期,蛮族占据了中国北方,人口大量向南方迁徙,依赖重叠墙门进行监督的严格控制体系分崩离析。小的乡和亭衰落了,村庄却增加了。

唐朝的县同汉代一样为数众多。不过唐朝的县较大,居民获得较多自由。汉代时封闭的街区"里"只有一个大门通向街道,唐时的街区通常称为"坊","坊"有四座门。在汉时,即使豪门贵族也不能在"里"墙上建门,以便他们的府邸可以面临大街。在唐朝统治之下,不仅豪门大族,而且佛教寺庙也可以将自己的院门开在"坊"墙上。[73] 不过"坊"门在夜间关闭。甚至在遥远的边境城市广州,在外国商人活跃的闹市街区,也要遵守这个规矩。

同汉代城市相比，唐代城市中商业兴旺发达，都市化程度高，并具有世界城市特征。比如中国南部和东南部的沿海地区吸引了越来越多的海外来客。广州成为南方最大港口，有 20 万人口，其中一大半是外国商人和"蛮族"。印度婆罗门、阿拉伯人、波斯人、马来人的船只驶入海湾，船上满载香料、药品和其他珍稀奇贵之物。[74] 位于长江和大运河交汇处的扬州是个繁忙的商业城市。城里 45 万人口中的显赫者是做生意的有钱商贩，他们将货物从中国南方各地和海外运到北方的大城市，并跻身于银行业和工业。扬州商人仰仗在唐朝水路网络中的重要位置，将盐、茶、奇珍异石、香料、药材和昂贵的锦缎挂毯运往四面八方。扬州生产铜镜、毡帽、丝织品、刺绣、木器、船只，也炼糖。[75]

　　唐代中国的两座北方大都城是长安和洛阳。两座城中的人口都超过百万。两座城里都有阔大的市场，各式各样奢侈品作坊和众多外国人。外国人中包括阿拉伯人、波斯人和印度人等。虽然这些外国人也居住在众多南方城市中，可是北方都城长安还有来自北方和西边的客人，包括突厥人、叙利亚人、鞑靼人、吐蕃人；也有来自东方的朝鲜人和日本人。

　　不过我们必须将古老的北方城市和新兴的南方城市加以区分。虽然人口众多，虽然兴旺繁忙的贸易积累了财富，南方城市的建筑就像遥远的边地一样粗糙简陋。比如说广州是个富有的城市，但是那里的建筑却轻薄易碎："广州的三面城墙被一片拥挤的茅草顶木屋环绕，火灾不时地将其付之一炬。直到公元 806 年才有一个干练的总督命令人们把房屋换成瓦顶。"[76] 相形之下，北方都城却是建筑传统和帝国雄伟壮丽的典范。

　　这种建筑传统的要素是什么呢？华夏城市设计中最古老的要素是长方形围墙，墙大致朝着基本方向而建。这种建筑格局早在史前期龙山文化城子崖居住地已现端倪，到了商代晚期变得更加特点分明。到东周时期，造型各异的长方形城市比比皆是，长方形出现了各种变异，比如说两套城墙环绕的长方形比肩而立，或是一个同另一个犄角相接，或是大城套着小城。考古学证明这类设计格局历史悠久，它们的现代衍生物今日仍历历在目。北京就是最著名的例证。这座都城的建筑要素是年代稍晚但仍然古老的宫殿，宫殿建在中心和北部，还有状如格子的街道。早在战国时期，有关礼仪的书籍已将皇城的特殊格局奉为经典：城朝着恰当的方向，建成有围墙围绕的长方形，墙上十二座门代表十二个月份，城内有一座内宫城，里面有寝宫和接见朝臣的大殿。内城北面是公共市场，一条通衢大道从内城南墙的正门通到外郭城南墙的正门。在通衢大道两侧是两处神圣之地——帝王的宗庙和祈祷的祭坛。[77]

以上所述关于城市规划的要素反映了中国古代有关宇宙的概念，也反映了皇帝作为天地之中介的作用。城市是一个缩小的世界，对城市各部分的布局安排是对宇宙观念清晰可见的表述，基本上反映了农业民族的观念。所以将天穹一分为四的宇宙观变成了四个基本方向或是地球坐标格上的四季。方形的四边等同于每天太阳升起落下的位置，或是四季中的每一个季节。北极星（北宸）和天上的子午线被缩小，成了皇宫和贯穿城市南北的主道。城市中心的皇宫主宰着城市就像北极星主宰着宇宙。皇宫将作为世俗活动中心的市场同宗教祭拜的场所分割开来。在朝廷中皇帝面南而坐，南面是人类的世界。

可能建筑从未能淋漓尽致地表现这一格局的所有细节。但是引人注目的是，在中国历史的某些时代人们具体入微地遵循这些原则。比如说隋朝和唐朝时的长安就面向正确的方向，三面墙的每一面都有三座大门，祭地的祭坛和帝王的宗庙依据南北轴线位于正确位置。但是包括皇宫的内城并不在城市中心，而是背靠北墙，布局上的改进为官方市场留出地方。市场分为两个部分，都城的东边和西边各有东市和西市。据我们所知，长安城的规划成为日本在建造京都和奈良时效仿的典范，长安无疑也对华夏大地上很多具有政治重要性城市的建筑有所影响。我们仍旧可以在留存到20世纪中叶的古城中，不论是格子形状的小县城还是北京，发现长安所清晰阐明的城市规划原则。

　　唐朝的长安是什么样的呢？诗人白居易他描写了长安的夜景：

> 百千家似围棋局，
> 十二街如种菜畦。
> 遥认微微入朝火，
> 一条星宿五门西。
>
> 　　　（《登观音台望城》）[78]

　　长安的夜晚很安静。除了官府的骑者，主要的街道空无一人，坊门紧闭。白天这里却人声鼎沸，尤其是在西市。但是首先我们来看一下一些数据，这可以使我们了解这座大都城的规模。[79] 隋朝的开国皇帝规划了长安的宏伟布局，其基本框架为唐朝君主们所继承。长方形的城市从东到西有10公里，从北到南8公里。方圆大约80公里，围墙环绕的城市分成格子状，其主要地点是位于中心的宫城官府，它们靠近外城郭的北墙；还有东市西市、坐落在西南一隅的曲江园、围墙环绕的110个坊。在25条宽阔车道边上修建下水道、人行道、栽种果树，街道贯穿长安城。有11条由北到南，14条由东到西。南北走向的大道令人瞩目地广阔宽敞，超过135米宽，东西街道也不逊色太多。当时的人们一定认为这些街道是规整清洁的开放场所，与个人无关，令人生畏，作用是将居民住地"坊"隔开，而不是使它们彼此相连。上层阶级主要住在东城，一般百姓住在西城。所以西城可能居民较多。在两个集市之中，光顾东市的主要是衣食不愁的客人，因此那里并不拥挤，到9世纪初，东市大部分变成居住区。西市却是个"集市货栈遍布的繁忙喧闹场所，商贩说各种语言，除了说书人，艺人和耍把戏的，不同民族的变戏法的和魔术师也为顾客表演"。[80]

虽然大约100万人住在围墙环绕的长安城中，在方圆80公里的巨大城郭之中也有人烟稀少的地区。城市最南部有一条宽阔的地带，那里居民不多，主要是耕地菜园，也散布着几座庙宇。在东南角是邻水的曲江池，一个美丽的园林，点缀着花草树木，亭台楼阁，为文人墨客所流连忘返。诗人白居易喜欢骑马去那里，下得马来，漫步在岸边的柳林。曲江池树木花草繁茂，有柳树，杨树，粉色的荷花，湿地草类和芦苇，吸引来各式各样的野生飞禽。在每个季节园林中都聚集着城里的文人显要。[81]

中国北方城市一个广为人知的特点是围墙中不仅有菜园，也有耕地和荒地。在19世纪和20世纪初到中国的游客常常谈论这种乡村和城市融为一体的特点。这一特点源于古代，可能因为在建设新城时，往往最先建城墙。城墙划下一条界限，将城中的世界同城外的荒地分割开来；然后再将城墙围起的地方或多或少填上居民。东周时城墙围绕的巨大城郭中不可能熙熙攘攘，没有任何资料，包括考古学证据、文字资料可以证明这种情况。战国城市中似乎有的地区人满为患，但是这种拥挤的地区可能同开阔地只有咫尺之遥，这是中国城市的悖论之一。汉代时的城市划分为"里"或是街区。汉代长安的"里"有160个之多。但是其中很多是乡村或是农业区。实际上"里"这个字现在是表明距离的单位，也代表一个小村庄，同城市毫无关系。

唐代的宫殿复原图。

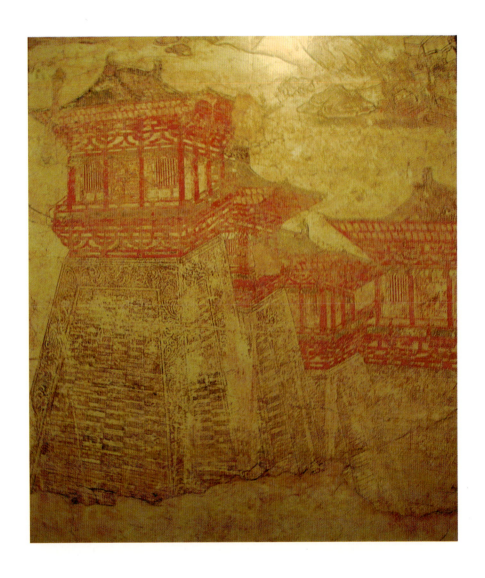

唐代壁画中的宫殿。

第六章 宋朝至清朝

人们对中国历史的分期和对欧洲历史的分期一样莫衷一是。我遵照一种被广泛赞成的意见,以周朝末年(前 250 年)作为"古代"或是"封建时期"的终结。第二个阶段以秦朝统一中原为开端,延续到清朝(1644—1911 年)的土崩瓦解。这个漫长的阶段跨越 2000 年之久,显然可以通过几种有意义的方式进行细分,如何细分取决于所选择的标准。如果只是一分为二,学者们似乎达成初步的一致,同意以公元 10 世纪为分界。我们或者可以说得更灵活一些,一系列彼此联系的重要社会经济变化开始于 10 世纪的华夏大地,贯穿整个宋朝(960—1279 年)。这些变化发生在中国传统内部,在这个时期没有重要的外国思想形态同中国传统融合。传统中的某些变化一直到 20 世纪初仍是中国景观中的特色。

这个时期的社会创新包括如下几点:在人数不多的豪门世家庇护之下,出现了一个由"小士绅"家庭构成的中等阶级;社会流动加强;教育在商人和工匠中开始流行;尤其是文学作品,文学风格和戏剧,总体上向通俗化发展。[1]

我们大致可以将经济变化纳入"商业化"和"地区专业化"范畴。这些方面的进步开始于唐代,但是到宋朝后期,中国经济已经发展到类似于近现代经济形态。经济重心转移到南方,南方在人口上也开始具有优势。北部和西北部开始日益依赖长江三角洲以及四川、湖南、江西这些小块肥沃地区生产的稻米。地区间的互相依赖取代了地区性自给自足。输出稻米的肥沃地区可能从不太肥沃的地区进口盐、金属、海鱼、茶，或是当地特产。较贫瘠地区也发挥地理优势，提供诸如汇兑和交通运输这类服务，或是成为国外贸易以及地区间贸易的口岸。[2] 在中国南方，城市人口增长很快。市场集市发展成小镇，小镇再成长为城市。有些城市规模宏大，但是同昔日北方城市特点不同，城市繁荣并不主要因为政治上的重要性，而是仰仗商业发展。

一 宋代：后来居上的南方

在宋朝时开垦了新农田，南方稻田中增添了新的作物，引进了新的农业技术。同这些创新相关的是两个人口变化：总人口增长和人口重心南移。在盛唐的峰巅时期，居住在华夏帝国的总人口可能有 7500 万之多。在此之后，动乱和入侵使人口减少，到公元 980 年，当北宋王朝巩固了帝国之时，人口下降到 6000 至 7000 万之间。然后人口攀升，据估算在公元 1100 年时已超过 1 亿。[3] 众所周知，由于当时人口普查数据并不可靠，这些数字是常常是估算。我们更为肯定的是人口大量迁移。据柯睿格（Kracke）说：

> 晚至8世纪中叶，长江流域及其以南地区的人口还只占中国人口的40%至45%。[但是]到13世纪末，据载，占全国总人口的比例已不少于85%至90%；不少于20%的人口定居在东南沿海福建的山谷中和浙江东部。

全国总人口增加，在东南部小块冲积平原上居住着稠密的人口，而且到 1100 年左右，国内可能有 5 个居民过百万的城市，这种种现象都表明农业生产力高度发达，这是人口增长的基础。证据确实说明农业的巨大发展。但是在讨论技术性创新之前，我们先来看一下有助于接受并发展这些新方法的社会变化。我们已经提到，在东汉时豪门

宋徽宗赵佶《瑞鹤图》中的宫殿屋顶。

宋代绘画中的西湖景色，可以看到当时的城池楼阁。

大族兴起，他们占有巨大的庄园。在随之其后的大分裂时期，采取措施打破土地兼并，并还地于小农，这称为"均田制"或是"平均地产"。可是到唐朝时，这个制度虽然还正式写在纸上，实际上却已经荒废。到宋朝时，尤其在中国东南部人口密集地区，田连阡陌的大庄园再次根深蒂固地建立起来。

除了历史悠久的豪门世家，还崛起了一个新兴中等阶级。这些人通过科举考试以及依附于旧有的豪强世家而出人头地，这个新的文人士绅阶级变身成为大地主。他们积聚财富，支配一大批佃户农民。同唐朝时的佃农相比，他们发现自己在法律上更受制于地主的奴役。

对人实施奴役是一种社会弊病，在为集体安全而抵御的紧急状态下，在抵御自然灾害时，众人会获得微薄的补偿。如果地主比较开明，这种制度也有小小的优点，而开明之举也往往对地主有利。在经济上，大庄园有雄厚的财力，可以提供资本支持庄园运作，小农根本不能望其颈背。正如崔瑞德（Twitchett）所总结：

> 长江下游的大地主们安装了复杂的水力驱动机械抽水灌溉，为田地排水，为粮食脱粒并碾米磨面。他们也进行投资，改良各种各样复杂的农具，宋代后期和元朝时出版了大量有关农业技术的书籍描述解释这些农具。[4]

当时人们纷纷开垦沼泽、围湖造田，这使小农们深受其累，农民依靠排干沼泽、引水灌溉，可能也靠湖中出产补充食物不足。一位宋朝官员写道：在隆兴（1163—1164年）和乾道（1165—1173年）年间，几乎没有一年那些豪门大族不争先恐后地大量围湖造田。湖边小民从湿地和湖泊中得到的利益被逐一剥夺，在过去三十年间沼泽都变成了耕地。[5]

不仅是大庄园主，小农也向水面蚕食，将湖泊、池塘和湿地变成农田。政府似乎支持这样的举动。为了鼓励北方难民到长江三角洲苏州附近的沼泽去造田,政府为他们提供种子,在前三年免去田租,以后只征收低租。[6] 在浙江省,开荒造田的运动已经威胁到地面蓄水量,蓄水已不够在天旱时浇灌田地。1196 年有一份对皇帝的奏折写道:

> 浙西围田相望,皆千百亩,陂塘溇渎,悉为田畴,有水则无地可潴,有旱则无水可戽。不严禁之,后将益甚,无复稔岁矣。[7]

尽管忧心忡忡的官员颇有先见之明,朝廷却没有设法阻止。与此相反,官府衙门的造田之举更加规模宏大,使得地主们争先效仿。此外,官府衙门指示农民使用新技术,施用各式各样的粪肥,包括石灰、绿肥以及来自不断扩展的大都市里的大量人类粪便垃圾。很多肥田的办法古已有之,但是到了宋朝才普遍应用。政府也帮助普及知识,推广不同新品种的小麦、水稻。自从 12 世纪以后,农民们开始实验早熟品种的稻子,以便在温暖地区栽种两季。开始实施间种法,在同一块地种不同品种的稻子或是将稻子和豆类种在一起。

随着稻田的扩大,新的灌溉方法发展起来。定期排水法消灭了传播疟疾的蚊虫。这说明现在人们可以定居在 11 世纪以前不宜居住的大片地区,于是吸引了大量人口。大约在 12 世纪以后,人们开始在稻田的浅水里养鱼。这有几点好处:首先鱼吃掉蚊子的幼虫,有助于减少疟疾,其次鱼为水稻提供肥料,最后鱼还是蛋白质丰富的食物。[8]

北宋真宗在位年间(998—1022 年),朝廷从南方的安南进口了 20 石抗旱的稻种。[9] 抗旱的新品种先在福建试种,然后向北推广到长江三角洲,在那里普及开来。新引进的稻子很可能使农民的稻田无需再依赖灌溉。

在宋朝前半期，稻子在长江下游及以南是最主要的农作物。朝廷力图打破稻米的垄断地位。一道 10 世纪后期颁布的律令指出：

> 言者谓江北之民杂植诸谷，江南专种粳稻，虽土风各有所宜，至于参植以防水旱，亦古之制。[10]

为了鼓励栽种旱地作物，朝廷下令豁免南方佃农的旱地庄稼的地租。江苏和浙江农民从中格外获益。他们开始种两季庄稼，在秋天种上早熟品种的麦子，春天再种一季稻子。种麦子主要为了出售，换取现金，长江下游的城市迅速发展起一个巨大的粮食交易市场。城市也是各种蔬菜和其他食物的出售地，这个市场供不应求，所以农民专门为出售而栽种这些作物。[11]

在那些人烟稠密的地区之外，当没有大城市提供便利市场时，朝廷有关栽种旱地作物的倡导没什么影响。所以长江中游的湖北地区似乎对朝廷的规劝置若罔闻。今天那里是个主要小麦产区。但只是在 18 世纪 30 年代之后，麦子才在这片低洼地区成为重要作物。

南宋时中国最重要的水稻产区是长江三角洲。自唐朝以来，这里成为国家粮仓。其他重要的水稻种植和输出地区包括江西的赣江流域、湖南的湘江流域、广东的西江平原、珠江三角洲（一个大地主众多的地区）、四川盆地。早在长江中游和中国南方开发之前，四川便出现了人烟稠密地区，那里的人们掌握了繁复的农业技术。宋朝时四川保持着农业上的优势地位。当两季作物在中国南方大部分水稻种植地区还鲜为人知时，据说四川一年已经种三季或是四季庄稼。[12] 四川继续实施古代灌溉技术。宋代历史中屡屡提及灌渠和水库，也提到整修成都、眉山、青城山周围地区的堤坝。在有些地区水浇地有时多达 100 万亩。

南宋帝国需要输入稻米的地方包括湖北以北的淮河流域、浙江东部、福建以及其他南方沿海地区。南宋帝国缩短的北部边界因为同金（女真人）国的战争而遭受蹂躏。东南沿海由于有大量城市人口，所以需要从长江三角洲和珠江三角洲进口稻米。像浙东和福建这类人口稠密地区的经济并不依赖种植水稻，那里的人从事诸如打鱼、采矿、制盐、种茶、手工业以及蒸蒸日上的海上贸易。[13]

二 北宋工业革命的影响

除了在粮食生产上的成就，宋代时中国在煤矿开采和冶铁方面发展迅速。[14] 尤其在北宋时期，工业增长成为经济扩展引人注目的一部分，使中国进入一个新的，比以往更灵活机动的社会经济结构。中国11世纪时的发展水平可以同英国工业革命早期阶段的发展变化相比。对铁质货币、钢铁武器、农具、煮盐锅、铁钉、铁锚和盔甲的需求刺激了工业发展。

11世纪时中国农民因为农具而产生了对铁的巨大需求，这种需求可能比20世纪初叶更为巨大。铁制农具的市场变得如此举足轻重，以至于在1083年，国家认为应该对铁进行垄断。为了满足需求，北宋矿山和冶炼作坊的总产量可能在每年7.5万到15万吨之间，这个数字超过19世纪之前中国历史上的任何时期。

冶铁工业的迅速发展对木材原料的供应产生了压力，大城市众多人口的需求以及造船业已经使木料供不应求。炼铁需要成千上万吨木炭。此外，制盐、制矾、造砖、造瓦、酿酒也需要木炭。北宋应该被视为一个快速伐木毁林的时代。中国北方首当其冲。但是后来因为朝廷认为树木可以阻挡那些骚扰中国边境的游牧部落的行进，所以边界地区的森林受到保护。城市和工业所需要的木柴和木炭必须从南方运来。北方燃料奇缺。在11世纪时煤炭有效地取代了木炭，部分解决了燃料的紧缺。

在北方，冶金业达到前所未见的规模，出现了新型工业布局。制造业的传统中心是城市，但是重工业基地需要靠近产品需求地或是原料产地。比如说将炼铁厂建在产盐地区以便供应煮盐的铁锅，建在造船厂附近以便提供铁锚、钉子、盔甲，建在铁矿附近以便降低运输费用。随着中国南方人口的迅速增长，粮食产量增加。而粮食产量的提高又能够供养更多人口。

在中国人口适度密集和高度稠密的地区，一种区域性专业化和地区间交流的经济形态取代了在食物和制造业方面各地区高度自给自足的原有经济秩序。到 11 世纪时，纸币进入流通，造币使用的铜铁达到中国王朝历史中的最高份额。

三 繁华富庶、充满活力的宋代城市

商业的重心是宋代时蓬勃兴起的大城市。到 1100 年，至少有 5 座城市人口超过百万；其中只有开封位于北方。在这个时期还有其他一些城市接近 5 大城市的规模。在 1126 年女真人占据了宋帝国的北部，但是在其后的两个世纪中，南宋城市继续迅速扩展。到 1290 年，在元代某些地区府州人口似乎增长了 2 倍、3 倍，甚至 4 倍。人口增长最引人注目的三个在东南部沿海地区（杭州、苏州、福州），还有一个位于从长江流域到广州的内陆贸易通道上（饶州）。

以前只有在成为国家都城之后，城市才获得经济重要性。而在 10 世纪至 13 世纪之间，城市只有成为交通要道上的重要商贸中心之后，才被选中成为国家都城。比如说开封，因此成为北宋都城。在被定为都城之前，开封是当地的行政中心，但是它在经济上获益的主要原因是位于从南至北的大运河上。[15] 作为北宋王朝的都城，开封远远不仅是个政治中心。开封发展了工业，为商品输出和当地消费而进行生产。产品包括纺织品、印刷品、墨锭、金属制品和瓷器。[16]

城市日益商业化产生了一个有趣的后果，即使当它们成为国家都城之后，也不再具有传统上的刻板严格，不再被长方形城墙环绕，城郭之内并非按照古代原则规范安排布局。宋代阔大城池的围墙参差不齐。原因之一是在古老的中心区外，商业区发展杂乱无章，然后往往又在商业区外面建起围墙。我们可以回想起在久远的古代，即周朝时的战国时期也发生过类似情况，那是一个短暂的商业发展时期。政治城市的传统形状是长方形，这个长方形依据皇帝有关伟大君主的概念而专断地强加于景观之上，同人口增长无关。开封与此相反，当商业发展，城市规模扩大，在城门外杂乱无章地扩建了郊区，又在郊区之外先后建起新的围墙。虽然开封位于平原上，它的发展历史使之缺少以前国家都城所具有的对称性，而这种对称性正是后来北京城的鲜明特色。[17]

根据马可·波罗狂热的描述，南宋都城行在（杭州）是世界上无与伦比的城市。但是杭州的伟大在于城市的人口、财富及人民的温文有礼，在于城里著名的湖泊、公园、园林。杭州的伟大不在于规模宏大、占地宽敞或是概念上的雄伟壮观。在所有关键之处杭州都没有遵循城市建设的经典原则。在很大程度上城墙西依湖泊之势，东受杭州湾之辖，环绕着一个参差不齐的区域，城墙上有13座距离不等的城门。宫城位于城墙环绕的城郭南端，而不是传统上的中心位置或是北部。城市在几何学上的中心位置被一个很大的贩猪市场所占据。而宫城逶迤在林木葱茏的凤凰山东麓，蜿蜒曲折的宫墙依地形起伏而建。御街确实位于城市的南北轴线之上，但是甚至这条主要的干线也没有完全遵守经典准则，御街在距宫墙北边不到1公里之处顺地势起伏而两度直角转弯。[18]

在杭州，率性而为和人间魅力取代了北方"宇宙性"都城的次序森然和雄伟壮观。比如就规模而言，杭州远不如唐代长安那样堂皇庄严。城墙环绕的地区只有9平方公里，与唐代长安80平方公里的宽敞浩大不可同日而语。虽然御街铺设得美丽豪华，街道的宽度只有54米，还不到长安的朱雀大街宽度的一半。南宋时杭州有众多迷人的景致位于南部的凤凰山麓，达官巨贾在那里修建了住宅。在靠湖的郊区也可以见到阔大的庙宇和富人漂亮的府邸。但是杭州也具有一种市井生活的热烈，与之相比唐代长安的生活似乎黯然失色。

密集的人口在部分上造成杭州的热烈气氛。那里有150万人口拥挤在方圆20平方公里的地区之中，有些在城墙之内，有些在城墙之外。而在8世纪的长安，100万人住在80平方公里的城郭之内。都城里的长安有大片地区实际上是乡村。与此不同，宋代杭州在凤凰山下挤满了房屋和居民。最为拥挤的地区（每亩33人）是御街周围那些狭窄的小巷。[19] 建筑用地供应不足，这似乎鼓励人们建造多层房屋。同唐朝风格不同，房屋临街而建，下层当作店铺，出售面条、水果、针头线脑、香火、蜡烛、食油、酱油、鲜咸鱼类、猪肉、大米以及多种多样的奢侈物品。上层可能是住宅，也夹杂着茶馆以及提供歌女情色服务的酒馆旅店。[20]

或许最显著不同的是夜景，夜景最充分反映出自从唐朝末期以来所发生的社会经济变化。在唐代城市中，夜晚一片死寂。坊门紧闭，日落西山后，人们只在坊内活动。在坊门之外，除了几个兵丁和奉差出行的骑兵，宽阔的街道上空无一人。宋代的杭州与此迥然相异，直到深夜，仍生气勃勃，热烈不减。在御街周围，五颜六色的灯笼高悬在饭庄的门口和庭院，辉映着店铺陈列的商品，也照亮了夜色。

作为南宋帝国的都城，杭州以其物质丰裕，文化卓越和政治权力而出类拔萃，这同城市的规模及不合传统的布局无关。至少3座城市，福州、饶州、苏州在总人口上超过杭州。这些城市在规划上同样杂乱无章，它们以及其他一些在规模上相差不远的城市都没有古老的北方城市的严整规范。这些南方城市因商业活动，而非政治权力而举足轻重。在市容上，这种商业化倾向表现为南方城市缺少空间秩序：

北宋王希孟《千里江山图》中的村落、桥梁、舟船等景观。

商业活动不再局限于政府监管下围墙环绕的市场之内。经营商业和制造业的店铺作坊散布全城,并扩展到城门之外的郊区。

四　可汗的城市*

南宋帝国大城市的发展随心所欲,与此截然不同的是蒙古人在北方兴建的、规划有序的都城。这称为可汗的城市或是大都,即忽必烈汗的京城。可汗的城市于 1267 年开始兴建,城址在金朝(女真)被毁都城的北面(大致相当于今天北京城的位置)。当宋朝皇帝于 1135 年选定杭州为临时国都时,这是个繁荣的州府,人口有 25 万。忽必烈汗的首都却多少是平地而起。它的中心地区只有几座金国留下的夏宫。

尽管城市是为蒙古皇帝而建,而且主要的建筑师却是个穆斯林,可汗城市的设计规划表现出格子式华夏首都所具有的几乎一切传统特征。[21] 如马可·波罗所述,可汗的城市是个几乎完美的正方形,在城墙的每一边都按照规定,建造三座城门。街道笔直宽阔,像棋盘的格子那样排列。在外城郭之内有两块围墙环绕的禁地,最里面是可汗的雄伟宫殿,大明殿。

由于政治上的重要性,可汗的城市很快就吸引了大量人口,城里商业繁荣。当马可·波罗于 1275 年到达那里时,虽然城市刚刚竣工,里面却已经热闹非凡。在可汗的城市,"城墙里和城墙外都是众多的房屋和行人,没有人能数清他们的数目"。[22]

人口变化同经济变化相关,并反映在景观之中。自从 10 世纪以来,随着人口的迅速攀升,长江流域和南方进入经济快速扩展时期,食物供应相应增加,商业发展,大城市崛起。我们前面已经阐述了这个主题。不过中国北方的历史更为坎坷。自从 10 世纪以来,北方先

---

* 此节中文版与原书顺序不同,故边码不连续。

后遭到契丹人、党项人、女真人、蒙古人的入侵和统治；蒙古人最终于 1279 年成功地占领了整个中国。

北方人口无疑随着连续不断的进攻，以及游牧民族和半游牧民族征服者变化无常的政策而上下波动。征服者们无法确定如何应对被他们所击败的，但是更为发达的农业文明。当侵略者们企图占领农业用地，将农田变为牧场时，景观发生了剧烈变化。女真人曾企图这样做。窝阔台（Ogodei）在位之初，一些蒙古人也企图将华夏北部的大片地区变成牧场。虽然幸运的是这个举措并没有严格执行，但是在华北平原的北部，有些农田的确成了牧场。直到忽必烈汗明令禁止之后，为此目的的圈地行为才宣告终止。[23]

将农业用地变为牧场可能是中国北方农作物产量下降的原因之一。在元帝国占领整个华夏之后，从长江三角洲将谷物大量运到北方都城。运粮通过两种方式：一是海运，走海路沿岸用海船运载；二是漕运，顺新开通的大运河（1266—1289 年）用运粮的驳船运输。

在忽必烈汗统治之下完成的最伟大工程是大运河。以前隋朝所开通的漕渠在设计上是为了供应都城长安，不是元朝的都城北京，所以只是在南段才通行无阻。在元朝、明朝，甚至于清朝，大运河都是南北运输的主要动脉。这说明北方在经济上一如既往地依赖南方。

这种依赖性使北方的首都地区缺乏安全。海上运输线易受海盗袭击，海洋航行会遭遇突发情况。黄河不可预见的决口使内陆运河航行也时时受阻。显而易见的解决方法是增加京城附近地区的粮食产量。至少能生产足够粮食，以便都城人口、尤其是驻军，可以自给自足，又可节省运输费用。在 1352 年元朝皇帝下令，将海河流域平原所有政府用地和以前用于军屯的土地出租给农民耕种。在起初阶段朝廷还提供工钱、耕牛、农具、种子。朝廷还从长江流域省份请来精于耕种水浇地的农民和水利专家教授北方佃农。虽然这些措施已见成效，但是没有达到北方粮食基本自给的水平。不过在明朝和清朝，人们仍旧对此目的抱有希望。[24]

五　明清两代的城市化

蒙古人建立的朝代被来自中部和南部的汉族起义军推翻。南京成为明朝（1368—1644 年）的第一座都城。这是个合乎情理的选择，因为南京是明朝开国皇帝朱元璋的根据地，靠近人口和财富中心。中国东南部继续繁荣昌盛，明朝时新建的，围墙环绕的城市大多位于中国东南。虽然规模和重要性已有所不同，但宋代时巨大的城市仍风采不减。比如说苏州，在册的人口一如既往保持在 200 万以上。在成为国都之后，南京地位今非昔比。环城修建了巨大但是并不规整的围墙。1403 年，明成祖朱棣将朝廷迁至北京。南京失去了政治上的地位，但是经济持续发展。耶稣会传教士利玛窦（Matteo Ricci）将南京同北京比较，对南京颇有好感，南京人口为 109 万，很可能超过北方的都城。[25]

明朝皇帝使北京城具有了它在近现代的形态。明朝的京城修建在可汗城市的基础之上，但是城墙环绕的城郭缩小了，并稍微向南迁移。它仍保持正方形。实际上由于城郭的南移，围墙环绕的内城更加位于中心位置，从而比以前蒙古人（元）的首都更加具有几何学的严整规范。但是当新的城郭于 15 世纪 20 年代完工后不久，南墙外兴建起一大片郊区，出现了成千上万户居民。来自全国各地和外国的商贾在那里开设店铺，修造住宅。于是政府计划修建一道新墙，把南墙外的地方圈起来，但是只建成了其中一段。其结果我们今天仍旧能看见：两个有围墙的城郭比肩而立，一南一北。

继明朝之后统治华夏的清朝或是满族王朝大兴土木，建墙修城。清朝所建的围墙环绕的城镇为数众多，数量可能除汉朝之外超过以前所有朝代。除了在东北、西南和台湾这样的边疆地区建立新城，还在长江三角洲和东南沿海省份发达地区破土兴建。[26] 虽然城镇总数增加很多,却并没有为城市景色增添任何令人惊叹的新奇之处。不论是总体布局还是个别建筑的修造,满族人几乎都原封不动地因袭古代传统。北京是集这一保守主义之大成的例证。满族人统治北京超过 250 年,在这期间他们只是维持着明朝的框架,改建宫殿和庙宇,又增加了几座新建筑而已。

在清朝末期最终出现的都市主义新因素并非源于本土的真知灼见,而是从欧洲传入中国。嫁接过程的最鲜明范例便是通商口岸,在这些地方我们可以看到两种文化的矛盾并存。作为政治不公正的产物,通商口岸大多是新城,但是作为西方工商业文明价值观对中国精神渗透的表现,这是一种永久性的重新定向。后面两章是关于近现代中国,其主题是讨论西方技术和价值观对中国景观的影响。但此时我们需要回到更古老的中国。在这个国家和文明中确实发生了引人注目的变化,但是变化主要发生在灵活变通的中国传统框架之内。

六 人口增长和农业扩张:明朝和清朝

我们已经提到,在 8 世纪中叶,中国人口达到顶峰,总数是 7000 至 7500 万。此后便保持在这个水平。在公元 874 年的黄巢起义之后略有下降,在北宋王朝立国之时可能降到 6000 至 7000 万。虽然人口普查一如既往保持在 5000 万以下,由于经济技术变化的趋势是对资源更集约化利用,我们有理由相信,在 1100 年时宋代中国的人口至少是那个数字的两倍。蒙古人征服南宋帝国无疑使人口减少。根据现代学者所言,到明朝汉人重建统治之时,总人口当在 6500 万和 8500 万之间。[27]

明朝期间人口增长,到 1600 年时或许达到 1.5 亿。在 100 年之后,由于改朝换代,人口可能保持原数或是略有下降。在清朝,人口增长之快为有历史记载以来所未见。仅仅 100 年之后的 1800 年，比 1700 年时的 1.5 亿人就增加了 1 倍以上。到 19 世纪中，人口又创新高，达到 4.3 亿。不过在清朝覆灭之前，又下降到 3.4 亿左右。

由于开荒造田和农作物日益多元化，明朝时农业生产规模迅速扩大，经济活动更加多种多样。何炳棣认为此时的人口应该是直线上升。和宋朝时一样，人口稠密地区仍是长江下游和东南沿海地区。北方平原上人口也迅速增长，那里的人民在蒙古人溃败后因烧杀抢掠而饱受苦难，但是自 15 世纪初以来，稳固的政府使人民得以安居乐业，而且住在京城北京附近也使他们受益。淮河流域和湖北的湖泊平原上人烟稀少，很多可耕地还有待于系统地开发。诸如广东和湖南这样的南方省份人口密度不高。[28] 明朝政府在西南部修筑了驿道桥梁，并建立了军屯戍边式村落。那里的崇山峻岭中分布着小片当地土著聚居地区，但是汉人仍十分稀少。直到 1420 年云南和贵州才成为中国的省份。通过驻扎军队从事农耕，也由于从长江三角洲强行移民，云南省边远的小盆地才开始了汉化进程。

明朝时人口稳步增长，直到 1600 年时达到 1.5 亿。粮食生产相应增加，在 1602 年，官方登记的农田总面积达 10.6 亿亩，这个数字是 J. L. 巴克（Buck）在 20 世纪 30 年代所作各种估算的 75.8% 到 86%。[29] 尽管自北宋以来朝廷鼓励粮食种植多样化，稻米仍是中国的主要作物，在 17 世纪时可能占全国粮食总产量的 70% 多。[30] 然而变化却马上就要发生，当从新世界引进的旱地庄稼扩展到不适宜栽种水稻的新土地和新环境时，稻米的相对重要性便急剧下降。粮食产量增加，再加上长时间的和平安定，所以在 1750—1850 年之间，中国人口增长速度前所未见。

在明朝和清初不仅耕地面积扩大，而且农业向多样化发展。比如，棉花种植从华北平原和渭河－汾河流域传到湖北江汉平原、四川中部，甚至于深入云南和贵州，在那里棉布纺织成为家喻户晓的乡村工业。种植甘蔗和靛蓝改变了很多南方地区的经济。烟叶在明末传入中国,它使很多地区兴旺发达。种烟叶的地区包括甘肃兰州、四川成都平原、华北平原北端的山海关、福建蒲城和龙岩。[31]

在明朝后期,来自新世界的粮食作物花生、玉米和白薯出现在华夏大地之上。根据何炳棣所言,早在1516年花生就传到广州地区。[32]大约在16世纪中期,文献记载说在内陆云南和沿海福建有玉米和白薯。虽然当地人立刻接受了这些作物,但是直到很长时间之后,到18世纪下半期,这些作物才广为普及。在1700年之前,花生是珍稀小吃。到18世纪下半叶和19世纪初,花生传入以前尚未开发的地区,比如说广东西部、广西、云南等边远地方以及四川。花生可以生长在半沙的土壤中,因此在不适于种水稻的地方却能够欣欣向荣。在16世纪中期之前,玉米已通过陆路经印度和缅甸进入中国,同时也通过海陆传到中国。但是直到1700年,它主要生长在西南以及东南沿海几个地方。白薯在中国的传播较为迅速。中国人本来食用当地番薯和芋头,人们认为美洲的这种块茎作物更为上乘,价值更高,而且耐旱。然而由于不得而知的原因,这些来自新世界的作物到了18世纪才被广泛接受,它们很快占据了那些此前"毫无用处的"土地。花生长在沙土地,玉米和白薯进入森林密布、人烟稀少的南方高原。

七 三个地区的景观变化

在明朝和清朝统治时期,人口增长对景观既有建设性作用,也有毁灭性影响,我们可以通过三个地区审视这些变化:山西省、四川盆地、南方高原。由于山西北部和中国南方的自然地理状况承受力有限,当地面所覆盖的森林被砍伐一空,就导致了严重的土壤侵蚀。而四川却不太相同,四川能够化解大量增加的人口。农田扩展和对土地的多样化利用似乎没有过分损耗这里丰富的自然资源。

1. 中国北方

如前所述,在同蒙古高原毗邻的华夏北方,景观在史前期和历史时代初期明显比近现代时期更加湿润。山西北部和陕西曾经林木茂盛。当我们深入蒙古高原之后,树林逐渐被稀疏的树丛和草地所取代,偶尔还有湖泊和河流。在过去两个世纪中,一个旅人会见到远比以前干燥的景色:蒙古高原成了不见树木,水流罕见的干旷草原,向南行进便进入树木稀少,土地支离破碎的中国北方高原。

位于上述两个极端之间的北方边境景观可以分成两个不同的部分,即蒙古干旷草原和山西陕西高耸崎岖地区的森林。例如在唐朝时,山西北部还是林木覆盖。文字资料,包括慈觉大师的日记,都证明这个事实。在北宋时,大寺庙和获准务农的士兵开始砍伐这里的树木。与此同时,官吏们力图保护林地,他们认为树木是抵御来自干旷草原游牧侵略者的屏障。无论如何,在北宋和金朝统治时期,对森林的砍伐还不太严重。古代林木覆盖的景观延续到明朝初期。1506年一个到山西北部五台山的旅人记载说:高大的松树和古老的冷杉高耸入云,遮蔽山谷;鹿儿在悬崖边戏耍,鸟儿在灌木丛中鸣唱。他提到不计其数的激流、湍急奔流的水声、瀑布水流的清新和凛冽。[33]

对山西森林的大规模砍伐显然开始于16世纪中叶。据一位明朝学者说,

> 嘉靖初,元民竞为居室,南山之木,采无虚岁。而土人且利山之濯濯,垦以为田,寻株尺蘖,必铲削无遗。天若暴雨,水所无碍,朝落于南山,而夕即达于平壤,延涨冲决,流无定所,屡徙于贾令南北,而忻丰富,减去前之十什七矣。[34]

根据1596年的《清凉山志》记载,

植被稀少的黄土高原。

植被较好的北京平谷石林峡。

> 川木既穷,又入谷中。千百成群,蔽山罗野,斧斤为雨,喊声震山……当是时,清凉胜境,几为牛马场矣。[35]

明朝末年文人学者们对森林砍伐痛惜万分,不仅因为这会影响河流流淌和低地上的土壤质量,也因为他们依据一种森林保护的古老论点,认为山脊上的树木对延缓蛮族骑兵的速度卓有成效。由于文人官吏的抗议抨击,1580年朝廷颁布了一道禁止砍伐树木的敕令。此后在山坡地上开始种植树木。可是当明朝统治寿终正寝,而人口增长对农田需求日渐上升,森林砍伐又死灰复燃。

尽管清朝在1683年颁布了禁止伐木的律令,森林砍伐仍持续进行。这一过程最终导致近现代时山西大片地区光秃无树,沟渠遍布,或是卵石拥塞的景观。[36] 在佛寺道观周围受到保护的小片树丛令人忧伤地见证了昔日可能丰饶的森林资源。在更接近干旷草原的地区,比如在长城穿越黄河北部大几字弯西臂之处的宁夏银川,也见证了大批伐树毁林所导致的经济衰落。据柔克义(W. W. Rockhill)说,在张诚(Gerbillon)神父于1697年陪同康熙皇帝巡游宁夏时,他对银川的规模和繁荣印象深刻。那里的房屋鳞次栉比,几乎没有作庭院的空地。张诚神父评论说:"建房的木料在这里非常便宜。人们到西北边的山脉(贺兰山)就可以找到木材,那里木材应有尽有。方圆400里或是500里以外地区都来宁夏买木料。"在1892年,一切都变了,柔克义说,除了在灌溉渠边新近栽种的几棵杨树,这里见不到一株大树。[37]

2. 四川盆地

虽然在中国棋盘格局的地形图中,四川是个山岭环绕,与世隔绝的单元,可四川在很早时候便被纳入华夏文明发展的主流。在战国时期,四川就拥有两个人口较多的地区,一个位于从事灌溉农业的成都平原中心,另一个在嘉陵江流域。到东汉时期成都市区和郊区的人口同都城洛阳相差无几。成都平原的繁荣归功于水利灌溉系统。陕西渭河流域的发展也部分得益于灌溉工程。我们已经讲过在公元前 3 世纪的郑国渠如何提高了渭河流域的生产力。但是同四川相比，渭河流域的灌溉工程容易遭受入侵和起义的破坏；它们也难以应付淤泥沉积和盐碱侵蚀所造成的问题。

即使受到当地人口压力和砍树伐林的影响，四川盆地依然能够保持农业资源。至少部分上因为有利的环境特征，四川能够取得相对稳定的繁荣。同北方相比，四川气候温和平稳，降雨量充沛稳定。同南方高原相比，虽然四川的大部分土壤是基岩上的原生土壤，而不是从别处运来的冲积土，但这里的土壤比较肥沃。

同长江流域及南方其他地方的农业耕作相比，四川在很早就实行精耕细作，并延续至今。如前所述，宋朝时栽种两季庄稼在水稻种植地区并不常见，但是四川有些地方一年种三季或是四季庄稼。虽然很早就靠精耕细作来供养小片地区上的密集人口，四川盆地整体来说仍人烟稀少。到 13 世纪时，盆地中较为崎岖的丘陵和四周的山坡还基本上荒凉一片，为森林覆盖。四川最古老的汉人家族很少能将家谱回溯到明代初年以前，明朝时所增加的移民在明末农民起义军的残暴蹂躏下（编者注：张献忠的起义军）所剩无几。失去的人口是如此众多，以至于从 1650 年到 1850 年期间，劳动力严重匮乏，于是四川成为接收移民最多的地区。在 1786 年时，人口登记还在 850 万以下，到 1850 年四川人口就超过了 4400 万。[38] 所以省内的众多人口主要在清朝时迁入，似乎在不到 75 年间，人口增长最多。

同成都平原上的灌渠不同，今天我们见到的，繁复的土地利用模式并不古老。它们随着人口增长而发展，通过使新老农作物适应于一个富饶而且多样化的环境，四川成功养育了大量增加的人口。形成了在不同高度栽种不同庄稼的模式。新引进的花生种在溪流河边的沙洲上，传统的水稻长在谷畔和山坡的梯田上，来自新世界的玉米和白薯占据了无水浇灌的旱地,被称为爱尔兰马铃薯的土豆长在环绕山屏的高脊上。

3. 南方(长江)丘陵

在应对清代后期人口增长压力之时,四川盆地的丘陵地貌没有遭受严重土壤侵蚀。但是当南方丘陵面对造田垦荒的冲击时,情形却完全不同。[39] 直到 18 世纪初年,南方丘陵仍然有森林覆盖,少有农民耕种。农民们聚集在小小的冲积土谷地中和沿海的平原上,水稻是最重要的作物。种水稻要求对水仔细控制,只有在谷地中的厚土层和不高的坡地上才能较为容易地控制水流。

在 16 世纪下半叶,玉米和白薯被引进东南沿海省份。然而,在持续增长的人口压力迫使东南部农民迁出窄小的冲积平原,去面对森林覆盖的丘陵山岳之前,这些作物似乎对这片人烟稠密的地区影响甚微。率先进入新天地的农民开始依赖玉米和白薯为生。自 18 世纪初,他们大批迁入山岭之中,迁徙持续到太平天国起义(1851—1864 年)之时。在 1800 年引进马铃薯之后,甚至高耸陡峭的山坡也可以地尽其用。

从 1700 年到 1850 年,中国总人口增长了 3 倍(从不到 1.5 亿到 4.3 亿)。人口增长主要得益于从新大陆引进的作物,它们将丘陵山坡变成田地。不幸的是,对内陆高原的进军破坏了本来就不稳定的自然平衡。对食物的急迫需求以及为了在最短的时间中从不属于他们的土地上获取最大利益,农民将最基本的土壤保护措施置之脑后。森林被砍伐一空,庄稼种满坡上坡下。头几年丰饶的收获使他们在所有能开垦的地方都种上庄稼。很快暴雨就冲走了表层土。经年风化的岩石被冲出沟壑,粗糙的冲积层被带到谷地的稻田里,人们不得不费力将这些砾石移走。到 18 世纪六七十年代之间,土壤侵蚀成为江南丘陵上的严重问题。土壤流失使江河湖泊淤泥堵塞,洪泛日益频繁。到 19 世纪初叶，耕种山地已造成如此深重的灾害，致使朝廷通过律令，大意是禁止在长江下游省份为种玉米的农户续订租约，坡地要用来种茶或是栽种杉树。

与19世纪初相比，南部丘陵山地的人口在20世纪有所下降。江西、安徽、浙江省份的耕地面积和总人口都下降了。对土地的分层式利用模式，即在狭窄的谷地中种水稻，在坡地上栽种旱地庄稼，已不再盛行。新流行的模式（大约在1820年之后）是将山坡逐步退耕还林，坡地长出次生林和粗粝的草本植物，出现了种茶和树的种植园。144

余晖中的故宫与 CBD 交相辉映。

第四部分

近现代中国的传统与变化

19世纪后半叶开始,似乎风格稳定的中国景观发生了巨大迅速的变化,西方文化的影响以前所未有的广度深度体现出来。

规模庞大的工业和西方风格的城市不断扩展,巨大工程、交通系统也成为鲜明的地标。中国人正在以最快的速度融入、甚至引领21世纪的景观变革。

香港。老街区与新建筑融合在一起。

第七章　保守与变革：1850—1950 年

20 世纪初叶的外国旅行者会认为中国的乡村景色极其古老，或者说中国风格几乎是亘古不变的，他们的这个看法广为流传。这不是一种屈尊俯就的态度，正相反，这表现出他们对一种能稳定适应物质环境的生活方式的敬仰。像吉瑟灵（Keyserling）伯爵这样的神秘主义哲学家对中国农民"彻头彻尾的真诚"深有感触，这些农民是土地的子孙，他们以"每日辛勤的劳动向自然索取贫瘠的馈赠"，在死后满怀信任地回归大地。[1]美国农学家 F. H. 金（F. H. King）出版了著名的《四十个世纪中的农夫》，书中也表达了这种永久不变的观念。书名本身就给人一种几乎永恒的感觉。在 19 世纪和 20 世纪之交，金依次访问了中国、日本、朝鲜。他并不是以西方农学家的身份提出建议，而是去"学习如何在过了 20 个世纪，30 个世纪，甚至 40 个世纪之后，还可能使这些国家土地上的出产足以供养如今住在那里的稠密人口"。[2]

我在本书中勾勒的历史指出，将中国景观视为亘古不变是如何误导人的。"永不变化的中国"是西方浪漫主义以及对历史变迁茫然不觉所导致的幻觉。在某些对象上，我们可以谈论中国农村的异常稳定，比如说房屋的布局、农舍庭院的形态，以及某些基本作物和耕地形式的延续不变。可能我们可以在黄土地区和华北平原上找出某些今天的村庄，和新石器晚期的进行比较，指出这些村落的基本生活状况同那时是如何地相似。也可以找出某些地区，比如说成都平原，令人信服地争论说在这里不仅个别村落布局，而且它们之间的空间关系，在悠长的岁月流逝中少有进步。尽管内战和起义造成周期性混乱和分裂,灌溉工程和赖其为生的稠密人口已延续了 2000 年之久。[3] 如今成都的灌渠以及竹丛、楠木、柏树掩映的小村落,作为景观形态来说确实可以称之为古老。

但是四川的例证却并不能代表中国。在华夏大地上,就土地利用的集约化与持续不变来说,可以同成都平原相比的地方寥寥无几。渭河－汾河流域和华北平原也是中国人聚居的古老中心,相对于偏居一隅的四川盆地来说,这些地方却不太能抵御人与自然的周期性威胁,更容易受到国家政治动乱和外来影响。

自从东汉末期以来,北方几次大规模向长江中游和南部移民。这些地方的景观因而表现出持续的变化,变化表现在以下方面:人口增加因此村落增加,采用更集约的土地利用方式,以及引进新作物使农民们能够迁到新地区。单独的村落可能保持传统形式,但是当人口增加,就建起了新的村庄,整个乡村的景色便大为改观。

最后,我们要考虑从 1850—1950 年这一百年里,有一股非常重要的新力量进入中国,将西方商业和工业引进中国。起初西方化主要影响沿海的通商口岸;从那里西风东渐,逐渐渗透到内陆的河港城市,最后到达附近乡村。这些变化说明将永恒的概念应用于中国是一种错觉。不论我们说的是政治舞台、经济领域,还是清晰可辨的景观,20 世纪初显然不是一个恰当的时间来谈论中国静止不动的特点。然而,在描述 1850—1950 年这百年间令人眼花缭乱的变化之前,先看看中国在 20 世纪 30 年代的典型场景。

一　1930年代的景观类型

在此书的开篇章节中我们沿两条线,将华夏大地分成三个气候区。此时应该再来回忆一下这种划分。一条线始自大兴安岭的山脊,向西南伸展,跨过陕西北部到达兰州,然后几乎成直线继续向西南延伸，到拉萨北以及青藏高原的边缘。这条线划出一道连绵起伏的边界，将华夏大地干燥的西北同半湿润/湿润的东南一分为二。这条主要的植物分界线将无树的西北部同林木葱茏的东南部分割开来。

中国植被的历史是记载东南部的森林如何被砍伐的历史，被砍伐的森林由人工种植的草本植物所取代。所以到了19世纪30年代，这条气候曲线的边界将中国划分成农业区和非农业区两个部分。在分界线的西北面，只是在一望无际的自然景观边缘，或是在大自然包围之中，星星点点地存在农业绿洲。西藏耸立的高原和陡峭的峡谷，塔里木盆地光秃的沙丘，以及浩瀚的蒙古干旷草原都使人类造成的改变相形见绌。在这条边界的东南边，未开垦地区的总面积（包括山岭、湖泊、沼泽、贫瘠的盐碱地）仍旧超过耕地面积。但是，在广阔地区是田连阡陌的景色，即使在最人迹罕至的僻静之处，也可以发现人类的创造——道观、佛寺和禅院。

这便成为华夏大地主要的地理分界线：一边是自然景观主宰的大地，另一边是人所改造的景观无所不在。在东南大区还存在第二条分界线，秦岭山脉这条线将半湿润的北方"大陆"同潮湿的亚热带南方分开。葛德石（G.B. Gressey）评论了二者间的区别：在北方，人们见到丘陵小山立在大片平地之中，冬天田野光秃，一片褐色，到处尘埃；种的是小麦、小米和高粱这类旱地庄稼；泥土路上走着两轮车和拉车的牛马；房屋用泥造墙；城里马路宽阔，有空地种庄稼。城墙为长方形。南方的地形更为崎岖多变；四季常绿，水乡泽国；对田地精耕细作，其中最显而易见的是雕塑造型般的水稻梯田；扁石铺设的小路上走着肩扛手挑的苦力，轿子滑竿是载人的工具；有砖造的房屋，也有竹编的墙壁；城市拥挤，街道狭窄。[4]

1. 黄土高原

中国的南方和北方可以再被划分成更为细小的地区以及更为细小

的景观。在华夏北方黄河中游的高地上,在厚厚的黄土覆盖层中,不论自然景色还是人造景观都风格各异,相差悬殊。瑞典地质学家安特生将他在黄土地区的短途旅行描述为

> 一次精彩的体验,旅人经常惊讶甚至于颤抖地被30多米深的垂直下陷所突然阻隔。他也可能遇到奇异古怪的黄土细柱,或者透过天然形成的隧道拱门一睹废墟般景观的风采。[5]

在这些自然奇观之外中国农民添加了自己富有表现力的作品。在较为潮湿的地区,黄土遍布的小山被精心造成阶梯式金字塔形的梯田。岩石坡地表层岌岌可危的小片"黄土"也被建成台阶,平整成石墙环绕的平台状耕地。华夏农民另一个独具特色的杰作是窑洞式民居。[6] 由于黄土层厚,木材缺乏,窑洞在陕西、山西西部和甘肃东南部省份是最为流行的住房形式。修建窑洞不需要木材,同地面建筑相比,窑洞冬暖夏凉。在任何露出一大片陡直厚黄土层的地方,比如在冲积沟的侧面,修窑洞十分简单。先刨出一个垂直的表面,然后用锹向黄土里横向挖掘。窑洞房屋通常长约9米,宽达2.5至4.5米。宽度取决于土质的力度。中国陕西有些村庄别具一格,那里的建筑不止一层。地上的房屋建在人修凿的陡峭沟壑边缘,然后在深沟的黄土壁上刨出不只一个,而是两层的窑洞。与在地面造房不同,窑洞的住处必须相隔较远。是否较远的距离对这些独特村落的社会组织有所影响呢?这倒是个一个饶有兴味的研究题目。

2. 华北平原

在黄土高原东面是黄河下游平原,平原被划分成拼图般的小块长方形地块,地块与地块通常在相接处成直角。在夏天时鸟瞰大地,所见到的是繁复而且土地极其细碎的景观。由于地里不同庄稼长势各不

相同，每个农民的栽种时间并不完全一致，田野变成一块光怪陆离的调色板，布满黄色、褐色、深浅不一的绿色，但是同画家的调色板不同，颜色变化极其突兀。从空中俯视，令人吃惊的是在平原上几乎不见树木，虽然据官方所说，这里一度曾树木葱茏，观察者很难想象那种景色。不过有些树木显然活了下来。有的长在路边，有的一丛丛长在村里，柳树和杨树是人们的基本燃料和建筑材料。

华北平原上的聚居村落规模不小，彼此只相距1.6公里左右。在地面就可以一览无余，望见平坦的地平线上有几个村落，树丛使它们同周围的景色迥然相异。村落间有步行的小道和车道相通。虽然分布十分均匀，但是村子一般倾向于聚集在高坡上，避开河流。河流并不能作为交通渠道，在洪泛季节还十分危险。

中国北方村落的平均人口为500至700。在方圆52平方公里内，大约18到24个村子中有一个市镇。每个村子的耕地面积大小不同。在河北省定县，耕地最少的村子只有244亩地，最多的有3万亩，平均数是3200亩。[7] 人口密度和村庄耕地的比例在一定程度上由土地肥沃程度决定。在贫瘠的沙地上可能一平方公里只有170人；在肥沃地区一平方公里人口达560人。[8] 农民占有土地的面积大小不同，小土地所有者占地1亩半到12亩，大土地所有者占地37至60亩。田地分成细碎的小块，散布在不同地方。从一块地走到另一块地很费时间，修造众多小径从一块地通到另一块浪费土地。土地极端细分的理由一般是因为即使在冲积平原上，即使是在一村之内，土壤特点也极其不同。占有不同类型土壤的田地是一种保险措施，可以分散风险，以免颗粒无收。土地持续细分的另一个原因是中国父系财产继承制度规定将田地在儿子之间平均分配，每个儿子都希望自己继承的一份土壤类型不同。还有一种传统习惯是从邻居那里挖点田边地脚。极小的地块可能只有3米宽，30米长，大的超过6亩。因此田野就像是用碎布块拼成的被面，在庄稼生长季节分外五颜六色。

华北地区曾经的典型村落。

华夏北方的村庄密实内敛。很多村子有围墙环绕，墙上有门，夜间关闭。但是即使是没有围墙的村子，从外面看去也像是封闭设防。房屋挤在一起，对外界摆出毫无表情的面孔。村里街道多寡和长短依地区性质和住家数目而定。有些街道是非常狭窄的小巷，并不一直通到田野。[9] 大多数街道边上是房屋的墙壁，只有在通到院落的地方才有出口。比较富裕的人家有自己的院落。客堂和卧房修在院子北边，房门朝南开。墙可能是用窑里烧的砖修建。在靠山的村子里，富裕农民的房基和墙基用石头修建，屋顶铺瓦。除了院子北面的正房之外，还有养耕畜、放农具和住雇工的下房。较贫困的农户可能两家，三家，四家，或是五家共用一个院子。[10] 他们的房子用晒干的砖或是夯实的土建造。房子是茅草顶，或是用高粱秆抹上泥的屋顶。村外是各家的菜园，过了菜园便是村里不同家族的墓地。关于山东省台头村，杨懋春（Martin C.Yang）写道：

> 村里没有公共墓地；每个家族将逝者安葬在他们认为可以保佑后代的风水吉利的地方。当家族人口众多，便分成不同的支脉，每个分支选择自己的墓地。在几代之后，小墓地和孤立的坟堆便散布于村庄的四面八方。[11]

历史最悠久的坟地往往离村子中心最远。随着岁月流逝，逝者和生者均成倍增长，人和墓地便会挤在一起，所以最新的坟堆似乎就在村边。

3. 四川盆地

华夏中部和南部的乡村景观被稻田所主宰，在长江平原上，稻田是小小的方块地。四川的稻田是精心修建的层层梯田，几乎创造了建筑学上的奇观。因为自然环境各不相同，所以各地的农业景观也迥然相异。在这些方面四川盆地最为突出。虽然盆地中只有5%是平地，这里每平方公里平均人口达250，人口密度极高。在盆地中沿长江流域及其支流是谷地，那里海拔不到600米，但是在穿越盆地的众多砂岩山脊之顶，上升到1350米。四川创下沙漠之外的夏天最高温度。在海拔不到600米的地方，气候像是热带。除了水稻之外，庄稼还包括其他重要作物，诸如甘蔗、棉花、玉米、白薯、烟叶、花生。此外，水果包括柑橘、荔枝、龙眼、青果、广柑。在高于600米的地方，只要有水灌溉，农民们仍旧可以在梯田上种水稻。在到达水稻种植极限的1200米海拔后，玉米开始取代水稻成为主要食物，冬季作物变得不太常见。四川盆地存在各种基本居住形态，从孤立的农舍，小村，到较大村庄，即便在极为富饶的成都平原，也有人住在与众隔绝的农舍或是几户聚居的小村中，房屋掩映在树丛和竹丛之里。在水稻种植让位于旱季作物的地带，小村落似乎也是居住常态。[12] 农舍往往有院落环绕，在水稻种植地区，洋溢着一种华北平原所罕见的衣食不愁、丰衣足食的气氛。

4. 长江平原

与四川盆地山脊与溪谷交错的地形相比，长江中下游冲积平原几乎完全平坦一片。正如葛德石所说，水是景观的中心。那里有形形色色，大大小小的水流。首先是水面广阔但是不深的湖泊同沼泽地相连。如前所述，这些宽广的内陆湖位于地壳的一个洼陷带上，那里的地面缓慢持续下沉。长江及其支流所带来的冲积土日益淤积缩短湖泊的寿命，但是地壳下沉过程却缓冲了这个趋势。在洪泛期间，洞庭湖、鄱阳湖、太湖、洪泽湖和高邮湖这些主要湖泊的总面积大约有18200平方公里。

即使不是汛期，长江中游的水面也宽达两三公里，令人望洋兴叹。河边一派水乡泽国，有冲出的水湾（U 形湖）、纵横交错的河汊与交汇的水道、暂时被沙洲和堤坝截住的死水。除此之外还有人工挖掘的水道、运河、灌渠、长条形池塘。据葛德石说，在上海周边的南部三角洲上，运河总长度是 24 万公里，"对上海附近 2.6 平方公里进行调查，发现了 45 公里长的运河及长条池塘，水道与水道的平均间隔为 115 米。因为运河通常宽达 3 至 6 米，有半数水道可以划小船通过。有 5% 的水面平均宽度只有 3 米"。[13]

在长江平原水乡泽国的环境中，每平方公里人口密度超过 460 人。在很多农村地区，每平方公里居民超过 960 人。高产稻田和两季收获可以供养如此密集的人口，使华北平原上的人口密度无法望其颈背。长江平原上农民所占土地远比北方农民要少，在水稻产区每户 3 亩到 9 亩为常态。土地形状也同北方不同。长江三角洲的水浇地为方形，而在中国北方却是狭窄的长条。方形田块被灌溉渠和长条池塘分隔。田块的形状划分显然基于实用原则，为了在平坦的泥地上浇水和排水而划分成格子形状。在中国北方，长方形条地似乎是为了使用耕牛犁地。耕牛转身不易，所以农夫保留长长的垄沟。在长江三角洲上，农民在小小的方形地块上使用锄头，而不用犁。但是由于地形的原因，这里也有长条稻田。大河边的耕地便是狭窄的长方形，顺着堤坝的坡度排列，并成直角拐向河流的方向。

同中国其他地方一样，极其支离破碎的土地困扰着已经很小的农庄。水浇稻田中地块价值大不相同。不仅取决于土壤质量差异，也由地块浇灌和排水时间以及冬季栽种时间所决定。由于靠近水渠和河流的地块最先得到灌溉，所以地块主人便可以在别人之前插秧；由于稻田一年到头往往都像是盛着浅水的茶碟，在收割之后位于田地中央的地块很难将水排净，无法在那里种冬麦或是油菜籽。由于这些原因，田地因地理位置有好坏之分，农民希望趋利避害。比较公平的分配办法是使地块好坏掺杂，既有好地，也有坏地。一块稻田是一片有水渠

江南地区曾经的典型村落。

和河流环绕的泥泞平地,面积可能只有几十亩或是几百亩。稻田又被细分成地块,地块之间有堤堰或是灌渠相隔。很小的地块只有 30 米长,20 来米宽。为了在男性继承人之间分割财产,有时必须将较大的地块继续细分。为了划分细碎田块之间的界限,人们在地块两边的堤堰上各种一株树。农村的景观于是就成了极其支离破碎的模样。[14]

在华北平原上,屡见不鲜的是紧凑的村庄。与此相反,长江三角洲上有形形色色的居住类型,从单独的农舍田庄到小型市镇,二者之间是规模大小不一的村落。长江下游村庄比中国北方大些,村里可能有几个店铺,不仅供应村民,也为散居乡野的农民提供货物。在太湖以南地区,大部分村庄的人口大约有 1500,村与村相距大约 2 至 3 公里。几十个村庄的中心是一个市镇,其功用是收购周围村庄的基本产品,并将来自远方城市的工业品推销到十里八乡。[15] 由于水网密布,村落之间的交通靠船。最大的村子通常位于河流汇聚之处或是分叉点。在更靠海的三角洲地区状况却有些不同。

在太湖以东 130 公里地区,分散的农舍成为常态。虽然这里的景观同太湖以南一样平坦,一样水源丰富,天然河流却要少些;这里多是人工挖掘的漕渠和池塘。房屋几乎毫无二致地坐落在水道上,但是水道是如此蛛网密布,以至于房屋看来分布均匀。每个农户都有自己的院落,用来打谷并派作其他家务用场。与中国北方院落不同,三角洲地区的院子可能有树篱,却没有围墙。[16] 小市镇里的房屋建在水道两边,屋与屋相隔咫尺,或者屋屋相连。前厅用作纺丝织布,用餐和见客,房门开向外面的道路,与道路平行延伸的便是河流。前厅后面是小小的厨房,厨房后面是一间或是几间卧房。在屋前或是屋后有一个空场供打谷或是种菜之用;但是这个地方也是大家往来的通道。庭院式的格局颇为少见。[17]

在地面上无法将我们所描述的景观特色一览无遗。长江三角洲是如此平坦,远方的景色被层层遮蔽。漕渠隐藏在芦苇后面,农舍被阔

云南哀牢山的梯田。

第七章 保守与变革：1850—1950 年

云南坝子里的村落。

叶树丛或是竹丛掩映。比较醒目的景致是众多坟堆和石桥。有的坟墓高达 2.5 至 3 米,沿着堤堰一座座聚在一起。有些状似小房屋,用烧制的砖砌墙,用瓦搭建倾斜的屋顶。据葛德石估算,在长江三角洲的奉贤地区,坟堆占据大约 5% 至 10% 的耕地面积。在乡村景色中最优雅,或许也最古老的建筑是众多跨越河流漕渠的桥梁。大多数桥用石板搭在石柱上建造,但是也有石拱桥。

5. 中国的西南与岭南

华夏南部和西南部与平坦的长江中下游平原形成鲜明对照,那里是雕塑般的地形和林木葱茏的景观。但是即使自然环境迥然相异,人类对自然的应对方式可能表现出惊人的一致。比如云南省,云南是一个海拔很高的高原,平均海拔大约 1800 米,虽然比西藏高原低一个台阶,却耸立于周围省份四川、贵州以及印度支那之上。高海拔和低纬度使云南气候均衡,生长季节很长。云南地形复杂,散布着山峦峡谷,丘陵以及湖泊平原,它们大多数为南北走向。省内人口聚集在小小的湖泊平原上(坝子)。令人吃惊的是,在这些偏远孤立的人口密集带上,每平方公里耕地的人口密度达到 580 至 770 人,密集程度与长江三角洲相去不远。

大理地区可以说明云南地理方面的某些特色。这个地区的山峦湖泊为南北走向,形状细长。西部边缘的苍山森林覆盖,巍峨高耸,高度为 5400 米。从苍山较为平缓的东坡,河流溪涧顺势而下,在山脚下形成一个大约 3 至 5 公里宽的冲积平原。平原东边是狭窄的洱海,湖的东岸陡峭耸起石灰岩山脉的光秃坡面。冲积地带可能方圆不过 260 平方公里,却坐落着大约 100 个村庄,还包括一个人口 2 万的大理城。一个 5 口农户平均占有土地将近 9 亩,同长江三角洲的大多数田庄一样细小。也同长江三角洲一样,大理平原上首屈一指的庄稼是稻子。虽然处在不同的地理位置,二者在适应环境方面还有其他类似之处，比如说农民在排干水的稻田里冬天种麦子，居住在湖边的众多村民以打鱼为重要生产活动，使用鸬鹚捕鱼，用湖作为交通要道。

云南湖泊平原同长江下游在土地利用方式上颇为相似。主要因为中国西南部有很多汉人村民是长江下游移民的后代。在明朝时，朝廷强迫他们向西迁徙。移民们在内陆崇山峻岭的偏僻之地寻找熟悉的环境，以便延续习以为常的生活方式。他们回避陌生的环境因素，比如说山岭和森林。汉族移民的取舍方式可能受到民家人*的影响。民家人先于汉人定居在云南湖泊平原。同汉人一样，民家人种水稻，他们是低地居民，不喜欢山。但是民家人和汉人有一个重要区别：民家人在苍山脚下十分瘠薄的草地上放牧奶牛，挤牛奶制作奶酪。[18]

从西藏高地下到云南高原，坡度下降；然后地势继续倾斜，来到中国南方纵横切割的山岭和丘陵；再从山岭起伏的南方内地到达沿海的小片冲积土地带。南方景观的基本特点在于起伏的山岭和狭窄的冲积土地带间错比邻，冲积土地带顺曲折盘绕的河流延伸到内陆。山地景观的特色在不同地区各不相同。在东南省份浙江和福建，热带气候对火成岩风吹日侵，在西南省份贵州，则是石灰岩地形受到侵蚀，两种情况都同样造就了参差不齐的山峰和险峻陡峭，甚至于垂悬的坡面。这是风景画家所钟爱描绘的景色。

在其他地方山峦不太陡峭，有些地方保持着天然植被，这里是茂密的、品种混杂的常绿阔叶森林。云南、广西、海南岛的大片地区森林密布。但是在更广阔的地区，人力却在不同程度上改变了景观。例如在广东省，森林砍伐极为严重。一度曾经林木繁茂的山岭现在长着粗粝的草本植物和灌木。在湖南、浙江、江西，砍光伐尽的山坡可能种植茶树或是杉木。在南方高地上，大刀阔斧修建的梯田比比皆是，

---

* 民家人即白族。——译者注

种植玉米和白薯。不过自从 1958 年以来，人民公社的劳力将华夏南方一些光秃的山坡变成了精心建造的梯田。

  人口聚集在冲积土条状地带和分散的小地片上。种水稻的梯田同纵横交错的河流形态相似。在狭窄的冲积土带上，稻田布满整个谷地，从地上望去，它们像是绵延的低矮阶梯，从空中鸟瞰，像是闪烁的珠串。在沿海的三角洲平原上，对土地的利用已达到极限。在珠江三角洲上，最重要的庄稼是水稻，通常一年收获两季。偶尔可能在 11 月收割后到春播之间种蔬菜。大部分田野在冬天休耕，虽然有些地区也种冬小麦。在低地上甘蔗和水稻争夺田土，穷人在坡地上种白薯。高处的冲积土地块也栽种大量水果，包括菠萝、柑橘、荔枝、龙眼、木瓜、番石榴、香蕉、柿子。[19]

  在珠江三角洲，每平方公里耕地上的人口密度同长江三角洲相差无几。这两个地区间有很多共同之处。共同点包括稻田，密如蛛网的漕渠水道（在这两个地区大多数水道为人工挖掘），以捕鱼和丝织为重要生产活动。但是不同之处也显而易见。与长江三角洲不同，珠江三角洲被很多突出的基岩小丘割裂。长江三角洲没有大量热带水果，而广州的热带景观则是其独特之处。在珠江三角洲上，村庄是典型的村落。但是这里河流决堤，淹没稻田十分常见，所以广东村庄避开河流，建在冲积土高处的果园之间，或是位于小山脚下。

二　人口类型和景观变化

  到目前为止我们所描述的人造景观是人们在 20 世纪 30 年代在中国旅行时所见的典型景象。这是瞬间即逝的场景。现在我们来观察从 1850—1950 年这个较长的时段，考虑在这个时段之内中国景观的改变。我们可以归纳出数点导致重要变化的原因：1) 人口自然增长，2) 自然和人为灾难，3) 生活区域的扩展，4) 西方商业和工业文明的影响。

1. 人口的自然增长和景观变化

到 1850 年时，中国人口似乎达到顶峰，当时中国有大约 4.3 亿人口。到 1910 至 1911 年清王朝末期，人口下降到 3.4 亿。大约 40 年之后，人口回升到 5.83 亿。正如下一结所述，在我们所讨论的这个世纪中，由于自然原因和人为灾难，人口和土地利用均上下起伏，剧烈波动。这里我们关注人口主要因自然增长而上升的地区。即使在中国历史最悠久、人口最稠密的地区，在已经村落遍布的地方又出现了新的村庄。

比如说定县，这是河北省 120 个县中的一个，位于华北平原西部，在保定以南 60 公里处。县里 76% 的土地为农田。1930 年时每平方公里耕地面积的平均人口密度为 423 人。1849 年时的县志总共记载了 423 个村子。在后来的 80 年间，又出现了 30 个新村落。绝大部分村庄四周是村民的耕地，在不同村子的田地之间划定明确界限，省里制定规章要求在村庄的田地之间立下界石。在 1929—1930 年间，定县有 19 个聚居地还没有成为村。它们没有自己的田地，这显然是因为老的村落过于拥挤而建立的新居民点。[20]

在河北省的另一个县里，乡村集市在 1868 年时是 23 个，到 1916 年增加到 37 个。由于外来移民，华夏南部一些地区增长速度极为惊人。例如广东省的揭阳县，那里在 19 世纪 90 年代时有 163 个村子，40 年之后村庄的数目高达 885 个。[21]

因此，即使是在清王朝衰落到民国建立的动乱年代中，证据也表明对土地利用日益强化，农村中村落日益增加。很明显，在华夏历史的长期和平时期，增长过程持续重复，当灾难引起倒退，增长就中断。

施坚雅（William Skinner）最近概括了一个模式，解释中国农村景观中村落和土地利用的密集化过程。这个过程的阶段大致如下：在第一阶段我们看到一个个简单分散的村落群，每一群环绕着一个小的乡村集市。由于集市区（The marketing areas）不大，村落群所环绕的

贵州西江地区的苗寨村落。

广西龙胜梯田。

第七章　保守与变革：1850—1950 年

深圳大鹏所城。

福建大型高层民居，土楼。

163 集市区并不彼此重叠。在下一个阶段,原有村庄之外又建起了新的村庄。集市区也扩展填满空白的地方。此时农村景观处于稳定的均衡状态。经验数据表明,在这种状态中一个集市平均供应 18 个村落。当原有村落分裂出新的村庄,密集化继续进行。在富饶的冲积平原上,新的村落并不是建在连接原有村庄和集市的要道之上,而是在一个离集市和两个原有村庄距离相等的地方。这个结论是根据以前的设想,即在富饶的田土上村庄会扩大到相当的规模,直到经济压力使得开拓型农户搬走去建立新的村子。可是到那时候,在两个原有村庄的通道上除了村民们耕种的土地,已经没有足够的可耕地了。

在山地或是土地不太肥沃的地方,原有村庄的分裂发生在较低的人口水平,当这些村庄还比较小,所以可能还有足够农业用地,能够在连接两个原有村落通路的中点建立一个新村子。无论新村子建在哪里,经验性数据表明,当新村子出现时,村庄和集市的比例从一个集市供应 18 个村子(均衡的景观)增加到一个集市供应 30 至 36 个村子。在这个阶段,新集市建立起来满足新村庄的需要。新市场的出现使村庄和集市的比例下降,有时骤然下降到 1 个集市供应 18 个或少于 18 个村庄。如果比例下降到 18 个村庄之下,会建立新村庄来恢复均衡模式的平均数。[22]

如此这般,农村景观的密集化被简易地解释为新村子的成倍增长,以及新的,较小集市区的成倍增长,最终达到每个集市区供应 18 个村庄的定额。非常大的集市区超过方圆 140 平方公里或者更大,它们只存在于山区或是半湿润农业区的边缘地带。这样大型集市社区的总人口可能并不多,或许只有 3000 人。在另一个极端是方圆 16 平方公里或是更小的集市区,它们位于大城市附近极为富饶的平原上。不过大多数集市区大约在方圆 52 平方公里左右,绝大多数贫穷的村民可以轻松地步行往来于集市和村庄之间。标准集市社区的平均人口在 17000 人以上。这里我们需要强调社区这个词,因为集市区也是华夏村民最大的社交单位。在他一生买进卖出和探亲访友的过程中，农民所经历的世界超出自己的村庄和村民，涉及集市区中所有乡村和几乎所有居民，包括农民、手工业者、商人、乡间小吏。[23]

2. 自然界和人为灾难

灾难可以改变广阔地区的土地利用模式，不过其影响可能是暂时的。例如当河流涨水泛滥时，将厚厚的一层淤泥冲到田地上，将田地变成荒地。但是淤泥很肥沃，所以在两三年之内便会长出新庄稼。景观没有明显的变化，除了地面会高些，土地和水平面的关系可能会稍许改变。在华北平原上，这种因洪水所造成的暂时困扰令人懊丧地时常发生。人力也会造成暂时变化，比如当一队掠夺成性的军队横扫乡村农田，不论灾难是如何深重，如果农民们仍旧留在土地上，那么影响只是暂时的。

但是灾难也可以更永久性地改变景观。例如，洪水可能在田野上留下厚重而广阔的一层沙质土，土质过于粗粝，不利于庄稼的生长。农民因土质改变而改种花生和白薯。他可能在河水不再流经的沙地河床上也种上这类作物。起义和战争会改变地区的人口分布形态，从而对土地利用造成旷日持久的变化。

中国主要的自然灾害是旱灾、洪水、地震。黄河有两次大泛滥，一次发生在1855年，另一次在1938年。这两次洪泛是人力所为，因为是人掘开了堤坝。不过动因是水，而且洪水对大地的影响同狂野的军队不同。不过无疑久旱无雨是最险恶的自然灾害，造成最普遍的饥荒。旱灾和洪水是如此屡见不鲜，对它们的记载是如此比比皆是，以至于有位历史学家用这类数据来推断人口流动的历史。[24] 在近代史上，世界已知的或许最惨绝人寰的自然灾难（以所损失的人口计算）发生在中国北方。由于从1876—1879年干旱无雨，饥荒接踵而至。陕西、山西、河南、河北四省灾情严重。900万至1300万人死于饥饿和疾病，大饥荒后又发生了暴行。这些省份的人口因此大大下降。例如，山西在1850年比1953年有更多的人口，在清末的几十年间，陕西成为首要的移民接收省份。[25] 在中国北方，干旱引起的饥荒频频发生，间隔很短。从1920—1921年，旱灾使大约2000万人衣食不足，50万人死于饥饿。在受灾最重的地区，饥民们不仅吃光了全部存粮，也吃光了所有植物，包括地上的叶子、花籽、树芽、蓟类、有毒的树荚、棉籽、树根草根和榆树皮。在有些地区，整个村庄变得空无一人。[26]

除了旱灾之外，洪水紧随其后。洪水对大地的影响比旱灾更显而易见，旷日持久，对于华北平原来说尤其如此。黄河在1850—1950年的一个世纪中三次改道，绵延数百上千公里。第一次在1855年。黄河入海口北移，从淮河口移到山东半岛北边的位置。黄河下游决堤、河道北移的主要原因是在19世纪上半叶，朝廷对黄河下游的堤坝漠不关心，却将注意力集中在大运河同黄河的交汇处淮阴。由于人力物力集中在防范两河交汇处的水患，先迫使黄河在较上游的地方寻找出水口。于是在1835年、1841年、1843年黄河不断泛滥，最后在1855年，整个黄河下游河道向北迁徙。新河道在山东章丘冲断运河，从此完全不受约束。[27]

河道改变之后，黄河变得无拘无束，甚至在水位不高时也会发生危险的洪泛。在1887年到1889年之间，虽然水位并不太高，黄河在河南省冲毁南边的堤坝。200多万人因水淹或是饥饿而亡。黄河以南几乎整个河南省一片汪洋。

1938年，在距离京汉铁路跨越黄河以东十数公里的地方，黄河堤坝被国民党有意炸开，想用洪水阻止进犯的日军。河水向南冲去，淹没了与淮河之间宽广的良田沃土。这种状况持续到1947年，黄河才被引回北方河道。所以几乎有9年之久，大约有1200万亩田地部分或是全部无法耕种。[28] 或许有超过80万人直接或间接地由于人为洪

河套地区的黄河开始化冰,由于黄河在巨大的纬度之间来回蜿蜒曲折,形成了危险的凌汛。

泛而死于非命。

在黄河回归原来的河道之后，被淹没的田地排干了积水。人们发现当地土壤品质改变了。有些地方被细沙和黏土覆盖，不如洪水以前肥沃。这样的地栽种花生，其他的地方遍布肥沃的淤泥，比以前更为高产，所以很快就获得了丰饶的收获，出产麦子、棉花、玉米、小米、各种各样的蔬菜。当农民们着手在新土地上重建家园时，很可能在土地布局、土地占有分布、村落形式上都出现了重要变化。但是对此我们缺少详尽的资料。

影响景观的另一种自然灾害是地震。地震局限于一个地区，所造成的伤害不及旱灾和洪水。然而在断层带的黄土高原上，地震时常发生，其严重程度足以剧烈改变景观。至于发生的频率，历史记载指出从公元996年到1920年期间，在甘肃东部发生了50次毁灭性地震，即每18年半强震一次。[29] 在甘肃东部和陕西省到处是遍布的黄土。地震使黄土松动，滑入河谷，阻塞河流。1920年甘肃东部地震造成众多滑坡。滑坡所波及的总面积达到1500万平方米。[30] 由于在黄土高原上很多房屋是窑洞，所以地震中死亡人数惊人。山体滑坡掩埋粮仓和整个村庄。几乎有25万人死于甘肃1920年地震以及接踵而至的饥荒。

虽然自然灾难可惊可惧，但人对生命财产的毁坏超过自然，真令人难以相信。在1850至1950年之间，华夏大地上发生了太平天国、捻军起义和回民起义；从1917年到1927年国民党政府成立之前，全国各地军阀混战，连绵不断；自从1928年，国民党和共产党之间的内战延续到抗日战争全面（1937年7月到1945年8月）爆发。然后在日本投降后国共又重开内战，直到共产党军队赶走了国民党军队，统一整个中国大陆。单从生灵涂炭的程度而言，中国这一百年的历史一定属于世界史上最为血腥的时期之一。

1851—1864年的太平天国战争非常残酷，造成大量人口的伤亡。

受创最为严重的地区是人口稠密的南方谷地和长江下游。在 1850 年，村庄、农舍和精心灌溉的稻田布满这些溪谷流域。如前所述，人口压力驱使较穷的人搬到森林密布的坡地上，在那里栽种玉米和白薯这类庄稼。而在持续不断的毁灭与屠杀之后，"尽管土地肥沃，谷地中完全荒芜一片……间或有一两座房屋，屋里几乎空空荡荡，它们成为穷人流民的暂居之所。这些人的一无所有同他们周围的肥田沃土形成鲜明的对照"。这片凄凉的景观是德国地质学家李希霍芬（Richthofen）的描述，当时是在起义结束 13 年之后。[31] 这说明在剧烈浩大的劫难之后，恢复十分缓慢。

在 17 世纪中叶农民起义军进入四川之后，大约有 200 年之久，四川盆地是最大的移民接收地。然而在 19 世纪下半叶，浩劫后的长江下游地区重新成为当年四川的角色。山里的佃农受害较谷地中的农民为轻，他们离开土壤侵蚀的坡地，搬到谷地中占据那里的沃土。正如何炳棣指出，"在 1864 年之后接受'剩余'人口最多的正是在 1850 年之前最人满为患的地区"。[32]

同太平天国几乎同时进行的还有淮河流域旷日持久的捻军起义。起义重创了安徽和河南的农村，将近 16000 平方公里的地区变得渺无人迹。19 世纪 60 年代和 70 年代的回民起义同样造成了西北省份陕西和甘肃，包括回民和汉族在内的人口大量伤亡。人口恢复十分缓慢，甘肃人口在 1953 年比 1850 年所登记的还要少 250 万。对村庄洗劫一空给黄土高原上的景观留下永久的印记；在起义后重建的是不太容易被发现的窑洞民居村落。

三　对边疆的拓展和适应

当内地人的村落拓展到东部的大河流域之外，他们遇到了三类不同环境：西藏高地边缘的峻岭深谷、内蒙古广阔的干旷草原和沙漠、东北的草地和森林。内地人对生疏环境的渗透程度与适应在不同地区各不相同。

1. 西藏

西藏高原的东部边缘突兀耸立在四川盆地上方。盆地的绝大部分地区海拔在 900 米以下，但是西边参差不齐的山峰高高耸起，高达 4500 多米。如果顺着原有的驿道从成都平原进藏，这种反差极为鲜明。骑马旅行 4 天之后，便走出了成都地区布满人类印记的景色，到达高山屏障脚下的雅安（雅州），连绵广阔的稻田在这里戛然而止。过了雅安，驿道进入高原，持续向西到达商埠康定（打箭炉），然后过康定到达拉萨。在这条路上人们有时会碰到去征战的军队、赠送礼物的使者随从和各式各样的物品：来自内地平原上的有茶、布、烟叶、香料、建筑材料、油料、针等等；从西藏运出的是木材、兽皮、牦牛尾、麝香、鹿角。在这条路上依稀可以见到汉人渗透的标记。这不过是几个聚居点，少的只有五六户人家，多的有四五十户，为过往旅人提供伙食和其他需要。汉人对西藏高原的另一种渗透方式是建立孤立的汉族农业社区。有几个村落设法建在零星分布的冲积土扇形地带上，这些冲积土带面积较大，值得开垦灌溉。虽然政府在 20 世纪 30 年代鼓励更多汉人到多山的边疆安家落户，却收效甚微。[33]

不仅是不利的自然环境阻止大批汉人入藏，或许零星社区之间少有联络也同样是重要原因。高度隔绝的地形造成社交上的不便，高山深谷将用水灌溉的扇形冲积土带彼此切断。种植水稻的汉族农民周围环绕着少数民族，包括定居和游牧的藏人、信奉古老苯教的羌戎人和羌人，汉人将这类部落群体一概视为西边的蛮族（西番）；还有汉族、藏族和彝族混血的后代"白猡猡"（White Lolos）和骑术精湛、生来自傲的"黑猡猡"（Black Lolos）。黑猡猡曾成功反叛清朝，后来又反抗民国政府的统治。他们不时捣毁汉人的城镇乡村，显示对他们的敌意。[34]

西藏高原的东北角高耸在甘肃东南部洮河流域上方。一边是高山深谷，另一边是开阔低矮的洮河流域，截然划分的自然分界也是一条惊人稳定的文化界线。早在新石器时代后期，农业村落遍布黄土覆盖的洮河台地，狩猎羚羊的猎人和放牧牛、绵羊、山羊的牧人住在山里。史前期在经济上的划分延续到近现代。[35] 就细部而言，这道文化分界却并不笔直规整；在游牧生活主宰的地区会出现几个农业村落。而且，区分游牧民和定居农民的界限同民族分布区并不彼此重叠。在从事农业的洮河流域，汉族村落同讲汉话的穆斯林村庄混杂交错；二者间截然不同的生活方式主要表现在宗教建筑和葬礼的不同方式上。就从事的工作而言，汉族农民和穆斯林农民之间完全一致：他们都种大麦、小麦、大豆、豌豆；都饲养牲畜，为城镇提供木材。甚至在建筑形式上，村庄看起来也非常相似。原因是汉族农民也修建藏式房屋，这是一种两层的堡垒式木制结构，远胜于汉族房屋。在另一方面，藏民也承认汉族式热炕的优越性，并予以采纳。

在临近农业极限的高度（3000米），藏族村民适应环境的卓绝能力变得一目了然。汉族人可以改变自己的习惯，但只在一定限度之内，比如建造不同形式的房屋和穿不同的服饰。但是他们不会轻易地改变自己的宗教传统。藏族人是效忠于拉萨的佛教徒，不过在距离喇嘛教中心如此遥远的地方，他们也信奉当地的山神，在山顶上修建庙宇，祭拜当地苯教的各方神祇。汉族人基本上只祭拜自己的祖先。对汉人来说神圣不可侵犯的坟堆却被藏人视为恐惧之物。他们用天葬的形式送走死去的亲人，将尸骨扔进山涧或是暴露于野，留给秃鹫。

在山谷之上，在西藏高原草木覆盖的山肩地区，是流浪牧人的家园。有些游牧部落建造永久性冬季营地，这是用草皮盖的房子，或是

西藏的白居寺。

第七章　保守与变革：1850—1950 年

西藏的民居。

草皮墙、帐篷顶的棚子。在一年中，牧人们同自己的牦牛（牦牛驮着用来建营扎寨的沉重的黑帐篷）、牛、马、羊要辗转迁移 6 至 9 次。同在谷地中住在牢固的两层房屋中的藏民相比，这似乎是一种栉风沐雨的艰难生活，但是村民们却认为这是一种更令人满足的生活方式，他们更愿意游牧而非务农。

我们对西藏－甘肃疆域引人注目的文化多样性进行了概述，在此之外必须加上喇嘛寺庙。很多群山的谷地中坐落着十多座喇嘛寺院，西藏东北部的男子有大约三分之一住在寺院中。

2. 蒙古

蒙古的疆域是开阔的平原或者起伏的农村。中原王朝因为缺少一道自然疆界，所以修建了人工的长城。长城是为了划定疆界，也是为了防御。长城将汉族国度以及一种定居的农业生活方式同"蛮族"的领地截然划分，蛮族靠牲畜过活，四处游牧。这两种对立的经济形态位于一道起伏的气候界两边：在北边降雨量不足以维持集约型农业，在南边，当风调雨顺时可以维持。集约农业的北部界限通常划在长城以北一段距离。自从 19 世纪后半叶，汉族农民进入游牧民的干旷草原。汉族殖民者在那里定居；所以在那片土地上，"除了天空开阔，距离遥远之外，几乎完全没有蒙古特征"。[36]

率先引起变化的不是农民，而是商人和工匠。后者的服务和商品破坏了游牧经济的自给自足。当蒙古人欠下债款，汉族官员支持汉族商人进行协商，买下蒙古人的土地，将土地全部开放给来安家落户的农民。据拉铁摩尔（Lattimore）所述，汉族农民进入干旷草原的原因不仅是人口压力，还要归功于各省政府积极赞助汉人迁徙。政府宁愿从定居的汉人那里征税，而不愿管理出没无踪的游牧者。[37]

农民改变了大地的景观。在农业区的外部边缘所耕种的是零星地块，但是在向南推进一小段距离之后，便是大片栽种、精心耕作的田地，谷物、燕麦、小麦、大麦、小米、油菜，还有土豆、豌豆、菜豆。同华北平原上的农庄相比，拓荒者所建立的田庄平均面积很大（大约180亩），但是产量不高；在耕种6至8年之后，田地变得更加低产。汉人村落为开阔的蒙古平原增添了新的景色。这些土坯砖造的村庄有高墙环绕，是为了抵御土匪、野兽、恶劣天气。

在黄河北部大几字弯地带存在一种不同的开垦类型。华夏历史的不同时期都将大几字弯一带视为边疆。从战国后期到汉朝，长城修到几字弯以北。秦朝、汉朝、唐朝都在几字弯上建立军屯村落。在黄河从阴山脚下转向东流的这个地区，存在截然不同的地理形态。低矮山脉上被砍光伐尽的坡地、浅浅的咸水湖、沼泽、河套平原上耕种的农田和高耸的沙丘相依而立。几字弯东北角外是个名叫归化平原的地区，* 那里同样是一派沙丘、水流和农田杂处的景观。

直至19世纪下半叶，清朝政府禁止汉人向内蒙古和东北移民。不过在19世纪60年代，排汉的政策有所缓解，汉族移民从山西北部和河北渗入河套地区。为首的是商人们，他们用工业品以换取毛皮和兽皮。紧随其后的是工匠、小贩、穷苦农民。移民们最初定居在归化平原。在19世纪末和20世纪初，又从那里向西进入河套平原。在河套平原，这些人同南来的移民相遇。直到1914年，在内蒙古西部地区汉族人口仍旧不多，居住分散。到了1923年之后，当铁路从北京向西通到了黄河几字弯地区的包头之后，拖家带口的移民和单身汉大量进入这个地区，在河套地区汉人占了压倒优势。[38]

黄河几字弯地区的灌溉农业同干旷草原的粗放农业不同，几字弯地区的主要作物是小麦和小米，此外那里有西瓜地，还种大豆、白菜以及其他蔬菜以及同干燥气候形成鲜明对照，在生长季节这里是无处

---

* 亦称前套平原或土默川平原。——译者注

内蒙古的河套地区，是重要的粮食产区。

第七章　保守与变革：1850—1950 年　| 225

内蒙古草原。

不在的绿色,庄稼和柳树丛的绿色掩映着村庄和农舍,被称为塞上江南。典型的穷人住房,不论是离群索居还是聚在一起,是两个房间的平顶泥屋:一间房作为储藏间、工具间和厨房,另一间是全家人的卧房。景观中引人注目的是富有地主的阔大"城堡"。在无水浇灌的干旷草原上本不应该见到这样的景致,根据斯凯勒·坎门(Schuyler Cammann)的描述,"'城堡'是个大农庄。坚固的泥墙环绕着住房和附属建筑。墙上修有垛口,有步枪射击的枪眼。里面一座高耸的瞭望塔可以巡视土匪的踪迹。同中世纪欧洲人的城堡相比,只在大门外缺少一座吊桥"。[39]

当汉人迁徙到鄂尔多斯沙漠的黄河几字弯地区时。蒙古牧民迁移到更荒凉的牧场上。蒙古人放弃了传统上赖以为生的牲畜绵羊,放牧更强韧的山羊。蒙古包或是"格尔"已很难见到。当斯凯勒·坎门在1945年考察这个地区时,为了寻找蒙古包曾颇费周折。它们躲在阴山的深峡和谷地中。同简朴的"格尔"截然不同的是阔大的喇嘛寺和庙宇。蒙古庙宇远胜于其他景物,是最引人注目的建筑丰碑。在光秃的景观中有些庙宇的辉煌壮丽看来奇异触目。例如百灵庙(Beilighe)由巨大的四方形粉色和白色建筑物所构成,矗立在一个天然高耸的台地上。台地背后衬托寺庙的是阴山山脉切割纵深的红色悬崖。庞大的三德庙(Bayan Shanda-in)延伸在黄沙坡地的背景之下。这里的宗教建筑为藏族风格,不过较小庙宇间或也有汉族式屋顶。大型寺庙建筑是一到三层的平顶结构,单独看来优雅朴素,合在一起便成了引人注目的建筑群。蒙古喇嘛寺周围的土地异乎寻常地荒芜,这是它们和汉族佛寺之间的另一个区别。不仅在喇嘛寺周围没有树木,就是草地也显得十分瘠薄;这或许由于寺庙绵羊山羊过度啃噬所致。[40]

3. 东北

从 19 世纪末到 20 世纪初的数十年间,西藏边疆的汉族村落在一个地形崎岖,彼此阻隔分裂的区域内时进时退。而汉族聚居地在蒙古草原取得了更为决定性的进展,汉人进入干旷草原和黄河几字弯地区。但是过去汉人也曾多次越过长城,就此而言,这并非史无前例。与此相反,20世纪初叶进入东北平原的"洪水泛滥"般的移民潮却是前所未有、引人注目的事件。这是最后一块对农业开放的广阔"处女地",在20年间,大约2000万人到这里安家落户。

东北中部是个起伏坡度不大的平原,大约有35.7万平方公里,四面环绕着森林茂密的山地。虽然就地形特征来说,这片低地是个整体,这里河流走向却各不相同。北部河流注入松花江,松花江向东北汇入黑龙江(Amur River)。南部河流汇入辽河,辽河向南入流入渤海。不同民族住在东北不同的地理区域。西部属于蒙古人(现在这是内蒙古自治区的一部分)。古代,这里也是契丹人的家园,在10世纪时他们曾在中原建立辽国。东北东部和北部大部分地区有森林覆盖,这里住着很多通古斯人民族。女真人和满族人也生活在这个地区,女真人曾建立了金国(1115—1234年),满族人建立了中华帝国的最后一个王朝——清朝。早在至少公元前3世纪,包括辽河下游和辽东半岛的东北南部就居住着汉人。这是欧文·拉铁摩尔所说的"汉人区"。[41] 在文化上辽河下游是华北平原不可分割的一部分。当旅人经狭窄的陆地隘口从山海关向北,或是从山东过渤海进入"汉人区"时,所见到的景观、农田作物、村落形态,与关内大同小异。

似乎令人奇怪的是,在如此长的历史时期汉族定居者基本上局限于"汉人区"之内,没有企图占据东北中部的肥沃土地。而在20世纪初期,对中部边缘地区的缓慢渗透以及对遥远角落的零星进军突然变作移民狂潮。

几点事实有助于我们解释这个现象。一是自然原因:在辽河下游以北,冬天气温越来越冷,作物生长期越来越短。此外,东北平原北部的河流向北奔流,这可能也阻挠汉人迁徙。即使在一个新地区住了很长时间，这些汉人的精神仍旧同南方的山东与河北家乡息息相通。同西方的开拓者不同，中国的边疆移民（如拉铁摩尔所说）"背对"边疆，在心理上始终朝向故土。[42]

离开家乡的汉人对家乡依依不舍。向南方热带地区的殖民在很大程度上是强制性的，政府下令搬迁、游牧民族入侵、内部动乱、起义以及自然灾害周期性地骚扰北方，迫使人们南迁。但是就农业生产潜力来说，南方强过北地。北方边疆不仅在农业生产力上有所欠缺，而且在汉人的头脑中是强横蛮族的领地，是个无树无草、寒风凛冽、孤独无靠、白骨四野的地方。另一个原因是，直到18世纪初人口开始迅速增长之前，在中国北方人们没有强烈感觉到"人口压力"。但是到18世纪时，东北草原已成为供满族人狩猎的保护地，不对汉族农民开放。过去的汉族朝廷曾不时强迫汉人到北部边疆的边缘地带去定居。与此相反，清朝朝廷禁止汉人移民。

可以将汉族对东北的移民视为外部压力所致，压力来自两个新近现代化的国家俄国和日本。早在19世纪中叶，俄国对黑龙江和乌苏里江流域的野心已昭然若揭。针对俄国人的威胁，清政府将哈尔滨以北的肥沃平原对汉族移民开放。俄国人继续进逼，1898年俄国人获得租界权，修建穿越满洲里，通到太平洋港口海参崴（Vladivostok，即符拉迪沃斯托克）的所谓中东铁路（Chinese Eastern Railway），然后将铁路支线从哈尔滨向南修到辽东半岛尖端。俄国人所控制的铁路公司对铁路沿线数公里宽的地带拥有政治经济特权。俄国人大力开发了哈尔滨和沈阳，旅顺港和大连也成为俄国人的港口。在1904—1905年的日俄海战中，日本人打败俄国人，日本在东北的利益因此大增。中东铁路南段被划归日本名下，新名称是南满铁路（South Manchurian Railway）。为了获得巨大利益，日本投重金开发东北资源，包括煤、铁矿、农业用地。东北在日本人控制下发展迅速：修建铁路、开发矿产、为移民而拓展新地区、建立了巨大的钢铁联合企业。

针对日俄对东北的计划以及经济上对中国将会造成的影响，清政府意识到，迫在眉睫的任务是使汉族农民占据这片肥沃而人烟稀少的土地。1907 年，当东北三省同中原融为一体时，朝廷废除了所有禁止汉族移民的律令。铁路将移民从辽河下游运送到人口不多的北部地区。对大量资源进行现代化开发需要人力，与此同时中原连绵不断的灾难使移民似乎战胜了离乡背井的畏惧。东北人口增长迅速，令人瞩目。1910 年所估算的人口为 1500 万，到 1931 年日本人入侵时达到 3000 万。移民顶峰是 1927—1929 年。在这些年中，每年有超过 100 万移民进入东北。[43] 在日本人统治下，人口持续上升，1940 年时达到大约 4400 万。耕地面积增长速度同样迅速：1915 年是大约 1 亿亩，1932 年达到 1.9 亿亩，1950 年时增至 2.57 亿亩。[44] 到 1950 年，所有的肥田沃土已开发殆尽，只有在寒冷的北部和干燥的西部还剩下大片荒地。

东北景观变化很快。沿铁路干道和众多支线建起村落和农庄。移民们在向北推进，进入森林和无人居住的乡野时，顺着嫩江和松花江行进。同华夏中原不同，东北乡村靠出口农产品为生。因此紧靠铁路运输与河流的地方具有很大优势。但是有一种作物价格极高，不需要考虑长途运输的费用，这就是鸦片。鸦片种植在开发北部疆域的偏远地区中作用很大。从松花江下游村落三姓到大河黑龙江，主要靠成功种植鸦片致富。鸦片种植先使汽船因有利可图而增加班次，更为通畅的运输也使栽种更多的小麦和大豆有利可图。

因为政府提供极为优惠的条件，黑龙江沿岸其他偏远之处也住进了移民。在无人居住的乡野中，每隔大约 30—50 公里划出村界，在政府监督下，将建房木材运到这些地方。当移民一到，他们可以马上动手盖自家住房。[45] 移民在西部疆界的扩展占据了放牧的草场。扩散过程同内蒙古所发生的极其相似。商人和官员率先购买游牧者的土地，然后将土地开放给移民定居。当人们向西部迁徙建起新村庄之

哈尔滨随着大量移民的到来和俄国文化的影响,形成了独特的城市景观。

第七章　保守与变革：1850—1950 年

荒蛮的东北早已经被改造成丰饶的农业产区。

后，原有的村庄便抛弃不用。有时候人们放弃较肥沃的土壤搬到干燥地区较瘠薄的土地上。在新地区，农庄比原有的扩大数倍，而且搬走的农民卖掉已开发的田地可以赚取利润。

所栽种的庄稼和庄稼分布状况反映了市场需求和气候作用。我们已经提到种鸦片获利。其他供出口的作物还有俄国人引进的甜菜和日本人培育的、极受欢迎的大豆品种。在东北平原北部，大豆最为重要。大豆比高粱更耐寒，生长期更短。在东北南部，高粱是最重要的作物，种高粱的适宜气候需要至少150天无霜期。在半干旱的西部地区，耐旱的意大利小米首当其冲，春小麦开发了北部地区。为适应东北北部极度严酷的气候，人们试验各种小麦以便找到最顽强的品种，并且尝试特殊耕作方法。为了在春天将东南强风造成的土壤侵蚀降到最低，农民在开阔田地上开出与风向平行的垄沟。[46]

四　西方影响

中国景观是对中国文化的物质表现。到目前为止，外来影响不仅丰富了中国文化，也丰富了中国景观。但是在任何阶段，这些外来之物（在绝大多数情形下）都没有强大到足以扭曲中国文化形态，并改变文化发展方向。佛教是个例外。佛教为中国思想增添了新层面；而且佛寺率先为旅人提供住宿，为穷人提供医护，从而丰富了中国公共设施。再者，由于引进诸如寺庙和佛塔，佛教为华夏景观添加了新的建筑要素，并最终成为中国文化传统的一部分，甚至成为其实质性成分。建造精巧的佛塔同中国景色如此和谐地融为一体。

在19世纪，中国受到另一种外来思想和生活方式的冲击。同过去的佛教不同，这种新文化有巨大的经济军事力量作为后盾。这种文化不是要增加新因素，而是威胁要将中国传统文化取而代之。它将无法融会贯通的成分引进中国景观。

我们已经提到这种力量在东北所造成的变化。景观中出现了新要素，包括铁路、俄式城市哈尔滨、商业化农场、煤矿以及机械化重工业。但是新技术和新精神对中国渗透的起点并不是大陆疆界而是沿海。由于在沿海无力抵抗英法进攻，中国的软弱无力暴露无遗，从而鼓励了俄国人的贪婪野心。在中国沿海边界，咄咄逼人的西方文明在最初的租界口岸扎下根来。同过去不同，新的输入显然是在武力保护下进行，入侵者不仅宣布自己在军事上战无不胜，而且对衰落的主人也具有文化优势。中国在1840—1842年同英国的战争中屈辱地失败，签订了《南京条约》，对外国商人开放了上海、宁波、福州、广州、厦门等通商口岸。通商口岸是西方商业主义在中国最初的立足点，它们先在沿海地区扩散，然后顺长江进入内地。到19世纪末，中国已经有40多个通商口岸。

1. 早期工业化

清朝政府对西方炫耀武力的反应十分暧昧不明。一方面，朝廷重申儒家传统至高无上，另一方面，也承认西方挑战，做出微弱努力发展现代兵工厂；还扩展基本工业支持军事工业。早在1855年，就在江西建立了小型兵工厂。1865年在上海开始的工业规划最终生产出小型军舰、步枪、大炮、火药、子弹。朝廷意识到防御需要现代运输、通讯以及附属工业，于是着手建立汽船公司和电报线提供现代运输和通讯设施。接着顺理成章地于1877年在直隶（今天的河北省）开发煤矿，为新设立的兵工厂和汽船航线提供燃料。为了将煤从矿井运到合适的港口而修建了中国第一条铁路。1887年在黑龙江流域开发了一个金矿，其产出是为了帮助支付李鸿章的西方化规划。李鸿章和武昌总督张之洞（1837—1909年）着手兴办纺织厂，出产棉布供给军队并支付其他工程。张之洞在中部汉阳开办钢铁厂，为兵工厂提供原料，并为连接北京和汉口的铁路干线生产铁轨。在沿海省份的主要城市逐渐开设了面粉厂、棉纺织厂、缫丝厂,并建立了其他消费品工业。[47]

2. "南满工业景观"*

同日本在同一时期所付出的努力以及所取得的成就相比,中国工业化进程可以说是杂乱无章,半心半意。煤矿、钢铁厂和食品加工厂零星分布,并非大批涌现。而且国家工业布局并不平衡。机械工业主要集中在沿海地区,尤其聚集在繁荣的通商口岸周围。

在第二次世界大战之前,中国只有一个地区可以称之为具有一定规模的"工业景观",这就是东北南部(南满)。**这是日本人的殖民成果。虽然东北南部绝非中国矿产资源最丰富的地区,但这里一度生产了中国"一半的煤,三分之一的铜,十分之九的钢,以及大部分铅、锌、铝和镁。这里也集中了国家绝大部分重工业"。[48] 辽河下游具有工业景观的以下要素:这里有一个以沈阳为中心的铁路网,实际上这是中国唯一的铁路"网"。几个虽然小但是高产的产煤盆地为数个工业中心提供原料。沈阳以东的抚顺是中国最大的煤矿,露天煤矿造就出长约6.5公里,宽约1.5公里,深150米的巨大坑洼。在鸭绿江附近的东边道,***沈阳到安东(今丹东)的铁路沿线庙儿沟、鞍山发现了中等质量的小片铁矿,并进行开采。工业使用当地铁矿石和来自抚顺和本溪的煤。鞍山成为世界上十数个最大的钢铁中心之一。生铁产量从1932年37万吨上升到1943年172.5万吨,占东北总产量的

---

*　在亚洲国家中日本最先接受西方化思想,取得工业化和现代化成功。因此作者将日本归入西方影响的章节进行讨论。——译者注

**　应该指出的是,对于中国人来说,东北工业在20世纪三四十年代的高度发展无疑也伴随着巨大的灾难。——译者注

***　东边道是清朝在东北东南部建立的一个辖区,泛指沈阳"柳条边墙"东边的边疆地区。此辖区延续到日伪统治时期。——译者注

78%。除了鞍山以外，在东北东部高地还有另外两个工业中心，一个是本溪，另一个是东边道。这两个地方也使用当地煤铁资源。[49]

3. 都市制造业

除东北南部之外，中国钢铁生产的规模不大。我们已经提到其中较著名的汉阳铁厂，为张之洞所创办，位于长江中部流域。尽管交通便利，当地铁矿储量丰富，汉阳铁厂从未兴旺发达。比起需要大量资本投入的重工业来说，远为成功的是食品加工、纺织业、其他消费品工业。这类工业不需要巨大厂房，对机械化要求不高，可以利用城市中大量廉价劳力和难以饱和的市场。除了东北三省之外，二战前中国工业化基本发生在沿海城市。城市制造业发展始于第一次中日战争结束以及1898年签订的马关条约。条约允许所有外国人在中国兴办工业。日本人、德国人、英国人、美国人在通商口岸开设众多工厂，此时上海经历了第一次工业繁荣。因为战争减缓欧洲产品流入中国市场的速度，一战时及战后民族工业再度繁荣。[50] 到第一次世界大战结束时，上海大部分工厂已控制在中国人手中。远远超出其他地区，这个城市成为中国制造业龙头。全国使用机器的工厂有一半是小型企业，开设在私人住宅和民居中，只需将房屋略加修整就可以使用电力驱动的机器。工人们住在厂里，极其拥挤。有些极小的企业只有一个房间。[51]

4. 通商口岸

西方对华夏景观最显而易见的影响在于通商口岸，外国人自然而然地聚集在那里。在他们的努力之下，小小的西方飞地嫁接到中国沿海地区，同中国人拥挤的城市只有咫尺之遥。外国人将自己安置在租界中，在那里修建住宅和高大的商业建筑；住宅充满感情地模仿自己国家中理想家园的风格，商业建筑则少有中国情调。当中国将自己向外国商贸开放时，很多沿海城市比12世纪和13世纪时还要小，衰败破落，完全失去了使诸如马可·波罗和和德理神父这样的早期欧洲旅行者印象深刻的活力和风采。城市仍然被千疮百孔的城墙所环绕。南方城市街道狭窄拥挤，气味难闻；北方城市街道宽阔，灰尘遍地，两边是泥土房屋墙壁斑驳。与此截然相反的是欧洲人街区，那里洁净卫生，令人向往。起码欧洲人这样认为。

在19世纪末，天津的比利时领事将租界中的欧洲城同古老的中国城市加以比较。在欧洲城里，"街道有煤气灯照明，打扫整洁，碎石铺垫，街边是树木和灰砖建造的欧式房屋……总体上像是一个小小的省城"。走出欧洲城到达中国人居住地界之后，对比令人吃惊："一边是秩序，清洁，很少车辆；另一边是污秽，无序，拥挤和噪音……"[52]

西方商贸企业最独一无二、引人注目的见证是上海外滩（Bund）。外滩上高耸着一片石质建筑，这是大银行、保险公司和资金雄厚的公司的总部。这片建筑是一道雄伟的风景线，耸立在黄埔江边宽阔的林荫道旁。1893年时，虽然富有的公司已经在那里建立了一些令人瞩目的建筑，这道摩天大楼的帷幕尚未拉开。那一年是外国租界建立50周年的庆典，一位英国传教士激动地说：

> 在全中国，上海是我们高雅文明和基督教影响的中心。我们置身于一个骄傲的民族之中，中国人偏爱自己的古代传统。我们将什么东西引进了中国，可以利人利己呢？比如说我们在这里建造的房屋。……这同我们所知的典型中国房屋多么不同啊！重要的还有美丽的"商行"进行商业交易；尤其值得一提的是以公正平等处理法律问题而独具一格的最高法院，这和我们在其他地方见到的司法制度截然不同。[53]

通商口岸的发展整体来说比其他城市迅速。它们之所以被挑选，

第七章　保守与变革：1850—1950 年

外国文化的输入改变了中国城市和乡村的景观。广州圣心石室教堂。

上海外滩，密集的西方建筑形成了典型的租界景观。

首先是因为这些地方开阔便利，交通条件优越。外国商人引进了贸易，再加上租界内治安较好，同时在执行法律时灵活宽松，这吸引了中国商人搬进租界。但是在工业发展之前，租界人口增加缓慢，时有波动。例如，直到1895年上海完全是个贸易城市，人口从未超过50万。1895年之后因为制造业发展，人口迅速上升，到1936年时上海号称人口350万。外国人从始至终都只占总人口的一小部分。比如说上海的国际租界在1935年有112万中国人，占租界总人口的99.5%以上。[54] 但是不论直接还是间接，西方人对城市租界景观的影响比中国人还大。我已经提到"全无中国情调"的外滩和那里的摩天大楼，还可以指出黄浦江沿岸现代化大造船厂，法租界的林荫路和路旁呆头呆脑的西式住宅。与此相反，国际租界非常拥挤（人口密度为一亩地50至80人），工厂林立。这里没有宽敞的厂房，而是一排排被里弄隔开的小作坊。卫生状况只在起码水平。在一个平常年份，当没有大量饥民流入城市避难时，上海租界当局仅仅从租界就收拣了5590具暴尸街头的尸首。如果说在租界中卫生状况只在起码水平，那么分布在租界外面的那些令人震惊的贫民窟则全无卫生可言。100万人住在肮脏的棚户区中，棚子用竹子糊上泥修建，没有自来水，没有电灯，没有排水设备，没有下水道。即使是在法租界，精美住宅和清洁街道给人的体面高尚印象其实也名不副实。因为在有钱的外国人和奉公守法的中国居民身边聚集着很多有钱的中国罪犯，他们凭借法国租界当局松懈的管理而牟取暴利。

不可能只用只言片语就描绘出上海在20世纪30年代的氛围。极端的世界主义是要素之一，高级酒店职员必须准备用六七种语言接待宾客。极端贫困和极其富有是另一方面，在寒冷的晚上，为了走进温暖豪华的顶级餐馆，客人可能不得不跨过乞丐们挡在门前的身体。对金钱的崇拜和完全的寡廉鲜耻在上海似乎不仅只是言辞，当人们走在上海拥挤的五颜六色的街道上，这成了可以吸入、可以嗅到、可以碰触之物。上海使人明了，在评价伟大艺术品时，"激烈""结构丰富""令人激动的声响和颜色"是赞叹之语；但是如果一个城市要成为适于居住，合乎人道的地方，它必须努力，而不仅仅是这样光怪陆离、异乎寻常。

5. 现代化城市对乡村的影响

洛兹·墨菲（Rhoads Murphey）在他关于上海的书中，认为这个城市与周边乡村之间的界限体现了世界上最剧烈突兀的变化：

> 在1941年时，还可能在三四个钟头之内从外滩的中心走到乡野农田中。二者距离不到16公里，在城市中的任何高层建筑上都可以清楚地看到稻田和农民的乡村……传统中国几乎毫无间断地延续到外国租界门外。[55]

这道鲜明界线给人的第一印象是，同其他通商口岸一样，上海对周围乡村影响不大。这当然是一种错觉。在中国，西方化的沿海城市并没有使触手般的公路、铁路、郊区延伸到乡村。同内地的联系基本上是通过穿梭的小船，它们行驶在蛛网般密布的漕渠河流之上。城市中可能铺设了供汽车来往的道路网，但是道路在城界便戛然终止。虽然上海在1936年时有350万人口，却只有两条铁路，路况良好的道路很少。在另一方面，上海有绵延不绝的小水道，还有长江。上海对周边内地的影响是强化土地利用。紧挨城市的农田带为市场种植蔬菜，外面一圈种水稻。城市取之不绝的粪便使精耕细作的农田可能持续维持高产。城市中的工业需要原料。上海的棉纺厂和丝厂促进了江苏省的棉花种植和三角洲上众多小村庄中的蚕丝生产。

但是在超出邻近地区之外，城市对乡村的冲击程度显而易见取决于交通便利与否。上海之于其他城市的优势在于它能够相对容易地联系一个广阔的市场。但是这种优势是相对的。水路受制于季节性变化,沿长江运送食物如超过宜昌,或是沿长江支流的范围,要冒很大风险。因此在主要水路无法到达的乡村,城市冲击微乎其微。在水运干线不多或是根本不存在的地方,城市影响周边地区的范围取决于公路和铁路质量和长度。当时中国铁路分布极其稀疏:10 万人只有 3 公里铁路,在印度,有 18 公里,在美国有 418 公里。[56] 显然铁路运输对乡村的影响可以忽略不计。至于说公路,20 世纪 20 年代对道路总里程的统计数字各不相同,最低为 14400 公里,最高达将近 56000 公里!测量人员对区别汽车道同牛马拉车的小路标准的掌握显然宽松不一。在 1920 年之前,经过改建而适于汽车行驶的公路主要位于北京、青岛和其他通商口岸附近,或许不超过两百公里。在 1920 年之后,筑路速度大大加快。公路上主要行驶着摇摇晃晃,蹒跚行进的公共汽车。但是无论如何,尤其在乡镇之间旅行,汽车极得人心。同乘坐老式马车相比,公共汽车不但快很多,而且便宜安全(较少遇到土匪袭击)。

现代交通对乡村经济和景色产生了什么样的影响呢?如上所述,可以将乡村描述为错综连绵的集市区,在每个集市区中,数个村庄围绕着一个集市中心。从每个村庄都可以不费力地步行到达位于中心的集市。现代交通和现代工业对乡村的直接影响之一是强化了原有的集市体系。[57] 市场面积扩大了,赶集的日子增加了,新的集市中心建立起来了。远在公路到达较大集市之前就已经发生了变化。现代化城市将商业化浪潮连绵不断地向自己的贸易区内输送,远在道路网络延伸到乡村之前,商业化浪潮就到达了这些地区。村庄和它们的小市场做出反应,强化自己的活动;如果必须建立新的市场来应对,那么城市周围市场区的规模实际上可能缩小了。但是当公路延伸到较大市镇时,同没有大路的小市场相比,这些较大市镇就具有了优越性。村民们发现沿公路到达大市场同沿弯曲小道到小市场所用时间相同,小市场便衰落,最终消失不见了,大市镇成长为现代化贸易中心,其贸易区扩大延伸。根据施坚雅的理论,[58] 城市中的现代化(比如说通商口岸宁波)就通过这样的进程,平稳改变了周边乡村的经济景观。

三峡地区一座座横跨江面的桥梁也大大改变了原来的景观。

第八章　1950年后的意识形态和景观

共产党领导下的中国提供了引人注目的例证，说明对全新社会价值观的拥护可以何等迅速地改变国家面貌。在非西方世界，变化本身也司空见惯。在传统建筑近旁出现了摩天大楼，国际贸易公司商行侵入沿海城市，现代交通网络扩展到内地，其影响逐渐渗透到恪守传统的乡间，渗入乡村赖以为生的经济形态。上述种种是西方技术和商业观念对世界逐步渗透的表现。渗透过程始于有所选择的地点，通常在沿海地区，沿现代交通干线扩展。城市是新冒险的中心，它们首先臣服于外来影响，变得同恪守传统方式的乡村极其不同。

在过去一百年中，中国发展了两种不同的经济形态和景观。它们的重要特色并非绝无仅有，因为这些特点乃是工业化不发达国家所共有。在过去20年间中国所发生的变化更为独具一格，因为农村的变化同城市一样剧烈。变化的过程不是通过几个点和线，顺应经济规律缓慢渗透，而是遵循理论的革命性改变；一种本质上的意识形态性力量可以将其影响迅速推及整个国家的社会机制。中国案例的独特之处不是因为她从一个社会形态迅速转变为另一个社会形态，而是因为转变发生在一个巨大、落后、人口众多的国家中。有理由相信这类巨大变化会在华夏将来的发展进程中留下永久性印记，但是否理论所指引的变化能够持续却是个悬而未决的疑问。

一　农村改革：打破私有传统的集体农业

在关注景观中的新特点之前，我们需要首先讨论中国农业社会转变的不同阶段，这些阶段发生在 1949 年至 1960 年代中期之间；新政府于 1949 年在北京建立，在 60 年代中期，"大跃进"的狂热至少暂时有所消退。在新政权建立之前，中国基本上是个土地极其细分的国家，农庄平均面积只有 20 亩出头。土地租赁状况各地不同。在北方，76% 农民只耕种自己的土地，不租种别人的土地，而在南方这个比例下降到 38%。对于农民来说，生存的基本资源以及确保安全的首要资料是土地。他们对自己小块土地的深深依恋既出于需要，也基于情感。到 1958 年末，中国完全变成一个人民公社的国家，每个公社的平均面积超过 195 平方公里。农民失去自己的土地，在一个经济单位中做工（公社）。这个经济单位可能包括几千个农户。他的经济安全不再依赖于个人对土地的占有，而是由他在这个扩大的社会团体中的成员地位所决定。

因此在 1949 年之后的第一个十年中，变化是革命性的。第一步是重新分配 6.8 亿亩农田，这很快就赢得中国 3 亿无地少地农民的支持。如果中国有很多大地主，在监工管理下由成群结队的雇工耕种，那么对土地全盘重新分配会在农村造成巨大变化。但是情况完全不同，不需要将田连阡陌、无人耕种的大地产加以分割。中国南方的土地占有极其细碎，即使是地主可能也只有 120 到 180 亩土地，他们的大部分土地分成小块，租给佃农。在绝大多数情况下土地改革意味着将地契转给小农，对地界进行细小的修正。作为一个阶级，地主消失不见了。佃农和无地农民终于可以心满意足地耕种自己的土地了。这虽然是个巨大的社会改革，但是对景观的影响微乎其微；中国仍旧是个土地细碎分割的国家。

当土地改革结束之后，互助组运动立刻接踵而至，一个互助组包括 5 至 8 户农民。劝说组里的农民在农忙季节换工，一般来说是协调管理农业活动和非农业活动以便那些劳力富裕的农家和劳力不足的农家互补短长。这个阶段对景观的影响也不大。下一步是将较大村庄中所特有的固定社区组织成农业生产合作社,每个合作社通常有 30 至 40 户。合作社的成员同意将土地合在一起,按照某种基本规划一起劳动,以便达到政府所颁布的指标。这个步骤对景观的影响是将极为细碎、以不经济方式占有的土地连成一片。到 1955 年末,63% 的农户加入了合作社。从 1956—1957 年,除了村庄极小的地方,在大多数情形下初级社按村庄巩固成为高级社。土地成为集体共有财产,对原来的地主们无需交纳地租。但是农民保留自留地、牲畜和小型农具。[1] 由于高级社按照以前村庄的地域进行组织,集体化的后果之一是加强了村民的地方主义。到 1958 年夏天,华夏大地共成立了大约 75 万个高级社。[2]

在传统中国,村以上的社会经济单位是以小市镇为中心的市场区。一个市场区平均辐射大约 18 到 20 个当地的村庄。在城市附近土地肥沃地区,市场区的面积不到 26 平方公里,在山区或是干旱地区超过 130 平方公里。在 1958 年"大跃进"中,政府规划者大大超越了当地的市场社区,他们人为规划设计的单位比市场区几乎大 3 倍。合作社迅速地合并集中,建立了 24000 个人民公社。人民公社大小不一,在非农业生产的北部和西北部地区公社极其巨大,在从事农业的区域内平均面积为 200 平方公里。至于每个公社的农户数目,在非农业区不到 1700 户,但是在人烟稠密,富饶的东部省份却超过 8000 户。[3] 为什么规划者所设计的人民公社比当地市场区大这么多?原因之一可能有关意识形态,试图打破传统中国农民、小商贩、工匠狭隘的社会经济观念。但是把建立在传统社会经济单位村庄之上的合作社迅速转化为大而无当、靠人力维系的公社,对经济造成了很大损失。由于无法按 1958—1959 年的规模维持公社,1961 年对公社进行切割划分。到 1963 年,公社的数目增长到 74000。[4] 正如施坚雅所指出,这个数字的有趣之处在于它同当地市场区的总数大致相等。在共产党的中国同其他地方一样,意识形态有时不能改变距离和市场法则。

在农业初级社时，开始对土地占有进行集中，在集体化的高级阶段，这个进程持续进行。在平坦的华北平原上，景观展现出新的几何形状。小块田地消失不见。作为地产疆界标志的灌木、树、沟渠被犁平，同时消失的还有田间的众多小径；在田地上曾一度同生者的迫切需要一争短长的墓地也不见了，随之而去的还有遮阳挡雨的美丽树木。农田不再是一片东拼西凑的布块，每块地上长着不同的庄稼，不再是一块五颜六色的调色板，展现出褐色、黄色、深浅不同的绿色。现在我们看到的是伸展到地平线的广阔连绵的麦海。华北平原上的村庄彼此相距不足2公里；虽然村落仍旧分散，却将较小的村子合并成立高级社。在中国南方，农村景色变化称不上地覆天翻。这里的坟堆和村庄坐落在山坡上、干旱的台地上或是堤坝上，并不侵占良田，所以无需进行搬迁。虽然将田地合并了，但是在地形崎岖不平的南方地区，田地仍旧显得支离破碎。分割的地块并不反映土地占有制度，而是由于稻田用水需要适应于自然环境，山坡上小块水稻梯田无法进行机械化耕作。不过在南方和中部平原以及三角洲上可以集体劳动并使用简单的机器，那里的田地确也连成一片，虽然所发生的变化不如北方那样彻底。

济慈·布坎南（Keith Buchanan）在1964年访问了珠江三角洲。他对当地4个公社的叙述使我们得以窥见华南农村和郊区的生活状况。此时1958年的狂热理想已让位于来自经验的更平实、更脚踏实地的规划。广州的人民公社大小不一，小的有2.4万亩土地，大的达到30万亩。最大的发东公社*位于三角洲平原崎岖不平的边缘地带，人口密度最低，一人有6亩地。就4个公社的平均数而言，每人1.2亩地。虽然有一小部分人从事工业生产，或是靠海外亲属的汇款改善

---

* 本节所有公社名称根据音译。——译者注

生活，其余 90% 的人口靠种田打鱼为生。"只有靠最精打细算，劳动力最密集化的庭院式耕作，利用所有田边地脚，熟练进行轮种（如果种菜，一年产菜 6 至 8 季），才能够养育如此稠密的人口"。[5] 人民公社最令人瞩目的成就之一是有效控制和利用水力资源。在这一方面中国人显示了驾驭自然的能力，显示了在最为有限的现代机械和技术手段协助下，在短时间内改变景观的能力。例如新角公社以前常受珠江洪泛之害，但是在 1959—1960 年期间，公社建起了一座大坝，使 36000 亩土地免受洪水之害。这个建筑规划需要移走 70 万立方米土方。[6]

在人民公社成立后的数年间，取得的另一个成就是通过下列措施提高作物产量：大量使用传统"自然"肥料，增加化肥用量（虽然使用量仍旧不大），引进改良的种子，利用诸如降低沟/埂比例这类新技术。

第三项成就是乡村电气化以及随之发展的乡村工业。靠小马达发电的乡村工业遍布农村，工业生产一般来说在公社的直接控制之下。工厂作坊生产各式各样产品，包括管道、瓦、饭碗、茶缸、简单的农业机械、车辆和拖拉机的小零件。

但是在 1964 年，私有制和自留地并没有完全消失。大部分家禽饲养和部分养猪业仍旧归各家各户。自留地面积为每户平均 5 分，共占总耕地面积大约 4% 至 5%。这些自留地"见缝插针，位于田边地脚和水库边上，确实，它们挤在所有可以发现零星耕地的地方"。[7]

二　两个村庄的变迁

我们可以用两个村庄来说明，新政权前后当地生活和景色所发生的变化。一个村子位于陕西北部干燥的黄土高原上，另一个在长江流域，位于潮湿的三角洲。瑞典记者麦戴尔（Jan. Myrdal）考察了一个叫刘陵（Liu-ling）的村子*。1962年时他在村里住了一个月，同村民接触频繁。他的书《来自中国乡村的报告》(Report from a Chinese Village) 细节生动，讲述共产主义革命对一个小村落的影响。但是他笔下的细节却无法使人再现过去的耕地类型和土地所有制度，并说明在1949年之后如何按照中国社会经济信条对土地类型和制度进行改变。他的叙述是人们通常在精彩小说中所读到的，是关于个人的遭遇，但同时也阐明了独特的时代事件。

在1962年，刘陵是个有52户人家的小村落，[8]坐落在土地肥沃，底部平坦的小山谷中，那里具有典型的黄土地貌。垂悬于黄土上的山岭遍布深深的冲积沟，产生了戏剧性的雕塑式景观。人们住在窑洞式房屋中。在山边的黄土地块中和谷地的坡上挖掘窑洞，建成了一个多层次的村庄。主要的出产是小米和冬小麦。冬季寒冷、干燥、灰尘遍地。冬小麦时常因霜冻而受灾。干旱、霜冻、冰雹终年不断地威胁村民，歉收年成屡见不鲜。大自然的变化多端和土地不足使农民本来已经极端困苦的生活更加难以忍受。即使在丰收之年，土地收成也仅够糊口。在过去，穷苦农民可能只有10亩地，这是些高山上的瘠田薄土。有的农民有100亩地。如果在中国南方，对于地主来说这也是片大地产。但是在陕西北部，如果这些田地细碎四散，地点偏远，而且不是谷地中的肥沃田土（谷地中粮食收成几乎有山坡上的10倍之多），100亩还不够一家人糊口。大的土地所有者有600亩之多，既有谷地中的好田，也有山坡上的薄田。[9]

在土改和合作化之后，山谷中四分五裂的田地合并成大块耕地。可以更经济地利用，由生产大队负责耕作。虽然谷底拼缀被面般的景观变得简单划一，山坡上不论集体占有的土地，还是各家自留地，仍

---

* 村名亦根据音译。——译者注

然杂乱分裂，这是出于自然条件的限制。1962年时允许农民在收工后利用业余时间开垦自耕地。甚至在谷底的好田中也有自留地，但是同用拖拉机耕作的集体大田不同，自留地只是些田边地脚。刘陵农民每人可以在山谷中占有4分自留地。[10] 农民在自留地上种蔬菜、甜瓜和烟叶。刘陵的社会结构发生了革命性变化，这清楚地表现在景观之中，但是一年到头循环往复的活动基本保持不变。只要村民们仍然靠农业为生，只要机械化程度始终不高，农业生活的传统节奏，包括传统的节日庆典，将持续下去。

开弦弓村是太湖以南长江三角洲上的一个村庄，距上海大约130公里。社会人类学家费孝通在1936年考察了这个村子，其《江村经济》(Peasant Life in China) 就描述了他的发现。自从1939年出版之后，此书成为社会学中的一部小型经典之作。1956年澳大利亚人类学家戈迪斯（W. R. Geddes）非常短暂地访问了这个村子。由于时间不足，他所搜集的资料绝非包罗万象，可能也并不完全准确，但是价值很高。因为他告诉我们在这重要的20年间，这里所发生的各种革新变化。饶有兴味的是，在1936年费将开弦弓视为中国众多村庄社区中的一个，"它正在经历巨大的变化"。[11] 费着手研究的不是一个古雅且停滞不前的村庄，而是个开始回应国际市场波动的社区。但是当戈迪斯在1956年访问那里的时候，他是村民们记忆中见到的第一个欧洲人。虽然村子离上海很近，却仍旧处于地理上非常孤立隔绝的状态。在1956年时那里没有汽车道；到达村子最快的路线是从震泽集市搭乘汽船。

开弦弓村是散落在三角洲上数千个村庄中的一个，这些村子彼此相距2至3公里，数十个村子中有一个市镇。乡村的农产品在市镇上出售，城市的工业品也在市镇中购买。1935年时开弦弓村的总人口是1458人，分散在360户人家中。[12] 包括田主和租户在内，村民们一共耕种不足2800亩土地。这说明每户人家平均只有耕地7.2亩，还不足以供养一个3至4口之家。90%的村民占有土地不足9亩。很多人

民国时期的开弦弓村。

第八章 1950年后的意识形态和景观

民国时期的开弦弓村。

现在的开弦弓村。

家有剩余人口，却土地不足。他们租种田亩，成为佃农。主要的作物是水稻。冬天在排干水的地里种麦子和油菜。典型的田地是大小不一的浅茶碟形泥地，面积从几十亩到二三百亩不等。田地被田埂和排水的沟渠分成小地块。属于一个农民的细小田产包括田地中四散的小地块，甚至于地块的某些部分，一个地块可能只有几十平方米。如前所述，不论土地极其细分的原因何在，在旧社会制度之下优点是可以确保一个农民所占有的田块位于土地的不同部位，至少有些可以先得到浇灌并在冬天先将水排干。

在1956年开弦弓村的人口是1440人。所以在20年间村里的人口不见增长。每户人口与以前相同，平均仍为4人。1935年时村里儿童中男性多于女性，二十年后这个倾向更加严重。在过去，限制子女数目和维持不平衡性别比例的手段是堕胎和选择性弑婴，虽然现在政府雷厉风行予以禁止，可以设想这些手段仍持续发挥作用。不过食物供应却令人瞩目地有所增加。据戈迪斯统计，粮食生产比1935年提高了25%。[13]

开弦弓村可以见证农业合作化的早期阶段，对此我们已经讨论过中国的整体变化。土改和实验性互助组之后，农民将自己占有的土地合在一起，成立了合作社；到1956年时，村里建立了高级农业生产合作社或是集体农庄。开弦弓村的土地同另外两个较小村子的土地合在一起。1936年时每个农户有3至7块田土，有时从一块地到另一块地，农民要划船走20分钟。

集体所有制的严厉措施一劳永逸地解决了浪费时间、浪费精力、浪费土地本身的问题。土地私有制下对人力资源的浪费是由于土地细分，虽然很坏，却无法摆脱。集体化之后农民有时间开垦以前被水淹的土地；由于拆除了分割私田的田埂和通往它们的小径，耕种面积有所增加。可能同预期相反，在集体所有制下对土地利用更加强化。直接原因之一也是由于节约了时间和精力。稻田要犁3遍耧6遍；比起

1936 年，用河泥施肥变得更为流行。而且，到 1956 年时在较大的田地里可以用水牛拉犁耕田，而在 20 年前人必须用四齿铁锄在他的袖珍田地中做一切工作。此外，昔日缓慢费力的脚踏水车已废弃不用，1956 年时所有稻田都使用马达驱动的水泵灌溉。[14]

三　植树造林，土壤保护，兴修水利

森林只占中国面积的 8.5%。三分之二的林地位于东北、西南等不太易于进入的偏远地区。国家木材储存总量不足 5.4 亿立方米，只够延续 35 年。为了保护森林以便满足将来对木材的需求，国家在 1955 年底宣布了一个规划，号召在将来的 12 年间栽种大约 1.05 亿公顷树木，以便森林能够覆盖中国总面积的 20%。早在 1953 年时，林业部制定了一个文件，设法建立组织对天然林地进行火灾控制，并在丘陵和荒地上开展强有力的植树造林运动。到第一个五年计划结束时（1957 年），中国宣布植树造林面积为 1000 万公顷。[15]

在植树运动最初的奔涌热情中，最雄心勃勃的计划是在北部和东北部的半干旱地区建立一道"绿色长城"或是防护林带，即三北防护林。西段是大致沿着长城，从西部边陲酒泉东至陕西的榆林，栽种一道 1600 公里长的林带，平均宽度为 1.6 公里。另一片林带位于东北平原的边缘，呈马蹄形。虽然防护林带穿越各种土壤和气候，不利于树木生长的主要因素是缺水。因此这个计划中只选用少数几种树木，主要包括坚韧易活的杨树、榆树、柳树、沙枣树。东北的林带有 30 至 45 米宽，彼此交错形成菱形围地，每片围地面积大约有 100 平方公里。在大片林地中又依据树木的抗风能力分成小片，对某些地区加以进一步保护。在陕西北部和甘肃的一些地区，防护林带主要是为了固沙，那里的林带面对沙漠，形成 1.6 公里宽的坚固屏障。[16] 但是这个大胆计划能否成功，尤其是种在内蒙古干旷草原上的树木能否根深叶茂,仍前途未卜。

第一个五年计划末期,在大约 1.68 亿亩土地上种下了树木,仅在 1958 年一年中,全国性的植树造林运动就栽树 4.14 亿亩。同在半干旱边远地区中声势浩大的防护林带规划相比,华北平原和南方的植树主要是小规模的渐进工程。每个公社的森林大队在村庄周围、在城市中(甚至将新建的市镇变成了绿洲)、沿公路河岸、坡上坎下,种下亿万株树木。到 1959 年 4 月,又栽种了 2.34 亿亩树苗。济慈·布坎南在 1960 年报道说,从空中俯瞰,新栽的树木绵延在中国南方一度光秃的山岭之上,就像"一片绿雾"。仅仅十年中,一个国家的植被覆盖面积就可以大大改观。[17] 但这是对大跃进的一种极端乐观主义看法。1959 年到 1961 年的大旱年头导致饥荒,提醒中国人征服自然并非轻易之举。政府开始关注植树造林中徒劳而不科学之处,某些地区中新植树木长势不佳。自 1960 年,开始采取措施提高植树造林工作的质量,并强调维护照管现存的种植园。

中国这片土地在超过 3000 年中抚育了华夏文明。为了恢复和增加土地生产力,植树造林、土壤保持、兴修水利是三位一体,密切相关的努力。作为一个整体,这些措施在历史上以独一无二的规模和速度改变了景观。中国最严重的土壤侵蚀发生在半干旱的西北部;在沙丘移动,风暴席卷的干旷草原上;在沟壑纵横,狂雨席卷的黄土高原上。栽种防护带是为了在开阔的鄂尔多斯地区固沙和降低风速。在地形多变的黄土高原上需要采取不同措施来解决土壤侵蚀问题。在暴露的缓坡上顺地形挖掘小坑,主要种植榆树和杨树。在坡度超过 25 度的山坡上需要使用几种简单但是耗费人力的办法,比如说挖半圆形坑或是鱼鳞坑,挖双垄沟,修缓坡阶梯,掘水平沟。有时在这里栽种果树,包括苹果、樱桃、栗子和枣树。在沟渠倾斜的岸上,在那里松散的土壤中可以种蔬菜。在数百年之中,黄土丘陵的低坡上已毫无例外地全部开成梯田,种上庄稼。在低矮的山上,梯田可能直达山顶，看来像是人工建造的阶梯式金字塔。为了最大限度利用土地，中国人甚至试图在为保持土壤而环绕黄土梯田的围墙上，以及在紧靠墙下的沟渠中栽种果树和灌木。[18] 在中国南部也使用类似的方法来防止土壤侵蚀，但是总的来说不如像北方那样尽心尽力。可能在山坡上开辟 1.2 至 2.4 米宽的简易台地，在上面散乱或是成行栽种树木。

据称中国人民在 1949 年以后的 12 年中，修建了超过 100 万个小型水库和池塘，挖掘了 900 万口水井，修凿了新的运河和蓄水池，将水浇地增加了 7.2 亿亩。[19] 毫无疑问，在解决年代久远的水利问题方面，中国已经取得了重要的进展。一位新西兰地理学家谈论"迅速扩散的小型工程"，它们"在全中国都使旅行者震惊，尤其在南方更是如此；从空中望去，广西和广东闪烁着不计其数的人造水面"。[20] 但是很多较小的灌溉设施证明设计低劣。比如说，到 1959 年 8 月为止，江苏省丘陵地区修建的 5 万个水库中有半数已废弃不用。所公布的新增水浇地是根据正在修建的池塘水渠所做的统计预测，而不是已成事实的成就。自从 1961 年，虽然官方资料仍旧强调地方创举的优越之处，不论工程大小，国家正逐步加紧对灌溉规划的控制力度。

较大型的水利工程必须由中央掌管，在训练有素的技术人员指导之下进行。其中最为雄心勃勃的水利工程是驯服黄河。自从传说中的大禹时代，黄河就是华夏人民的心腹之患。虽然黄河的支流曾俯首称臣，为人所用，黄河干流从未听从人类支配。沿河道修筑堤坝可以暂时约束河流，但这是一种目光短浅的措施。黄河工程具有多方面目的，需要沿主河道建设 46 座堤坝，在主要的支流修建 24 座大型水库，在支流修筑为数众多小型控制坝，以便挡住从黄土高原上冲下的极其大量的泥沙。在这个地区植树造林也是为了阻止泥沙进入黄河，是总体努力的一部分。整个工程需要数十年之久，但是开端良好。在 4 座大型多用途堤坝中，有 3 座已经完成，或是接近完成。两座位于

著名的红旗渠,是当时歌颂人能改变自然的伟大力量的典范工程。

黄河上游，在兰州之上，另一座位于三门峡，这是河流切割穿越基岩峡谷到达华北平原之前所经之地。三门峡大坝和水库或许是中国最令人瞩目的工程创举。大坝形成的回水长达310公里，几乎到达西安（过去的长安）的郊区，造出一个水面超过2300平方公里的人工湖泊，成为东亚最大的内陆湖之一。根据设计，水库可以浇灌大约3900万亩土地。[21] 国家希望在不久的将来，黄河会变得名不副实。因为河会变成一条蓝色的缎带，就像三门峡水库的水一样蔚蓝。但任务非常艰巨，目的尚未达到。

四　工业向内地的扩展

严重阻碍国民党政府发展工业的因素包括连绵不断的内战以及清朝极为原始的交通设施。在国民党政府统治下，中国只有短暂的十年（1927—1937年）处于相对和平的环境；但是现代经济重要部门取得了迅速稳定的发展。例如，从1894年到1937年铁路里程数以每年10%的速度增长。从1900—1937年，现代铁矿产量每年增长接近10%；从1912年到1936年，煤矿产量每年增长8%。棉纺织业是1937年以前中国最重要的现代工业。从1890年到1936年，其增长速度（按纱锭数计算）每年接近12%。[22] 因为中国在20世纪初几乎一无所有，所以增长率令人瞩目。例如，在1881年才铺设了第一条永久性铁路，到1913年铁路总里程数已超过8600公里，到1937年达到14320公里。直到1926年，西方化的通商口岸之外几乎没有汽车道，到1937年汽车道的总里程数据说已达8万公里。需要记住的另一点是，在1937年之前，现代经济部门几乎完全集中在沿海地区。主要的纺织中心在港口城市，上海首屈一指，天津、青岛、广州、汉口也有众多棉纺厂。至于说钢铁生产，东北南部的重要性无地可及。1937年时，中国2/3的铁和几乎9/10的钢产自东北。在东北之外，钢的总产量只有 5 万吨。大约一半中国的煤产自东北的小煤矿,一座巨大的煤矿沉睡在黄土高原之下,但基本上还无人问津。

中华人民共和国建立之后,新政府认为经济恢复的第一步应该是重建交通以及工业中心,尤其是东北工业,因为在旷日持久的战争中,交通线被破坏殆尽,工业中心满目疮痍。第一步十分成功;到 1952 年末,工农业生产总值据说比产值极低的 1949 年增长了 77.5%。煤炭产量达到 6300 万吨,同 1949 年以前的最高产量相差无几。生铁产量达到 200 万吨,钢产量达到 135 万吨。1952 年时东北仍是最重要的工业中心,可能生产全国 50% 的煤炭和 90% 的钢铁。[23]

第一个五年计划(1953 到 1957 年)的目标是打破沿海地区对工业的垄断,在靠近原材料资源的地方建立新的中心。所以在棉花产区河北、陕西和河南兴建了新棉纺织厂。开发西北地区(新疆、青海、甘肃和陕西)的矿产资源;比如说对甘肃玉门煤矿的大扩展、在新疆克拉玛依和独山子开发新油田。然而罗布泊的地貌景观并不为人知晓,在那里中国高声宣布自己进入原子弹时代。

在甘肃省兰州,围绕炼油厂展现出新的工业景观。在长江中游(湖北),大冶铁矿丰富的矿产早在 10 世纪就开始开采。在近代,1891 年时张之洞在汉阳开设钢铁厂制造武器,尽管丰富的铁矿近在咫尺,地处长江流域,现代制造业开始得也很早,但"汉口-汉阳-武昌"地区(或是武汉)直到现在才成为重要中心。现在汉口有一个大型钢铁联合企业,钢材生产能力是 150 万吨。在大冶也建立了较小的钢铁厂。在长江入海口的上海市,由于引进了新设备并改进了旧设备,铸铁产量从 1952 年的 7.5 万吨上升到 1957 年的 48 万吨。[24] 中国南方和西南方的制造业中心还有四川盆地中的成都和重庆;湖南省的长沙和衡阳;西南省份的昆明、贵阳和柳州;南方沿海的广州和福州。

在北方建立了两个主要钢铁基地,一个位于山西省汾河流域的太原;另一个在包头,距黄河向北流入内蒙古的地方不远。太原坐落在中国储量丰富的无烟煤和烟煤煤矿产区里,这里也有小片铁矿,但是埋藏很深。这个地区被规划为一个主要重工业中心。建立了钢铁厂、重型机械厂,还有生产电力设备和航空设备的工厂。包头位于荒凉的乡村,到黄海的距离超过1000公里,因为地处内地而具有战略优势;而且包头北面160公里处是阴山,山中广阔而储量丰富的铁矿床也使包头具有经济优势。炼焦煤必须从山西北部运来。在1951年时包头只有两处工业,一个发电能力为500千瓦的发电厂和一个年生产面粉200吨的面粉厂。到1962年,包头拥有273个国有和市属企业,还有1000多个小型生产单位。包头生产铁路设备、车床、重型机械、各种建筑材料、加工食品(包括盒装牛肉和羊肉),并生产纺织机械。[25]包钢联合企业在苏联专家指导下建成,从60年代初投入生产。厂区占地13平方公里,四处是烟尘滚滚的大烟筒、管道、小铁轨、起重机和各种不同类型的工厂。当时的年产量是将近100万吨钢和70万吨铁。虽然在内地成功建设了新兴工业城市,到第一个五年计划末期,辽宁的重工业老大地位仍不可动摇。这是由于鞍山联合企业的复兴。1960年时鞍钢的钢产量是500万吨,至少5倍于内地竞争者包钢。

由于超额完成第一个五年计划所设定的目标,政府在1957年冬季发起一个运动,要在主要重工业产品的产量上超过英国,并开展了全国性农业发展规划。为此目的而大规模发动群众,这导致了大跃进的盲目乐观。为改变经济做出的声势浩大的努力并没有完全成功,接踵而至的是几个干旱年头,使农业规划以失败告终,将国家置于饥饿威胁之下。1958年夏末时号召大家大炼钢铁,现在叫他们努力务农。不过,尽管人民公社运动造成了危害,尽管干旱减产引起了大饥荒等浩劫,但专家学者们现在似乎同意,将1957年到1960年这3年的工业增长率同前5年加以比较,"大跃进"确实名副其实。虽然绝对数量仍有所增长,但1960年时增长率下降。[26]当我们将1957年同1962年的生产数字加以比较,比如说煤炭生产总量从1.3亿吨增加到3.4亿吨;

钢产量从535万吨增长到863万吨；绵纱从465万包增长到820万包。[27]

五 城市：在工业化中崛起

根据1953年的人口普查，大陆地区有103个市镇人口超过10万。有9个城市人口超过百万。按照从大到小的顺序排列，这些巨大的城市是上海、北京、天津、沈阳、重庆、广州、武汉、哈尔滨和南京。[28]就城市地理学而言，旧的城镇迅速增长，新的城镇建立起来，全国城镇生活性质发生变化。在过去15年中，迅速工业化进程是一种拉力，促进城市成长。乡村虽然因为集体化运动过分消耗而仍旧在自然灾害面前不堪一击，但还是具有强大的发展动力。

在不过10年之中，很多市镇的人口获得巨大增长。在国家中较偏远地区，当那里出现了第一条现代公路，将其同国家经济和人口中心区域连接起来，便开始了一个迅猛发展的阶段。据说自从1954年川藏公路完工之后，通往藏南的门户昌都扩展了6倍。[29]乌鲁木齐是中国伸向内亚领土上的大城，城里人口在1949年时是13万，到1959年时人口增长到40万。在1949年，乌鲁木齐是个长而窄的三角形，从北向南延伸，包括三座毗邻的市镇：北边是城墙环绕的主城，住着汉族居民；中间是城墙环绕的穆斯林区；在南边，位于三角形细长的顶尖是个集市区，里面挤满店铺和来自中亚的各族商贾顾客。在新政权建立之前，乌鲁木齐全城总面积为75平方公里。到1958年，由于人口流入，工厂迁入，政府、教育和其他设施的兴建，城市扩张到690平方公里。拆除了陈旧损毁的城墙，在过去南城门的位置建起一座公园，还有一个可容纳1200观众的新剧场。街道为沥青铺就，两边柳树林立。"在城市的西部……沿着一条将近10公里长的道路，是一连串新建的政府大楼、学校、剧场、电影院、医院。"[30]

到1962年时，铁路已从北京延伸到遥远的乌鲁木齐。在1923年，铁路只通到包头，当时那是一个凄凉的边疆市镇，居住着商贩、工匠、移民来的农民，他们住在灰尘遍布的主街两旁摇摇欲坠的土房里。到 1949 年，包头人口不到 10 万。在仅仅 10 年之间，包头扩大了 13 倍，人口超过了百万。在老城旁建起了新城。新包头城的火车站现在位于老城区西边 8 公里。埃德加·斯诺在 1960 年时评论说："新城和老城之间的地区很快就被工厂、住宅区、街道填满，一条碎石铺就的宽阔道路将这个地区同新的钢铁基地连在一起，这条路很快就会成为同一座城市中的通衢大道。地平线上数十座高耸的烟囱诉说着老城的故事，老城和新城竞相发展变化。"[31]

位于青藏高原东北边缘的兰州是甘肃走廊上一座很大的绿洲，大致位于遥远西部的沙漠和东部沿海大城市的中间点。虽然直到 1952 年才有第一条铁路通到兰州，这座城市现在已经有 4 条铁路线和数条主要的公路同其他地方相通。中国最大的炼油厂位于兰州，在 1958 年投入生产。兰州将要变成内地的制造业中心。现在已经建成了橡胶厂、铝厂、化工厂。1962 年时正在兴建一座汽车厂，将要有 7 座纺织厂从上海迁到兰州。兰州的人口急剧上升，1949 年时为 19 万，10 年后超过 100 万。[32]

乌鲁木齐、包头、兰州是极其飞速发展的例证，但是就发展而言，它们同其他城市的区别只是程度而已。为了兴建像三门峡大坝和水库这样宏伟的工程需要为大批工人修建住房，所以一座新城可能会弹指一挥间拔地而起；一座本来已经十分拥挤的老城可能会在 10 年间再增加 2 至 3 倍人口。比如说北京在 1949 年时有 236 万人口，到 1959 年时增长到 680 万。确实，之所以有这样令人瞩目的增长，部分是因为北京成为国家的首都，还因为城界的扩展。然而增长却是毋庸置疑的。1949 年时北京居民几乎全部住在古老的城圈之内，出城就是小小的农庄。在 1959 年时，城墙之外的发达地区几乎同城里面积相同。在城墙环绕的地区几乎找不到空间大兴土木，1949 年之后兴建的

北京东三环夜景。

第八章　1950年后的意识形态和景观 | 263

日新月异的古城北京。

西部新兴的大城，乌鲁木齐。

一个世纪里崛起的世界都市，香港。

大多数建筑位于人口比较稀少的南城。关于城墙之外的新兴地区可以提到两点：第一，这个地区还没有形成一个连绵不断的环状带，所出现的是不规整的街区，有些同老城相连，其他孤立分散，之间是乡村的田野。第二，北京的成长不仅由于其首屈一指的政治地位，也因为城市迅速工业化。为了完成第一个五年计划所提出的目标，北京兴建了现代工业。到1959年秋天为止，就业工人1000名以上的工厂有97座。大多数位于城区东面和南面。工厂生产各种不同的机械，包括精密仪器、电动设备、起重机、火车机车、汽车、收割机以及采矿和印刷机械。[33]

因为大多数新兴城市应工业发展而生，建设快速匆忙，而且又要反映中国式共产主义的社会经济信条，新城市景观具有某些雷同之处。在几乎所有日益扩展的城市中，都能够见到下列大部分城市要素：具有国际色彩的大型工厂；红砖修建的巨大住宅区，虽然实用，却不能称之为美观，建筑以几何图形排列，聚在一起，孩子玩耍的绿茵广场在一定程度上缓解了住宅区单调无华的格调；为了交通通畅建起远比实际需要宽敞的街道，街边的树木遮蔽了某些建筑的粗糙；现代化而朴实坚固的建筑物中是政府办公室、教育机构、职工的娱乐设施、医院、百货商店；还有户外体育场；在较大的，偶尔有贵宾造访的城市里，可能会修建出人意料的豪华酒店，旁边可能是个公园，点缀着喷泉和花圃。

到20世纪50年代中期，外国人心目中解放以前口岸城市的那种光怪陆离、丰富蓬勃的生活已不复存在。取而代之的似乎是社会主义同志们工作、学习、娱乐的生活，这种生活朝夕往复、秩序井然、严肃认真。这至少是新城市风格的理想画面；但是在官方圈子中还保留着一种畏惧，害怕昔日的纸醉金迷死灰复燃，不过现在这种享乐主义的生活被涂上了一层"民主"的色彩。

第九章 改革开放(1978—):尚未休止的巨变

◎唐晓峰[*]

中国的改革开放始于20世纪70年代后期,随着"文革"结束,社会意识形态、国家政策、经济体制的变革和更新,时代面貌发生了巨大改观。

在国际环境方面,中国调整了对外政策,与越来越多的国家建立了广泛的合作关系,虽然国家之间仍然充满竞争,但理性往往成为最终解决问题的方式。和平的国际环境,为中国经济的开放和持续平稳发展提供了机会。

知识、技术、经济受到前所未有的重视,人们喊出了"时间就是金钱,效率就是生命"的呼声。整个社会,从农村到城市,洋溢着一种积压多年的建设欲望和苦干力量,政府工作也从高喊的革命口号转变为致用务实。由于经济的飞跃式发展,造成了中国大地景观发生了巨大的变化。人类对于环境的改变能力,又一次以巨大的力度彰显。而同时,人类与自然环境的和谐关系,也经历着有史以来最严峻的挑战。

一 在希望的田野上

中国这次从20世纪70年代末开始的大规模社会改革,是从农村

---

[*] 唐晓峰,北京大学城市与环境学院教授。

引燃的。人民公社制度对于农业生产的制约,早已在农村基层遭到质疑和不同形式、不同程度的抵制。1978 年冬,安徽省凤阳县小岗村,18 位农民冒着被批判惩罚的危险,"私下"在土地承包责任书上按下手印,这一行为成为中国农村改革的破冰之举的先声。这一大胆的革新精神很快得到政府的认可与支持。1980 年春,时任安徽省委第一书记的万里,来到小岗村视察,表示支持。1980 年 5 月,邓小平在《关于农村政策问题》重要讲话中,肯定了小岗村的土地承包的做法。1980 年 9 月,中央下发《关于进一步加强和完善农业生产责任制的几个问题》,肯定了包产到户的积极性质。到 1983 年初,农村家庭联产承包责任制在全国范围内全面推广。

家庭联产承包经营责任制的要点是:土地仍归集体所有,但个体农户可以按合同实行承包经营,家庭成为生产单位,土地按合同分割,产品分配实行大包干,所谓"上缴国家的,留足集体的,余下都是自己的。"在这个政策下,农户的生产积极性大为提高,亩产逐年增长。

此前二十余年的土地集体耕作制下的大面积农田,重新分割为以家庭为生产单位的小块田地,农村田野又出现了类似 50 年代初期斑斓多样的情况,只是在作物选择趋同的情况下,田野才呈现大面积的一致性的景观。土地与人的关系,准确地说,是土地与耕作者的关系,虽然在中国有着千年的丰富经验,但现在依然是那样地意味深长。

中国这一轮经济高潮,当然不仅仅只出现在农业领域,而是波及到经济的各个方面,这就给农业的发展提供了前所未有的外部环境。在商品交换渠道日益丰富的背景下,自给自足的农业,日益淡化,粮食以及其他农产品的商品化,改变了农民的思路,也改变了农田的种植结构,从而,过去单调的粮食生产,被多种种植取代,农村田野的面貌,在老年人看来,已经显得陌生。以内蒙古武川县为例,在这块

一种作物不但改变了一个地区的景观，其本身也成了景观。

世世代代种植粮食的土地上,向日葵竟成为一些地方人们主要的种植品,金色葵花的海洋,在历史上是从未有过的。

联产承包给农民带来了新的生活。以费孝通当年调查的开弦弓村为例,到 1995 年,人均生产总值达到了 9588.41 元,超过了社会主义初级阶段"三步走"经济规划的小康水平。"再从村民的实际生活水平来看,在先前解决吃饱穿暖的温饱问题以后,改建扩建平房为二三层楼房,并有比较讲究的室内装修和现代家具,手表、自行车、缝纫机、收音机等日用消费品普及到寻常百姓家。"[1]

在各地的集市上,农产品变得异常丰富。人们记忆中的那种粮食供给紧张的情况,奇迹般地消失了。一个十多亿人口而耕地只占世界 7% 的国家,终于使绝大多数人彻底告别了饥饿。

依照经济发展的速度和农民收入的增加,各地农村先后出现了新式住房。古老的、陈旧的,但有着原生态特点的村屋,为水泥、钢筋建筑的新式村屋取代。在比较发达的南方,农民盖起二层、三层的水泥小楼,尽管设计样式并不精致,但其宽敞的空间、坚固的质量,显示了居住环境的改善和时代的更新。有些小楼,以琉璃瓦做装饰,更是在村社景观上呈现出喜悦情绪。中国北方的新式村屋,楼房不多,但以砖瓦房取代原来的土坯木制结构房屋,院落宽大,尤其是新式大门,在比例上往往超过与院落和谐的尺度,表现出喜爱"门面生辉"的传统追求。

在农村,与多种经营的农田、新式水泥砖瓦房屋同时出现的重要景观,还有现代道路交通系统。"要想富,先修路",主要是在政府的推动和实施下,能够行驶汽车的公路,全面取代了传统的乡间土路。过去印着深深车辙的土路,是北方大部分乡村景观的一大特征,在夏季,它们隐藏在庄稼地里,在冬季,它们犹如裸露在地表上的沟壑。雨季,它们泥泞不堪,严冬,它们冰冻坚硬,却高低不平。

2014 年以来,中国开展"四好农村路"建设行动,要求进一步把农村公路建好、管好、护好、运营好。至 2018 年，中国农村公路总里程已达到 396 万公里，99.2% 的乡镇和 98.3% 的建制村通了沥青路、水泥路，99.1% 的乡镇和 96.5% 的建制村通了公交车，6 亿农民"出门硬化路、抬脚上客车"的梦想正在成为现实。[2] 现在，农民驾驶的汽车，以及更多的摩托车、电动车奔驰在平坦宽阔的柏油路上，村与村之间的联系因此变得便捷，乡村与城镇的联系，在这个新时代具有决定性的意义，也变得越来越活跃。

不过，一种超出人们预料的情况也开始在农村出现，这是城市大发展所带来的连锁效应。在农业改革确定后不久，城市改革随之开始。大规模的建设工地，以及多种劳动密集型产业，很快在国家的各个地方雨后春笋般兴起。对于建筑工人、组装工人的需求急剧增加，于是，成千上万的农村青壮年，为了更高的收入，加上对城市生活的好奇与羡慕，离开故乡，成为城市的"农民工人"。以珠江三角洲、长江三角洲、渤海湾地区为例，30 年来农民工人数量激增，几乎占整个城市人口的 1/5 到 1/3，甚至在某些城市出现了农民工数量超过户籍人口的现象。[3]

农民工人，简称"农民工"，是一个新名词，也是一种新的社会角色，他们是建筑工地的主力，渐渐地又进入更多的由各种投资所兴建的劳动密集型的工厂，成为一种新时代的生产者的代表。"据国家统计局《2009 年农民工检测调查报告》，2009 年全国外出农民工月平均收入为 1417 元，……外出打工已经成为农民收入持续增长的一个重要支柱。在许多贫困县，农民外出打工已成为当地农民脱贫致富的重要途径。"[4]

在大量农民工涌入城市的同时，农村逐渐变得空旷起来。田地，由于机械化、化肥的使用，又由于一些鼓励退耕政策的推行，农村不再需要那么多劳动力了。在一年的大部分时间，青壮年们都在外面打工，村里只留下老人和孩子，村子里热闹的生活景象逐渐消失。这

西藏地区的公路。

时，你走入乡间，在田野里不大能看到紧张的劳动场面，到了村里，也感受不到邻里频繁往来的气氛。不过，当春节来临，在全国各地通往农村的大路上、火车上，会出现各种壮观的景象，数以千万计的农民工，在十来天之内从城市全体返乡，随之，如魔术般农村重现节日的欢腾。而这种欢腾，一方面是新的经济水平的展现，但又可能带有久别重逢的狂喜以及重逢再离的伤感。

这种类似季节性的大迁徙、大重逢、大离别，显然不是正常的生活节奏。这说明中国农村正处于一个极不正常的过渡时期。中国的农村开始变了，这恐怕是几千年来未有之大变化。变化的原则是明确的，它的前景应该是农业生产的现代化、人口的工业城镇化。但是变化的途径与方式，变化之后的农村景观将是什么样子，现在并不完全清晰。农业与农民是中国传统社会的根基，这个根基的深厚性举世无双。所以，中国农村的每一步成就，每一种新的发展，都将是令人瞩目的。

二 特区概念

除了农村改革，另一个在新时代的发展中起着先锋作用的是经济特区以及经济开发区。1979年7月，中央决定，对广东、福建两省的对外经济活动实行特殊政策和优惠措施，并决定在深圳、珠海、汕头、厦门设置经济特区，作为吸收外资、学习国外先进技术和经营管理方法的窗口。经过发展，形成四个逐步推进的开放层次：深圳、珠海、厦门、汕头和海南五个经济特区为第一个层次；大连、天津、上海、广州等14个沿海开放城市构成第二个层次；长江三角洲、珠江三角洲、闽南三角地区、辽东半岛、山东半岛等经济开发区以及13个经济技术开发区构成第三个层次；内地构成第四个层次。[5]

中国最重要的经济特区是广东省的深圳。深圳经济特区于1980

年 8 月正式成立。它位于广东省南部沿海，东起大鹏湾边的梅沙，西至蛇口工业区，交通便利，总面积 327.5 平方公里。而在地理上更重要的一项优势是：毗邻香港。由于毗邻香港，在利用外资方面，具有得天独厚的条件。深圳特区是以发展工业为重点的工、商、农、住宅、旅游等多种行业的综合性特区。

所谓特区，享有特殊的经济政策，在吸引外资的优惠政策方面，包括企业经营自主权、税收、土地使用、外汇管理、产品销售、出入境管理等等。在办厂形式上，也是多种多样，有来料加工、补偿贸易、合资经营、合作经营、独资经营和租赁等形式，这些政策吸引了大量外资，推动了经济特区的迅速发展。自 1980 年创办，至 2002 年止，实际利用外资 315.18 亿美元。

深圳特区出现的意义，不仅仅在经济方面。在思想上，深圳是思想解放的代表，"时间就是金钱，效率就是生命"是深圳喊出的口号。其中对金钱的响亮肯定，在"革命"运动刚刚退却之际，极大地鼓舞了人们的积极性。在文化上，深圳是世界现代流行文化进入中国的媒介。港台流行歌曲，西方流行音乐，随着小型盒式录音机的普及，迅速传遍全国。

深圳的城市景观也发生了巨变，现代风格的高楼大厦比肩而建，很快显示出一个现代大城市的气势。经过 30 年的令人震惊的发展，深圳，这个不久前还很不起眼的小镇，一跃而成为与北京、上海、广州并列的"一线城市"。

深圳的人口是通过移民的方式迅速增加起来的，它是灵活的户口政策的产物。这些移民来自全国各地，有着各种文化背景，他们告别原来的故乡，而走向一个新的有着共同认同的地方。新的认同感带给他们另一种情感，他们以作为深圳人而自豪。他们不是加入一个地方，而是创造一个城市，而且，这个过程只是在一段很短的时间之内完成的。这是一项罕见的业绩。深圳成为了中国改革开放时代的

迅速崛起的深圳。

深圳力图兼顾经济快速发展与环境的优美和谐。

城市象征。

在新的经济开发区的景观上,人们看到一些新的厂房大批涌现,这些厂房没有过去那种高大粗糙的建筑,而是一些低平整齐的建筑,它们外表简单而精致,周边环境简单整洁,体现着现代美学的极简主义风格,当然,在经济成本上,也是最实用合理的。在这样的厂房里,运行的是各种无烟制造业,尤其是电子工业、组装工业,这类产业能够容纳较多职工,并较快地产生利润,对于处在现代经济起步阶段的中国,非常适宜。而中国的制造业很快享誉世界,其丰富而低廉的各类产品,尤其是日常生活用品,似乎在不知不觉间,占领了欧美市场。欧美人忽然发现,从购物中心买回家的东西里面,越来越多的是"Made in China"。

三 城市建设的高潮

新的经济开发区,犹如一种新的充满生机的机体,被植入古老社会之中。它们往往选址在与旧城区有一段距离的开阔地上,自成一套系统,中国城市地带因此呈现新旧区域交相辉映的景观。这是典型的发展中国家的城市图景。

不过,没有几年过去,老城区也开始了自身的演变。越来越多的老旧房屋被推倒,"拆"字曾经遍布老城街巷。新的办公大楼,高大的商厦,更多的是由新式公寓楼组成的新式住宅小区,在城里以及近郊出现。高楼林立的景象逐渐成为中国东部城市的一种"日常景观"(ordinary landscape),高楼被中国人理解为现代化的重要标志。在所谓一线城市,摩天建筑的高度似乎正成为一种城市间的竞赛。

在改革开放以前的几十年间,中国实行计划经济,城市建设全在政府计划之内运作,经济资源也都是政府投资,所以建设速度时快时慢,建筑风格十分单一。改革开放之后,房地产行业的市场化是城市改革的一大龙头。由于巨额利润的吸引，社会上大量资本涌向房地产，各色各样的新式建筑群迅速出现，使城市景观大变。

在改革开放以后，特别是进入21世纪的10年间，中国城市发展扩张之快，前所未有。1990年全国城市建成区面积12856平方公里；2000年达到22439平方公里，10年中扩大了9583平方公里，是1990年城市面积的1.75倍；到2008年底扩大到36295平方公里，比1990年扩大了2.8倍，比2000年扩大了1.6倍。[6]

城市也不再是一个区域中孤单的岛屿，而开始呈现群体规模。这样的群体主要有：以上海为龙头，涵盖南京和杭州等几十个城市的长江三角洲城市群；以广州和深圳为龙头的珠江三角洲城市群；以厦门和福州为主的台湾海峡西岸城市群；京津塘城市群；以沈阳和大连为核心的辽宁中南部城市群；以青岛和济南为中心的胶东城市群；以郑州为龙头的中原城市群；以武汉、长沙和南昌为中心的中南城市群；以成都、重庆为核心的川渝城市群；以西安为龙头的西北城市群等。[7]

不过，对于城市的老居民来说，城市开始变得陌生，老的街区、老的建筑，甚至是重要的历史文化建筑，很多消失了。新的建筑以一种异样的姿态矗立在他们面前，城市环境的意义由此改变。家院邻里的感觉愈见模糊，而随着新地名的大量使用，本地变为异乡，生活的根基随着消失的景观而消失。对老城区的回忆书写、照片展示日渐流行，它成为地方感保留的最后形式。这种情形下，保护或者重建历史文化景观的呼声越来越高。

城市经济的市场化对于景观的影响莫过于商业，在公共空间中，政治标语被商业广告取代。商业街的两侧店家栉比，店家上面则是五颜六色的密集招牌和广告。东方的商业街，招牌甚至大于铺面，这个特点与西方商家小型的招牌风格全然不同。在高大的商业建筑顶端，也有夺目的公司招牌或广告，白天背衬蓝天，夜晚灯光闪烁。商业繁华，几乎等同于城市的现代化景观。

第九章 改革开放（1978— ）：尚未休止的巨变

迅速扩张的城市群。

认识中国改革开放之后的城市景观，当然不能忘记汽车。私家汽车在中国的普及速度超过所有人的预料，包括开车人自己。汽车对于这一时期的中国人，不仅仅是交通工具，它还是一个符号，是家庭走入现代化的标志，它所带来的生活方式，虽然还没有达到美国社会的程度，但足以改变中国人的日常生活。城市的生活节奏加快，购物距离、购物选择范围增加，频繁的远距离出行等等，成为生活常态。但是，汽车的数量激增，使城市道路成了汽车的河流。在大城市，像北京、郑州等地，即使道路不断扩宽，仍然不堪重负，堵车的情况反复发生，已经成为新的城市病。

城市人口与社区也开始变化，一个新的问题产生了：城市究竟是一个什么地方？在改革开放之后的城市，大批外来人口承担着多种城市工作，特别是在第三产业，致使城市外地人口比例增加。本地人口的数量及文化优势大为减弱，地方认同复杂化。流动人口，不同时间段的暂住人口催生了城市周边的暂住区，这些简陋的临时居住区，称为"棚户区"，与精致的新式小区形成鲜明对照。发展的不平衡，是中国城市，可能不仅仅是城市，所面临的重大问题。

在城市，稳定的社区越来越少，人口频繁的流动性很难培育稳定的邻里关系，而在这种情形下，家庭的独立性增强，加之公寓楼房里单元式的封闭生活，传统的邻里群体文化逐渐解体。在这样的地方，社区只是一个形式，只是一片簇拥的楼房，一群相互陌生的人临时聚居的地方。

发展得不平衡，还体现在生活方式的差异。在广大农村仍然滞留在基本生活层面的度日方式时，城市中产阶级已经形成了一种具有西方风格的现代生活方式，其特点包括消费性、流行性、休闲性。满足这种生活方式的场所在城市的大街小巷出现。环境优雅舒适的购物中心、咖啡馆、餐厅、健身房等，构成了他们生活世界的中心场所和景观。这些消费中心也是社交中心，朋友的交往场所不再是家中，而是咖啡馆、餐厅。消费与交往的结合是新的潮流。公共空间的价值获得攀升,而家庭空间,变得更加私密。

都市的繁华是在竞争的环境中诞生的。在强势大公司尽情扩张的时候,小商家却如走马灯一般在景观中变换,社区人们逐渐习惯于一些小餐馆、小商店忽然出现,忽然消失的"常态"。物质生活的提高并没有带来生活的轻松,人们反而变得更加紧张。这种紧张感是市场化的竞争机制带来的,在这种机制中,胜利者当然获利而前行,而失意者会感到城市是一个异己世界。于是,繁华都市作为一个"地方",留恋与畏惧同时存在。

四　高速度:公路、铁路与航空

繁华都市是中国广袤大地上大小不等的点,而连接这些点的是日益延伸着的高速公路、高速铁路以及民用航空的网络。

中国的高速公路建设的速度和质量是惊人的,可以说是一步到位。昔日的道路拥堵,是推动高速公路发展的反作用力。看一下原来的华北:在晋东南,"1983 年,该地区有 5 万多辆车来往于一条 40 多公里的三级旧公路上,有事故无法排除,堵车是家常便饭,有时整整一个星期寸步难行;1984 年向东的石太公路每天车次从 4000 辆增至 10000 辆,最多时达 15000 辆,超过三级公路所能承受的最大通过量的 5 倍。""1983 年 11 月,石太线塞车三十多次,其中一次在旧关,一万多辆车被阻在太行山麓两天两夜。据有关部门推算,仅因交通堵塞,1984 年使生产企业产值减少约 11–15 个亿。"[8]

发展必须解决瓶颈问题,1985 年,在交通部的会议上,提出了"根据需要和可能建设一些高速公路"的设想。[9] 仅仅 5 年之后,1990 年 8 月 20 日,沈大高速公路全线试通车,中国大陆上的第一条高速公路诞生。

中国国土辽阔，地貌多样，特别是山地面积很大，这使高速公路建设面临巨大困难。但是修路的决心像改革开放的决心一样，产生了攻克一切障碍的力量。高速公路建设是在经济发达的平坦地区开始的，但很快进入山地，深长的隧道、大跨度的桥梁一个接一个出现在原本毫无人迹的地带，显示着人类征服自然的又一种景象。西康高速公路秦岭终南山隧道，全长18020米，是世界上最长的双洞高速公路隧道。

到2015年底，中国高速公路通车总里程达到12.5万公里，[10]甚至超过了美国，居世界首位。根据实际需要不同，中国高速公路分为两个大类，即国家级高速公路和省区级高速公路。国家级高速公路具有整体战略功能，具有紧密联结广袤国土的政治地理意义，例如京藏高速公路，其名称便体现了全国一体的意义。省区高速公路的修建，是带动地方经济的先锋。在经济发达的苏州地区，全市所有乡镇15分钟都能上高速公路，达到了全覆盖。[11]

在现代交通的发展上，中国航空与铁路的发展速度，也是令世人赞叹的。不久以前，对于一般中国人来说，坐飞机还是一种奢侈，而没过多少年，商业航空的迅速发展，把普通的男女老幼都送上了蓝天。20世纪80年代，民航业快速发展，20世纪90年代进入黄金发展期，1990年有航线425条，较1978年增加263条，航线里程85万公里，较1978年增加70万公里，国际航线45条，较1978年增加33条。[12]全国旅客运输量，1978年是231万人次，到1990年增至1660万人次。步入21世纪后，中国逐渐发展成为民航大国。2010年，全国旅客运输量已达到2.68亿人次。[13]中国天空，频频掠过的飞机身影成为抬头可望的景象。

不仅仅在蓝天，宏伟漂亮的现代机场，同样是大地上熠熠生辉的景观。首都机场的建设是国家航空事业的重中之重，20世纪60年代曾进行过一次扩建，70年代后期改革开放，进行第二次扩建，90年

世界上最高的铁路,青藏铁路,这里是中国快速发展的
铁路网络里最后的短板。

北京首都机场 T3 航站楼机场快轨站台。

第九章　改革开放（1978— ）：尚未休止的巨变 | 283

湖南湘西吉首矮寨大桥。

北京昌平青龙桥站，和谐号驶过詹天佑雕像。

代进行第三次扩建,出现了 T2 航站楼,仅 5 年后,开始第四次更大规模的扩建,建起了宏大的 T3 航站楼。频繁起落的航班与进出机场的密集人群改变了人们对机场的习以为常的印象,机场不再是一个清静、宽敞的大厦,现在拥挤的状况,过去只有在火车站才能看到。截止 2013 年年底,中国共有颁证运输机场 193 个。机场设施的发展,从 20 世纪 80 年代"单跑道,单航站楼",到 90 年代"单跑道,多航站楼",到 21 世纪初"多跑道,多航站楼"。现在,正进一步向"多跑道,多航站区"发展。

中国人是喜爱乘火车的人们。近些年,对于铁路的建设达到了令世界震惊的程度。除了线路的增加,火车发展的重点在提速。人们往往把 1978 年 10 月 26 日邓小平在日本乘坐新干线高速列车时讲的话作为中国高铁发展的缘起:"就感觉到快,有催人跑的意思,我们现在正合适坐这样的列车。"

1990 年 3 月,铁道部向国务院报送了开展高速铁路技术攻关的报告,开启了中国高铁建设的实践。1996 年,铁道部完成了京沪高速铁路预可行性研究报告。经过"磁悬浮"与"轮轨"两种技术的激烈争论,最后选择了"轮轨"方案。2008 年 8 月 1 日,第一条高速城际铁路——京津城际铁路投入运营,最高时速达 350 公里,从天津到北京只需 30 分钟。2011 年 6 月 30 日,京沪高速铁路开通运营,现在两地之间的运行,还不到 5 个小时。截止至 2017 年底,全国铁路运营里程达到 12.7 万公里,其中高铁 2.5 万公里,占世界高铁总长度的 66.3%。[14]

快速交通,使空间压缩,这样一种由科学技术带来的社会感知效应,对于感受到前后差异的同一代中国人来说,是人生一大神奇经验。私家汽车的普及,在随便一个周末就可以把家人带到数百里之外的湖畔或有着另一种美食的城镇。而高速火车与飞机,让中国的白领们当天便可以完成异地会议的安排。空间尽在掌握,时间也随之增殖，现在两天便可以完成过去一周的事情。

而更加令人震惊的是，即使高速公路、航空线路、高速列车如此迅猛地发展，在中国的机场、火车站仍是人满为患。中国人的出行潜力到底还有多大？这竟是一个难以想象、无法回答的问题。而这样一种潜力将进一步推动公共交通的发展。中国未来的交通手段、交通能力将会达到什么程度呢？

五 大型环境工程

中国国土面积辽阔，大江大河、崇山峻岭。经济发展引发了人文地理景观的巨变，与之伴随的，是一些具有改天换地意义的环境工程。

1. 三北防护林体系

在北方种植树木，形成阻挡风沙的林带的想法在五十年代第一个五年计划的时候就已经产生，最初的想法，还包括解决人们当地生活用柴问题。而更加有力的系统规划是70年代末开始制订的。1978年8月20日，国家林业总局向国务院提出了《关于在西北、华北、东北风沙危害和水土流失重点地区建设大型防护林的规划》，获得国务院批准。这个规划工程简称"三北"防护林工程。这是一条人工种植的大规模防护林体系，它东起黑龙江宾县，西至新疆的乌孜别里山口，北起国家边境地带，南则横跨海河、汾河、渭河、洮河流域，到达喀喇昆仑山脉。防护林带几乎涉及北方所有的省市自治区，包括新疆、青海、甘肃、宁夏、内蒙古、陕西、山西、河北、辽宁、吉林、黑龙江、北京、天津，总面积达406.9万平方公里，占中国陆地面积的42.4%。

截止到2008年，三北防护林工程30年累计完成造林保存面积

2446.88 万公顷，其中：人工造林保存面积 1701.42 万公顷，封山育林保存面积 649.75 万公顷，飞播造林保存面积 95.71 万公顷。科尔沁和毛乌素沙地是重点治理地区，在三北防护林工程中，毗邻毛乌素沙地的陕西榆林地区造林 78 万公顷，治理沙化土地 146 万公顷，恢复和改良草场 11 万公顷，新辟农田数万公顷。毗邻科尔沁沙地的内蒙古赤峰市，造林保存面积 109 万公顷，治理沙地 140 万公顷。昔日风沙弥漫的赤峰市，变得环境优美，出现人进沙退的景象。[15]

黄土高原地区是全国自然条件较差的地区之一，经济相对落后，主要原因是干旱缺水，植被覆盖率低，加上人类对土地的不合理使用，致使地表植被和地形的稳定性遭到严重破坏。在三北工程中，黄土高原地区造林 779.1 万公顷，植被得到有效恢复，水土流失得到遏制，环境开始改观。人们不无兴奋地感慨："陕北绿了！"在河北省的燕山山地北部，包括张家口、承德、秦皇岛地区，以水土保持、涵养水源为重点，累积完成造林 139.7 万公顷，大大提高了燕山地区的森林覆盖率。承德奇特的棒槌峰，过去挺立在干枯的山丘上，而现在已经被绿树簇拥。现在的长城也是同样，它们蜿蜒在绿色的山峦上，墙身半掩。而在过去的照片中，长城大多突立在光秃秃的山坡，沧桑憔悴。历史学家可能会争论长城墙体与林木的关系，但在今天的环境意识下，就是需要这样的绿色的长城地带。三北防护林在遏制风沙，改善水土流失，改善气候方面，效果显著，使北方大地的景观更具生机。

不能忘记的是，在"三北"呈现新景观的背后，是艰苦卓绝的植树实践和复杂的学术争论。面对这样跨度巨大的，气候、土壤、水文条件极其多样的地理区域，如何因地制宜地选择树种，是造林成败的关键。最初为了快，普遍选择生长迅速的杨树，也没有考虑多种树木混栽的生态必要性，一度出现大量死亡的情况。在"三北"工程中，充满着探索，成就不是凭空获得的。现在的林业人士说："我们

第九章　改革开放（1978— ）：尚未休止的巨变

三北防护林。赤峰地区。

这代人能干我们干,尽量去干。我们干不了,给后代要把(生态)空间留下。"[16]

2. 长江三峡大坝

位于湖北省宜昌市三斗坪镇境内的长江三峡大坝的修建,是一项有胆魄和雄心的工程。经过长期酝酿,1992年4月,第七届全国人大五次会议通过《关于兴建三峡工程的决议》。1994年12月三峡工程正式开工。1997年11月实现大江截流,2003年6月水库开始蓄水。2003年7月首台机组正式并网发电。2006年5月,大坝全线达到设计高程185米,标志着三峡大坝基本建成。[17] 大坝工程包括主体建筑物及导流工程两个部分,全长约3335米,正常蓄水位为175米。

修建三峡大坝的目的主要有:防洪,提高荆江河段防洪能力;发电,年发电量近900亿kwh(度),成为世界最大水电站;航运,改善重庆至宜昌660公里的川江航道;旅游,一个巨大的全新的人工与自然相结合的新型景观将为人们提供休憩游览的环境。此外,它也有利于另一项重要环境工程即南水北调的实施。这里的水库大坝可以调节水量,减少季节水量变化造成的影响。

三峡大坝的修建不是一项单纯的水利工程,而是一项综合性的社会工程。由于水库淹没范围大,库区人口稠密,涉及20个县(市),有100多万居民要告别故土,迁往他方,200多乡镇被撤消,数以千计的企业也要转移。这些都需要政府的精心组织,妥善安排。

在筹备工作中另一件值得一提的事情是,由于在相关区域中含有大量历史遗迹、遗址,考古学家在这个相当辽阔的流域地带进行了数年艰辛的考古普查与发掘,对一些具有重大历史文化遗产价值的遗存,实施了有效的保护工作。十多年间,近百家文物考古单位,数千名科技人员跋涉在三峡的山山水水,对上千处文物遗址进行了考察。而最有地区特点的是水文考古,历年调查共发现唐广德

第九章　改革开放（1978—　）：尚未休止的巨变 | 289

三峡大坝。

二年（公元764年）至中华民国时期1000多年间枯水石刻300多条，其中最著名的是涪陵市白鹤梁题刻，该题刻上共有文字题刻160多条，3万多字，记载了72个枯水年份的水位资料。这些题刻资料是研究长江千年水文变化的珍贵资料，白鹤梁题刻已经成为国家级文物保护单位。[18]

3. 南水北调

南水北调的想法出现在20世纪50年代，但直到改革开放之后，才逐步提到实施日程。1995年底，开始全面论证，引水总体格局定为西、中、东三条线路，分别从长江流域的上、中、下游调水。2002年底，国务院批复了《南水北调总体规划》。

南水北调的具体线路是：东线：始于扬州江都，利用京杭大运河，连接洪泽湖、骆马湖、南四湖、东平湖。其后分两路，一路向北，经隧道穿过黄河，另一路向东，到烟台、威海。中线：自丹江口水库引水，经新挖渠道经唐白河流域到方城垭口，在郑州以西过黄河，沿京广铁路西侧北上，流到北京、天津。西线：在长江上游的通天河等处筑坝建库，引水后，经巴颜喀拉山隧洞，入黄河上游，沿黄河流向下游地区。通过三条调水路线，使长江、淮河、黄河、海河相互连接，构成水资源"四横三纵、南北调配、东西互济"的宏观总体格局。[19]

在南水北调计划进行全面论证的同时，中国北方水的危机正日甚一日。中国"水资源总量不足，地区分布和时间分配不均匀。淡水资源总量约为2.8万亿立方米，其中河川多年平均径流2.7万亿立方米，冰川融雪水补给量500多亿立方米，地下水补给量7700亿立方米。我国河川径流量与世界比较，仅次于巴西、苏联、加拿大、美国和印度尼西亚等五国，居世界第6位；但人均占有却很少，只有2630立方米，仅为世界人均水资源1.1万立方米的1/4，居世界第88位。"[20]

第九章　改革开放（1978—　）：尚未休止的巨变

南水北调干渠穿越黄河隧道入口。

南水北调干渠。

在水资源短缺的情况下，中国南北分布又极不平衡。北方本来少水，近几十年，又由于气候变化，降水减少，人口持续膨胀，生产建设用水量大幅度增加，致使大量河流断流，地下水枯竭。华北的人们已经忘了当地河流可以行船的事情。"首都北京供水也十分紧张，近年来年缺水约10亿立方米，因超采地下水，已形成了1000平方公里的大漏斗。"[21] 为了根本解决北方大面积缺水的难题，南水北调成为唯一的选择。

在南水北调的三条线路上，地貌、土壤、水系条件各不相同，因此渠道设计、施工技术有很大差异。西线多高山，建设高坝和隧道成为工程特色。而中线，没有多少天然河道可以利用，人工新开渠道便成为工程重点。为了减少渗漏，在必要段落的渠底与渠壁必须施用防漏技术。另外，从丹江口水库引水到北京，"沿途要与600多条大小河流及沟汉交叉，其中包括黄河、漳河、滹沱河、永定河等大江大河。"由于各个河道情形不同，"根据各交叉河流的情况，结合总干渠的实际条件，选择七种形式作为总干渠与跨越河流的建筑物，它们是：梁式渡槽、涵洞式渡槽、渠道暗渠、渠道倒虹吸、河道倒虹吸、排洪涵洞、排洪渡槽等。总的原则就是总干渠与天然河道立交，即各行其道。"[22] 其中干渠穿越黄河的地下隧道是最大的工程，2014年9月，穿黄工程隧洞充水试验成功，2014年12月中线工程一期正式通水运行，南水进入北京。

上述巨大的环境工程的实施，使中国大地产生了十分可观的变化。在有些地方，是恢复历史景观，例如华北地区林木植被的再现。但有些区域，则是在相当大的程度上改变了千万年以来的天然格局。在这一点上，对相关工程的实施一直存在激烈的争论。这是对地理科学家、水文科学家、环境科学家的严肃考验。如果这些伟大工程最终成功，则宣告人类在改造自然、把握江河的科学能力上达到了新的高峰。而由它们产生的巨大经济效益、形成的新的大地生态体系，将在深远的意义上造福中国。

六　保护绿水青山

改革开放是一项伟大的事业，但并非没有不容忽视的代价，特别是制造业的大规模发展，使自然环境受到了前所未有的创伤。大范围的污染，就像大范围的辉煌成就的伴随物，汹汹而来。

"生态环境的状况目前仍十分严峻。目前，耕地每年仍在以300万—500万亩的规模减少（1990年比1985年减少1854万亩），全国人均耕地仅剩1.3亩；草原每年退化2000万亩，同时沙化土地每年扩展1500多平方公里……全国水土流失总面积已从新中国成立初的116万平方公里增至160万平方公里……河流、湖泊面积日益缩小，水资源更加短缺……而且，据有关部门对我国5.5万公里河段的调查，有85.9%不符合饮用、渔业用水标准，有23.7%不符合农田灌溉用水标准，我国每年由水污染造成的经济损失至少有300亿元。"[23]

环境的严峻问题，是在改革发展到一定阶段才开始被真正重视。人们在现实面前，终于决心采取措施，保护绿水青山。在工业区，强调要控制大中型企业的工业污染，保护饮用水源，合理利用煤炭，控制烟尘排放，控制固体废物污染，妥善处理有害废物，发展废物综合利用。对经济效益差、严重污染环境的企业，采取关、停、并、转等措施。以首钢集团为例，2001年以来累计投入资金10多亿元，完成环境治理项目150多项，停止了部分工厂和设备生产，为了进一步改善北京地区的环境，2005年2月，国家发改委正式批复了首钢搬迁曹妃甸的方案。

在农牧业区，在资源开发利用中重视生态环境的保护，要保护植被，控制水土流失，严禁在草原开荒，防止过度放牧，对已造成生态破坏的耕地和草原应退耕还牧，保护森林资源，禁止乱砍滥伐，防止水土流失。[24] 以鄂尔多斯地区为例。鄂尔多斯市于2000年开始启动实施退耕还林工程，着力转变以广种薄收为特点的传统旱作农牧业生产方式和以超载低效为特点的原始散放畜牧业生产方式，在生态自然恢复区人口退出7571平方公里，搬迁转移农牧民23945人，有重点地实施退耕还林，有计划地调整农村牧区土地利用模式，调整农牧业产业结构，全市农村牧区宏观经济形势也发生了显著变化。2000年全市农牧业生产总值16.85亿元，2008年达到了97.6亿元。[25]

现在，所有的人们都意识到，解决大地环境中的创伤，首先要清除人们思想中的垢病。大地的意义究竟何在？大地与人类究竟为何种关系？人们在大地上劳作，原来是为了生活，现在是为了致富。在不顾一切追求财富的冲动下，大地曾被当作了金钱的摇篮。这是人与大地关系的严重扭曲。改变对于自然界的掠夺性利用，逐渐成为现代社会的普遍认识。在转变大地环境观的过程中，中国传统思想文化起到了积极作用。古代天人合一的思想，道家尊重自然的观念，都对今天建立环境友好意识发挥了推动作用。在中国的学校、书店，有关环境的读物越来越多。环境科学也成为中国发展最快的领域之一。

20世纪70年代末中国推行的改革开放政策，为这个古老国家的发展安上了一部有力的推进器。仅仅用了30多年就取得了令世界刮目相看的成就。现在，中国已经成为世界第二大经济体，大地面貌也今非昔比。不过，人们也越来越意识到，改革开放，并不是告别传统。中国数千年的文明积累，是无比宝贵的财富。随着旅游文化的普及、旅游产业的发展，大地上灿烂的历史文化遗产，犹如一部新近打开的大书，令人们百读不厌。建设现代社会、保护历史遗产，同样都是改革的目标。古老城市的意韵，传统村落的古风，自然景观的原生特色，开始被珍视。截至2017年7月9日，联合国教科文组织审核批准列入《世界遗产名录》的中国世界遗产已达52项，其中世界文化遗产36项、世界自然遗产12项、世界文化与自然双重

第九章 改革开放（1978— ）：尚未休止的巨变

中国的沙漠治理。

生态城市成为很多城市建设的目标。

遗产4项。

　　改革开放的辉煌成就并不意味着难题都已经破解，遗留问题仍然存在，新的问题又接续产生。贫富人口的不平衡，巨大人口社会保障体制的不健全，广大农村前景的不确定性，都是十分严重却必须解决的课题。变化，甚至是意料不到的变化，仍然是基本的时代特征。中国的发展，任重而道远。神州大地不会隐藏任何秘密，关注这片大地，可以真实而深刻地了解中国。

注　释

本书注释体例说明

在同一章中重复出现的著作，只给出作者的名字，在需要时给出不同的出版日期，或者有时加上简略的书名（比如说《史记》），略去出版细节。

序　言

郭熙著，坂西志保译，《林泉高致》(Kuo Hsi, *An Essay on Landscape Painting*, trans. Shio Sakanishi, 1935)，第 54—55 页。

第一章

[1] 李四光，《中国地质学》(J. S. Lee, *The Geology of China*, London, 1939)，第 211—281 页；亦见 L. P. Wu，"中国不同纬度的大地构造区以及对相关磁引力异常的评论"（"Salient latitudinal geotectonic zones in China with notes on the related magneto-gravity anomalies"），载《中国科学》(*Scientia Sinica*) 13, no. 6 (1964)，第 979—992 页。

[2] 王竹泉，"山西地质构造纲要"(C. C. Wang, "An outline of the geological structure of Shansi")，载《中国地质学会公报》(*Bull. Geol. Soc. China*)，4 (1925)，第 67—80 页。

[3] 谢家荣，"关于陕西盆地北部的地貌学评论"(C.Y. Hsieh, "Note on the geomorphology of the North Shensi basin")，载《中国地质学会公报》(*Bull. Geol. Soc. China*)，12 (1933)，第 181—197 页；王存诚，"论渭河地堑"(T. C. Wang, "On the Wei Ho graben")，载《地质学报》(*Acta geologic sinica*) 45, no. 4 (1965)，第 371—382 页。

[4] 德·菲利比，《意大利人在喜马拉雅、哈尔和林和东土耳其斯坦的探险（1913 年到 1914 年）》(De Filippi, *The Italian Expedition to the Himalaya, Karakorum and Eastern Turkestan [1913-1914]*, London, 1932)，第 507 页；特拉引自"最近对小西藏考察的自然地理学成果"(H. de Terra, "Physiographic results of the recent survey in Little Tibet")，载《地理学评论》(*Geog. Rev.*) 24 (1934)，第 12 页。

[5] 奥尔德姆，《印度地质考察记录》(R.D. Oldham, *Records Geological Survey of India*, 21, 1888)，第 157 页。

[6] 诺林，《塔里木盆地第四纪气候的变化》(E. Norin, "Quaternary climatic changes within the Tarim basin")，载《地理学评论》(*Geog. Rev.*)，22 (1932)，第 597 页。

[7] 伯格曼，"历史时间中的罗布泊地区"(F. Bergman, "The Lop-Nor region in historical

time"），见《中国－瑞典探险出版物》(Sino-Swedish Expedition, Publi.) 7, Stockholm, 1939, 第 41—50 页, 147 页, 156 页。

[8] 斯文·赫定，《游走的湖泊》(Sven Hedin, The Wandering Lake, London, Routledge, 1940)。

[9] 奥莱尔·斯登爵士，"亚洲最深之处：作为历史因素的亚洲地理"（Sir Aurel Stein, "Innermost Asia: its geography as a factor in history"），载《地理学杂志》(Geog. Journ.), 65 (1925), 第 391 页。

[10] 关于黄土地出版物众多。例如，见下列一般性文章：巴布尔，"中国的黄土"（G. B. Barbour, "The Loess of China"），见《年度报告》(Annual Report, Smithsonian Inst., Washington, 1926), 第 279—296 页；"对中国北方黄土的近期观察"（Recent observations on the loess of North China"），载《地理学杂志》(Geog. Journ.) 86 (1935), 第 54—65 页。更近期的研究包括 T. H. Chang, "关于中国黄土岩石的新数据"（"New data on the locss rocks of China"），载《国际地质学评论》(International Geological Review) 3 (1960), 第 1143—1149 页; 以及波波夫编，《中国北方的黄土》(V.V. Popov, editor, Loess of Northern China, Jerusalem, 1964)。

[11] 翁文灏，"中国北方河流的沉淀物及其地质重要性"（W. H. Wong, "Sediments of the North China rivers and their geological significance"），载《中国地学协会公报》(Bull. Geol. Soc. China) 10 (1931), 第 258 页; 盖勒特，"关于中国东部地壳构造及气候形态的见解和问题"（J. F. Gellert, "Tektonisch und klimatisch-morphologische Beobachtungen und Probleme in ostkuchen China"），载《彼特门斯地理学通讯》(Petermanns geographische Mitteilungen), 107 (1963), 第 81—103 页。

[12] 翁文灏，"中国的地震"（W.H. Wong, "Earthquakes in China"），载《中国地质学会公报》(Bull. Geol. Soc. China), 1 (1921), 第 39 页。

[13] 巴布尔，"长江地文学史"（G. B. Barbour, "Physiographic history of the Yangtze"），载《地理学杂志》(Geog. Journ.), 87 (1936), 第 26 页。

[14] 西格·艾利阿森，"华北平原的地形图和相关河流问题"（Sig. Eliassen, "The topographic map and related river questions of the North China plain"），载《挪威地理杂志》(Norsk Geografisk Tidsskrift), 15 (1955), 第 117—118 页。

[15] 斯文·赫定，《穿越亚洲》(Sven Hedin, Through Asia, New York and London, Harper, 1899), 第 1028 页。

[16] 葛德石，《五亿人口的国度》(G. B. Gressey, Land of the 500 Million, New York, McGraw-Hill, 1955), 第 329 页。

[17] 欧文·拉铁摩尔，《游牧民和政委》(Owen Lattimore, Nomads and Commissars, Oxford Univ. Press, 1962) 第 26 页。

[18] 斯文·赫定，《穿越亚洲》，第 1232 页。

[19] 坎门，《骆驼之乡》(S. Cammann, The Land of the Camel, New York, Ronald Press, 1951), 第 11 页。

[20] 竺可桢，"中国的东南季风和降雨"（Co-ching Chu, "Southeast Monsoon and rainfall in China"），见《气象学科学论文集 1919—1949》（*Collected Scientific Papers, Meteorology 1919-1949* [CSPM], Academia Sinica, Peking, 1954），第 475—493 页。

[21] 胡焕庸，"江苏省地理概述"，（H. Y. Hu, "A geographical sketch of Kiangsu Province"），载《地理学评论》（*Geog. Rev.*），37（1947），第 609 页。

[22] P. K. Chang，"四川省的气候区"（"Climatic regions of Szechuan Province"），见《气象学科学论文集》（*CSPM*），第 393—434 页。

[23] 同上书，第 412 页。

[24] 同上书，第 406 页。

[25] 《中国科学摘要》（*Science abstracts of China*）；《地貌学摘要》（*Geomorphological Abs.*）（London），21（1964），第 279—280 页。

[26] 郑德坤，"商朝动物群和气候条件"（"Shang fauna and the climatic condition"），见《商代中国》（*Shang China*, Univ. of Toronto Press, 1960），第 110—133 页。

[27] 威特福格，"商代占卜铭文中的气象学记录"（K. A. Wittfogel, "Meteorological records from the divination inscriptions of Shang"），载《地理学杂志》（*Geog. Rev.*），30，1940，第 110—133 页。

[28] 竺可桢，"中国历史时期中的气候变化"（Co-ching Chu, "Climatic changes during historic time in China"），见《气象学科学论文集》（*CSPM*），第 265—272 页。

[29] 在以下关于植被的讨论中以及在第三章中，我任意引用了几种基本资料，其中包括（1）C. W. Wang，《中国的森林，及其对草原和沙漠植被的概述》（*The Forests of China, with a Survey of Grassland and Desert Vegetation*, Maria Moors Cabot Foundation Publ. no. 5, Harvard Univ. Press, 1961）；（2）理查森，《共产党中国的森林》（S.D. Richardson, *Forestry in Communist China*, Baltimore, Johns Hopkins Press, 1966）；（3）索普，《中国土壤地理学》（J. Thorp, *Geography of the Soils of China*, Nanking, 1936）；以下注释中分别引为王，理查森和索普（1936）。

[30] 理查森，第 17 页。

[31] Wang，第 86 页。

[32] Wang，第 110 页。

[33] Wang，第 108 页。

[34] Wang，第 129 页。

[35] Wang，第 133 页。

[36] Wang，第 155—6 页。

第二章

[1] 索普（1936），第 456 页。

[2] 索普（1936），第 450 页。

[3] 索普（1936），第 439 页。

[4] 见金,《四十个世纪的农夫》(F. H. King, *Farmers of Forty Centuries*, New York, 1926)。

[5] 温菲尔德,《中国的土地和人民》(G. F. Winfield, *China: The Land and the People*, New York, Sloane, 1948),第45—46页。

[6] 索普(1936),第431页。

[7] 理查森,第14页。

[8] 理查森,第5页。

[9] 苏柯仁,《满洲的博物学家》(A. de C. Sowerby, *The Naturalist in Manchuria*, 3 vols., T'ientsin, 1922—1923);引自Wang书,第35页。

[10] 王,第41页。

[11] 理查森,第123页。

[12] 赖世和译,《入唐求法巡礼行记》(*Ennin's Travels in Tang China*, trans. Edwin O. Reischauer, New York, Ronald Press, 1955),第153—155页。

[13] 王,第80—86页。

[14] 毕沃译,《周礼》(*Le Tcheou-li*, Trans. E. Biot, Paris, 1851),第1卷,第371—374页。

[15] 《孟子》(Mencius),第1卷,第1部分,第3:3章,见理亚各译,《四书》(trans. Legge, *The Four Books*, New York, Pargon Reprint Co., 1966),第438页。

[16] 劳德米克"无树中国的林业"(W. C. Lowdermilk, "Forestry in denuded China"),载《美国政治社会科学院年鉴》(*Annals of American Academy of Political and Social Science*),152(1930),第129页。

[17] 同上书,第137页。

[18] 理查森,第151页。

[19] 苏柯仁,《中国艺术中的自然》(A. de C. Sowerby, *Nature in Chinese Art*, New York, John Day Co., 1940),第143页。

[20] 理查森,第152 153页。

[21] 威尔逊,《中国西部的博物学家》(E. H. Wilson, *A Naturalist in Western China*, 2 vols., London, 1913)。

[22] 索普(1936),第60页。

[23] 王,第110页。

[24] 理查森,第31页。

[25] 王,第135—136页,第142页。

[26] 郑德坤,《史前中国》(T. K. Cheng, *Prehistoric China*, Cambridge, Heffer, 1959),第24页。

[27] 索尔,"人与植物的早期关系"(C.O. Sauer, "Early relation of man to plants"),见《大地与生活》(*Land and Life*, Univ. of California Press, 1963),第159—160页。

[28] 《诗经》(Shi King),见理亚各译,《中国经典》(trans. J. Legge, *The Chinese Classics*, Hong Kong, 1871),第4卷,第1部分,第129页。

[29] 司马迁,《史记》(Ssu-ma Ch'ien, *Shi Chi*),第102章,见华滋生译,《中国伟大历史

学家实录》(trans. Burton Watson, in *Records of the Grand Historian of China*, Columbia Univ. Press, 1961), 第 2 卷, 第 490 页。

[30] 理亚各译,《孟子》(trans J. Legge, *Mencius*), 第 3 卷, 第 1 部分, 第 4:7 章, 第 628 页。

[31] 索普 (1936), 第 128 页。

[32] 斯蒂尔德和 Cheo Shu-yuen, "关于中国广西省植物考察的地理学和生态学笔记"(A.N. Steward and Cheo Shu-yuen, "Geographical and ecological notes on botanical explorations in Kwangsi Province, China"), 载《南京杂志》(*Nanking Journal*), 5 (1935), 第 174 页。

[33] 哈特维尔, "北宋时期中国铁煤工业中的革命, 公元 960—1126 年"(R. Hartwell, "A revolution in the Chinese iron and coal industries during the Northern Sung, A.D. 960-1126"), 载《亚洲研究期刊》(*Journal of Asian Studies*), 21, no. 2 (1962), 第 159 页。

[34] 穆尔,《行在和其他关于马可·波罗的笔记》(A. C. Moule, *Quinsai with other notes on Marco Polo*, Cambridge Univ. Press, 1957), 第 50 页。

[35] 《诗经》(Shi King), 见理亚各译,《中国经典》(J. Legge, *Chinese Classics*), 第 4 卷, 第 2 部分, 第 646 页。

[36] 见《樊川文集》(Fan Chou wen chi); 引用杨联升,《中华帝国时期公共工程的经济概况》(L. S. Yang, *Les aspects economiques des travaux publics dans la Chine imperial*, College de France, 1964), 第 37 页。

[37] 谢和耐,《蒙古入侵前夕的中国日常生活 1250-1276》(J. Gernet, *Daily Life in China on the Eve of the Mongol Invasion 1250-1276*, London, Allen & Unwin, 1962), 第 114 页。

[38] 罗荣邦, "宋末元初中国海上霸权的崛起"("The emergence of China as a sea power during the late Sung and early Yuan periods"),《远东季刊》(*Far Eastern Quarterly*), 14 (1955), 第 489—503 页。

[39] 薛爱华, "唐代自然保护地"(E. H. Schafer, "The conservation of nature under the T'ang dynasty"), 载《东方经济社会史杂志》(*Journ. of the Economic and Social History of the Orient*), 5 (1962), 第 299—300 页。

[40] 穆尔,《行在和其他关于马可·波罗的笔记》(A.C.Moule, *Quinsai with other notes on Marco Polo*, Cambridge Univ. Press, 1957), 第 23 页。

[41] 富格尔-梅耶,《中国桥梁》(H. Fugl-Meyer, *Chinese Bridges*, Shanghai, 1937), 第 33 页。这节中有关中国桥梁的讨论大大倚重于富格尔-梅耶的著作。

[42] Chen Tzu-teh, "赵州石桥"("The Chauchow stone bridge"), 载《人民中国》(*People's China*), 15 (August, 1955), 30-32; 安德鲁·博伊德,《中国建筑与市镇规划, 公元前 1500—公元 1911 年》(Andrew Boyd, *Chinese Architecture and Town Planning, 1500 B.C.—A.D. 1911*, Univ. of Chicago Press, 1962), 第 155 页。

[43] 李约瑟,《中国科学技术史》(J. Needham, *Science and Civilization in China*, Cambridge Univ. Press, 1961), 第 1 卷, 第 231 页。

[44] 富格尔-梅耶, 第 17—19 页。

[45] 富格尔-梅耶, 第 57 页。

[46] 斯宾塞，"中国人的房屋"（J. E. Spencer, "The houses of the Chinese"），载《地理学评论》（*Geog. Rev.*），37（1947），第 268—272 页；徐敬直，《中国建筑：过去与现在》（G. D. Su, *Chinese Architecture: Past and Present*，Hong Kong, 1964），第 227—237 页。

[47] 见第 5 章：中国古代的景观与生活。

[48] 张光直，《古代中国考古学》（K. C. Chang, *The Archaeology of Ancient China*, Yale Univ. Press, 1963），第 193 页。

[49] 魏礼泽，《中国艺术》（W. Willetts, *Chinese Art*, Harmondsworth, Penguin Books, 1958），第 2 卷，第 716 页。

[50] 博伊德，第 45 页。

[51] 顾理雅，《中国的诞生》（H. G. Creel, *The Birth of China*, Ungar, 1937），第 68 页。

[52] 博伊德，第 80 页的图表。

[53] 博伊德，第 93 页。

[54] 亚历山大·索珀，"建筑"（Alexander Soper, "Architecture"），见《中国艺术和建筑》（*The Art and architecture of China*，Baltimore, Penguin Books, 1956），第 221 页。

[55] 博伊德，第 87—92 页。

[56] 穆尔，第 26 页。

[57] 谢和耐，《蒙古入侵前夜的中国日常生活 1250—1276》（J. Gernet, *Daily Life in China on the Eve of the Mongol Invasion 1250-1276*, London, Allen & Unwin, 1962），第 114 页。

[58] 博伊德，第 103—108 页。

[59] 吴讷孙，《中国与印度建筑》（N. I. Wu, *Chinese and Indian Architecture*, New York, George Brazilier, 1963），第 48 页。

[60] 苏立文，《中国山水画的诞生》（M. Sullivan, *The Birth of Landscape Painting in China*, Univ. of California Press, 1962），第 29—30 页。

[61] 喜仁龙，《中国园林》（O. Siren, *Gardens of China*, New York, Ronald Press），第 117 页。

[62] 白英译，《白驹集》（Robert Payne, trans., *The White Pony*, New York, Mentor Books, 1960），第 144 页。

[63] 苏立文，第 84 页。

[64] 喜仁龙，第 6 页。

[65] S. Y. Chen, "中国房屋园林回顾"（"Chinese houses and gardens in retrospect"），见亨利·伊恩 编，《中国房屋和园林》（*Chinese Houses and Gardens* by Henry Inn, ed., S. C. Lee, New York, Hastings House, 2nd edn., 1950），第 8—9 页。

[66] 薛爱华，"唐朝时的自然的保护地"（E. H. Schafer, "The conservation of nature under the T'ang dynasty"），载《东方经济社会史杂志》（*Journ. of the Economic and Social History of the Orient*），5（1962），第 280—281 页。

[67] 谢和耐，第 51—52 页。

第三章

[1] 下列著作用英文概括了最近中国的考古工作：郑德坤，《史前中国》(T.K. Cheng, *Prehistoric China*, Cambridge, 1959)，《史前中国的新光》(*New Light on Pre-historic China*, Univ. of Toronto Press, 1966)，张光直，《古代中国考古学》(K. C. Chang, *The Archaeology of Ancient China*, Yale Univ. Press, 1963)。所有三部著作都引证严密。

[2] 夏鼐，"新中国的考古学"(Hsia Nai, "Archaeology in New China")，《古代世界》(*Antiquity*)，37 (1963)，第 177 页。

[3] 约翰·马林杰，"对史前蒙古的贡献"(John Maringer, "Contribution to the prehistory of Mongolia")，载《中国-瑞典探险，考古学》(*Sino-Swedish Expedition, Archaeology* 7, Publ.) 34, 1950，第 206—207 页。

[4] 张光直，第 41—42 页。

[5] 郑德坤，(1959)，第 57 页。

[6] 张光直，见此书第 59—60 页。

[7] 安特生，《黄土地的子孙》(J. G. Andersson, *Children of the Yellow Earth*, New York, Macmillan; London, Routledge, 1934)。

[8] 安特生，"河南的史前遗址"(J. G. Andersson, "Prehistoric sites in Honan")，载《远东古代博物馆公报》(*Bull. Mus. Far Eastern antiquities*)，19 (1947)，第 20—22 页。

[9] 安特生，"中国人的史前史"(J .G . Andersson, "Prehistory of the Chinese")，载《远东古代博物馆公报》(*Bull. Mus. Far Eastern antiquities*)，(1934)，第 34 页。

[10] 安特生 (1943)，第 109—110 页。

[11] 郑德坤 (1966)，第 18 页。

[12] 张光直，见此书第 61—62 页。

[13] 郑德坤，(1959)，第 75—81 页；(1966)，第 17—22 页。

[14] 张光直，见此书第 64 页；安特生 (1943)，第 116 页。

[15] 郑德坤 (1966)，第 28 页报道说龙山村庄一般来说比仰韶村庄小。张（第 94 页）却说它们要大些。

[16] 郑德坤，(1959)，第 87 页。

[17] 张书给出最清楚的概括和阐释，见第 77—109 页。

第四章

[1] 司马迁，《史记》(Ssu-ma Ch'ien, *Shi Chi*)，第 29 章，见华滋生译，《中国伟大历史学家实录》(trans. Burton Watson, *Records of the Grand Historian of China*, Columbia Univ. Press, 1961)，第 2 卷，第 70 页。

[2] 威特福格，"商代占卜铭文中的气象学记录"(K. A. Wittfogel, "Meteorological records from the divination inscriptions of Shang"，载《地理学评论》(*Geog. Rev.*)，30 (1940)，第 130 页。

[3] 安特生，"原始中国人的地理环境"(J. G. Andersson, "Geographical setting of pro-

to-Chinese"），载《远东古代博物馆公报》(*Bull. Mus. Far Eastern antiquities*)，(1943)，第39—40页。

[4] 薛爱华，"麋鹿文化史"（E. H. Schafer, "Cultural history of the Elaphure"），载《汉学》(*Sinologica*) 4 (1956)，第250—258页。

[5] 张光直，《古代中国考古学》(K. C. Chang, *The Archaeology of Ancient China*, Yale Univ. Press, 1963)，第150—153页。

[6] 郑德坤，《商代中国》(T.K. Cheng, *Shang China*, University of Toronto Press, 1960)，第21页。

[7] 艾伯华，《中国史》(W. Eberhard, *A History of China*, Univ. of California Press, 1960)，第21页。

[8] 郑德坤，(1960)，第198页。

[9] 《诗经》(Shi Ching)，见理亚各译，《中国经典》(trans. J. Legge, *Chinese Classics*, Hong Kong, 1871)，第4卷，第1部分，第129页。

[10] 阿瑟·卫礼译，《诗经》(trans. Arthur Waley, *Shi Ching, The Book of Songs*, Grove Press, 1960)，第167—168页。

[11] 郑德坤，(1960)，见此书第89页。

[12] 同上书，第197页。

[13] 张光直，第150页。

[14] 艾伯华，《传统中国的社会流动》(W. Eberhard, *Social Mobility in Traditional China*, Leiden, 1962)，第269页。

[15] Y. L. Chang, "周朝的封建制度"（"Feudal system during the Chou dynasty"），载《清华杂志》(Tsing Hua Journal)，10 (1935)，第803—836页。

[16] 葛兰言，《中国文明》(M. Granet, *Chinese Civilization*, New York, Meridian Books, 1958)，第237—246页。

[17] 卫礼译，《诗经》，第248页。

[18] 同上书，第158页。见卫礼对农业诗篇的介绍。

[19] 徐中舒，"商朝和周朝的井田制度"（"The well-field system in Shang and Chou"），见孙任以都、德范克编，《中国社会史》(*Chinese Social History*, ed. E-Tu Zen Sun and John de Francis, Washington, D.C., American Council of Learned Societies, 1956)，第9—11页。

[20] 卫礼译，《诗经》第162页。

[21] 同上书，第212页。

[22] 许倬云，《变迁中的古代中国》(C. Y. Hsu, *Ancient China in Transition*, Stanford Univ. Press, 1965)，第108, 111页。

[23] 《孟子》(Mencius)，第4卷，第1部分，第14：3章，见理亚各译，《四书》(trans. Legge, *The Four Books*, New York, Pargon Reprint Co., 1966)，第714页。

[24] 《孟子》(Mencius)，第1卷，第1部分，第3：3章，理亚各译，第438页。

[25] 孙念礼,〈食货志〉(《汉书》24,有关章节,《汉书》91 和《诗经》129)(N. Swann, *Food and Money in Ancient China……Han Shu 24, with related texts, Han Shu 91 and Shih-chi 129*, Princeton Univ. Press, 1950),第 138 页。

[26] 鲁宾,"子产和古代中国的城邦"(Y. A. Rubin, "Tzu-ch'an and the city state of ancient China"),载《通报》(*T'oung Pao*),52, 1965,第 10 页。

[27] 胡特森,"蜀国"(J. Hutson, "The Shuh Country"),载《皇家亚洲协会中国北方分会杂志》(*Journ. Royal Asiatic Soc., North China Branch*),54(1923),第 25—53 页;托兰斯,"成都平原灌溉工程的起源和历史"(T. Torrance, "The origin and history of the irrigation works of the Chengtu plain"),载《皇家亚洲协会中国北方分会杂志》(*Journ. Royal Asiatic Soc., NCB*),55(1924),第 60—65 页。

[28] 《史记》,29 章,见卜德,《中国的首个统一者》(D. Bodde, *China's First Unifier*, Leiden, E.J. Brill, 1938),第 59 页。

[29] 理亚各译,《孟子》,第 3 卷,第 1 部分,第 3:7 章,第 614 页;《周礼》,30,第 11—12 页;引自许倬云(1965),第 133 页。

[30] 许倬云(1965),第 133 页。

[31] 理亚各译,《诗经》(*Shi Ching*),(trans. Legge, 1871),第 4 卷,2.5.9。

[32] 许倬云(1965),第 118 页。

[33] 华滋生译,《史记》,第 29 章,第 71 页。

[34] 张光直,第 181 页。

[35] 卫礼译,《诗经》第 281 页。

[36] 许倬云(1965),第 111 页。

[37] 理亚各译,《孟子》,第 2 卷,第 2 部分,第 1:2 章,第 559 页。

[38] 许倬云(1965),第 135—138 页;"对燕下都遗址的勘察和实验性挖掘",("Reconnaissance and trial diggings on the site of Yen Hsia-tu"),载《考古学报》(*Kao Ku Hsueh Pao*),I,北京(1965),第 83—106 页。

[39] 卫礼译,《诗经》,第 138, 213, 147 页。

[40] 张光直,见此书第 230 页。

[41] 顾理雅,"马匹在中国历史中的作用"(H. G. Creel, "The role of the horse in Chinese history"),载《美国历史评论》(*American Historical Rew.,*),52(1965),第 647—672 页。

[42] 张光直,见此书第 255—275 页。

[43] 许倬云(1965),第 120 页。

[44] S. S. Ling,"中国古代和太平洋地区的狗祭传统"("Dog sacrifice in ancient China and the Pacific area"),载《"中央研究院"民族学研究所公报》(*Bull. Institute of Ethnology, Academia Sinica*),3(Spring, 1957),第 37—40 页。

[45] 毕肖普,"公共房屋和龙舟"(C. W. Bishop, "Long house and dragon-boats"),载《古代世界》(*Antiquity*),12(1938),第 411—424 页。

第五章

[1] 《史记》(*Shi Chi*)，沙畹译（trans. Chavannes），《司马迁的历史记忆》(Memoires historiques de Se-ma Ts'ien, Paris, 1895—1905)，第 2 卷，第 220 页。关于第 6, 8 和 9 章，参见赫尔曼，《中国历史地图集》(A. Herrmann, *An Historical Atlas of China*, New edition, edited by N. Ginsburg, Chicago, Aldine, 1966)。

[2] 何伟恩，《中国向热带的进军》(H. Wiens, *China's March Toward the Tropics*, Connecticut, Shoestring Press, 1954)，第 132—133 页。

[3] 沙畹译，《史记》，第 2 卷，139 页和注 6。

[4] 同上书，第 178 页。

[5] 同上书，第 283 页。卜德，《中国的首个统一者》(D. Bodde, *China's First Unifier*, Leiden, Brill, 1938)，第 116—117 页，163 页。

[6] 毕汉思，"汉朝的重建"(H. Bielenstein, "The restoration of the Han dynasty")，载《远东古代博物馆公报》(*Bull. Mus. Far Eastern antiquities*)，26 (1954)，第 93 页。

[7] 《史记》(*Shi Chi*)，见华滋生译，《中国伟大历史学家实录》(trans. Burton Watson, *Records of the Grand Historian of China*, Columbia Univ. Press, 1961)，第 2 卷，第 490 页。

[8] 毕汉思，"公元 2—742 年中国的人口普查"(H. Bielenstein, "The census of China during the period A.D. 2-742")，载《远东古代博物馆公报》(*Bull. Mus. Far Eastern antiquities*)，19 (1947)，第 135 页。

[9] 劳干，"两汉时期的人口和地理"(Lao Kan, "Population and geography in the two Han dynasties")，见孙任以都，德范克编，《中国社会史》(*Chinese Social History*, ed. E-Tu Zen Sun and John de Francis, Washington, D.C., American Council of Learned Societies, 1956)，第 90 页。

[10] 华滋生译，《史记》，第 73 页。

[11] 同上书，第 73—4 页。

[12] 石声汉译并评论，《氾胜之书》(*The Fan Shen-chih shu, trans. With commentary*)，北京，科学出版社，1959，第 61 页。

[13] 同上书，第 51—2 页。

[14] 同上书，第 56 页。

[15] 同上书，第 29—39 页。

[16] 孙念礼，《前汉书：食货志》(N. Swann, *Food and Money in Ancient China*, Princeton Univ. Press, 1950)，第 184—5 页。

[17] 奥德里库和赫丁，《人与栽培植物》(A. G. Haudricourt and L. Hedin, *L'homme et les plantes cultivees*, Paris, 1943)，第 153 页。

[18] 石声汉，《氾胜之书》，第 39 页。

[19] 同上书，第 19 页。

[20] 余英时，《汉代中国的贸易和扩张》(Y. S. Yu, *Trade and Expansion in Han China*, Univ. of California Press, 1967)，第 21—22 页。

[21] 《前汉书》第 24 卷，见孙念礼译，《食货志》（N. Swann, *Food and Money in Ancient China*），第 163 页。

[22] 傅路德，《中国人简史》（L. Carrington Goodrich, *A Short History of the Chinese People*, 3rd ed., New York, Harper），第 39 页。

[23] 劳干，第 91—92 页。

[24] 李约瑟，《中国科学技术史》（J. Needham, *Science and Civilization in China*, Cambridge Univ. Press, 1961），第 183 页。

[25] 普里查德，"思考中国人口的历史发展"（E.H. Pritchard, "Thoughts on the historical development of the population of China"），载《亚洲研究杂志》（*Journ. Of Asian Studies*），23（1963），第 16 页。

[26] 毕汉思（1954），第 148 页。

[27] 毕汉思（1947），第 139—41 页。

[28] 霍克斯，《楚辞：南地之音》（D. Hawkes, *Ch'u Tz'u, The Songs of the South*, Beacon Paperback, 1962），第 119—120 页。

[29] 杨联升，"东汉的豪族"（L. S. Yang, "Great families of Eastern Han"），见孙任以都、德范克编，《中国社会史》（*Chinese Social History*, ed. E-Tu Zen Sun and John de Francis, Washington, D.C., American Council of Learned Societies, 1956），第 114 页。

[30] 同上书，第 113 页。

[31] 卫礼，"汉代的生活：关于公元 1 世纪和 2 世纪时中国文明的笔记"（A. Waley, "Life under the Han dynasty: Notes on Chinese civilization in the first and second centuries A.D."），载《今日历史》（*History Today*）3,（1953），第 94 页。

[32] 杨联升，"秦朝经济史笔记"（L. S. Yang, "Notes on the economic history of the Chin dynasty"），载《哈佛亚洲研究杂志》（*Harvard Journ. of Asiatic Studies*, 9（1945），第 113 页。

[33] 杨联升（1945），第 115 页。

[34] 李济，《中华民族的形成》（Li Chi, *The Formation of the Chinese People*, Harvard Univ. Press, 1928），第 233 页。

[35] 梅布尔·李，《关注农业的中国经济史》（Mabel P. H. Lee, *The Economic History of China, with Special Reference to Agriculture*, New York, 1921），第 196 页。

[36] 傅路德，第 95 页。

[37] 天野元之助，"旱地农业和齐民要术"（Amano Motonosuke, "Dry-farming and the Ch'i-Min Yao-Shu"），见《人文科学研究所二十五年纪念卷》，（*Silver Jubilee Volume of Zinbun-Kagaku-Kenkyusyo*, Kyoto Univ., 1954），第 456 页。石声汉，《齐民要术今释》（S. H. Shih, *A Preliminary Survey of the Book Ch'i–Min Yao-Shu*, Science Press, Peking, 1962），第 107 页，关于林业，第 61 页。

[38] 伯希和，"评文林士所著'中文隐喻手册'"（P. Pelliot, "In review of 'A Manual of Chinese Metaphors' by C. A. S. Williams"），载《通报》（*T'oung Pao*），21（1922），

第 436 页。

[39] 亚历山大·索珀，"建筑"（Alexander Soper, "Architecture"），见《中国艺术和建筑》（The Art and Architecture of China, Baltimore, Penguin Books, 1956），第 227 页。

[40] 陈观胜，《中国佛教历史概论》（K. Ch'en, Buddhism in China, a Historical Survey, Princeton Univ. Press, 1964），第 136 页。

[41] 索珀，第 228 页。

[42] 陈观胜，第 259 页。

[43] 索珀，第 229 页。

[44] 魏礼泽，《中国艺术》（W. Willetts, Chinese Art, Harmondsworth, Penguin Books, 1958），第 2 卷，第 724 页。

[45] 索珀，第 230 页。

[46] 毕汉思（1947），第 146 页。

[47] 白乐日，《隋朝的经济特点》（E. Balazs, Le traite economique du 'Souei-chou', Leiden, Brill, 1953），第 309 页。

[48] 宾板桥，《唐朝的建立》（W. Bingham, The Founding of the T'ang Dynasty, Baltimore, 1941），第 14—15 页。

[49] 罗伊，"隋唐运河体系对于交通运输的重要性"（C. W. Roy, The importance of Sui and T'ang canal systems with regard to transportation communication"，载《国际学生荣誉协会出版物》（Phi Theta Papers），8（1963），第 38 页。

[50] 冀朝鼎，《中国历史上的基本经济区》（C. T. Chi, Key Economic Areas in Chinese History, New York, Pargon Reprint Co., 1963），第 117—118 页。

[51] 普理查德，第 17 页。

[52] 李铁铮，《西藏的今昔》（T. T. Li, Tibet: Today and Yesterday, New York, Bookman Associates, 1960），第 9 页。

[53] 斯内尔格洛夫，《佛教的喜马拉雅山》（D. L. Snellgrove, Buddhist Himalaya, Oxford, Cassirer, 1957），第 145 页。

[54] 拜尔，《西藏的人民》（C. Bell, People of Tibet, Oxford Univ. Press, 1928），第 12—15 页。

[55] 薛爱华，《撒马尔罕的金桃》（E. H. Schafer, The Golden Peaches of Samarkand, Univ. of California Press, 1963），第 58 页。

[56] 崔瑞德，"唐代时国家开垦的田地"（D. Twitchett, "Land under state cultivation under the T'ang"），载《东方社会经济史杂志》（Journ. of the Economic and Social History of the Orient），2（1959），第 162—203 页；引自第 172 页。

[57] 冀朝鼎，第 125 页。

[58] 同上书，第 126 页。

[59] 何炳棣，《中国人口研究》（P. T. Ho, Studies on the Population of China, Harvard Univ. Press, 1959），第 177 页。

[60] 薛爱华（1963），第 19—20 页。

[61] 李铁铮，第 229 页。

[62] K. T. Wang, "中世纪时的均田制度"（"The system of equal land allotments in medieval times"），见《中国社会史》(Chinese Social History, Washington, D.C., 1956)，第 172 页。

[63] 崔瑞德，第 184 页。

[64] 白英译，《白驹集》(R. Payne, trans., The White Pony, New York, Mentor Books, 1960)，第 163 页。

[65] 薛爱华，"唐朝时的自然的保护地"（E. H. Schafer, "The conservation of nature under the T'ang dynasty"），载《东方经济社会史杂志》(Journ. of the Economic and Social History of the Orient)，5（1962），第 298—299 页。

[66] 薛爱华（1962），第 295 页。

[67] 赖世和译，《入唐求法巡礼行记》(Ennin's Travels in Tang China, trans. E. O. Reischauer, New York, Ronald Press, 1955)，第 154 页。

[68] 赖世和，第 155 页。

[69] 卫礼，第 90 页。

[70] 宫崎市定，"汉代时的中国城市"（Ichisada Miyazaki, "Les villes en Chine a l'epoque des Hans"），载《通报》(T'oung Pao)，48（1960），第 378—381 页。

[71] 同上书。

[72] 艾伯华，《中国历史》(W. Eberhard, A History of China, Univ. of California Press, 1960)，第 32—33 页；《征服者和统治者》(W. Eberhard, Conquerors and Rulers, Leiden, 1965)，第 34—37 页。

[73] 宫崎市定，第 383—389 页。

[74] 薛爱华（1963），第 15 页。

[75] 同上书，第 18 页。

[76] 同上书，第 15 页。

[77] 毕沃译，《周礼》(Le Tcheou-li, Trans. E. Biot, Paris, 1851)，第 2 卷，第 555—557 页；芮沃寿，"象征主义和功用：讨论长安和其它大城市"（A. F. Wright, "symbolism and function: reflections on Ch'ang-an and other great cities"），《亚洲研究杂志》(Journal of Asian Studies)，24（1965），第 670—671 页；T. C. Peng,《中国都市化》，(Chinesischer Stadtebau, Hamburg, 1961)，第 6—20 页。

[78] 卫礼，《中国诗词》(A. Waley, Chinese Poems, London, Unwin Books, 1911)，第 161 页。

[79] 薛爱华，"长安最后的岁月"（E. H. Schafter, "The last years of Ch'ang-an"），载《远东杂志》(Oriens Extremus)，10, 1963，第 133—179 页。

[80] 同上书，第 138 页。

[81] 同上书，第 154 页。

第六章

[1] 艾伯华，《征服者和统治者：中世纪中国的社会力量》(W. Eberhard, Conquerors and

Rulers: Social Forces in Medieval China, 2nd edn., Leiden, 1965),第20页。

[2] 柯睿格,《宋代初期的行政机构:960—1067》(E. A. Kracke, *Civil Service in Early Sung China 960-1067*, Harvard Univ. Press, 1953),第12页。

[3] 普理查德,"思考中国人口的历史发展"(E.H. Pritchard, "Thoughts on the historical development of the population of China", 载《亚洲研究杂志》(*Journ. Of Asian Studies*), 23 (1963), 第18页。

[4] 崔瑞德,《唐宋时期的土地占有和社会秩序》(获奖演说)(D. C. Twitchett, *Land Tenure and the Social Order in T'ang and Sung China* [inaugural lecture], Oxford Univ. Press), 1962, 第31页。

[5] 冀朝鼎,《中国历史上的基本经济区》(C. T. Chi, *Key Economic Areas in Chinese History*, New York, Pargon Reprint Co., 1963), 第136页。

[6] 全汉升,"南宋的水稻生产和分配"(H. S. Ch'üan, "Production and distribution of rice in Southern Sung", 见《中国社会史》(*Chinese Social History*, Washington, D. C. 1956), 第223页。

[7] 冀朝鼎,第137页。

[8] 艾伯华,《传统中国的社会流动》(W. Eberhard, *Social Mobility in Traditional China*, Leiden, 1962), 第269页。

[9] 全汉升,第223页。

[10] 何炳棣,《中国人口研究》(P. T. Ho, *Studies on the Population of China, 1368-1953*, Harvard Univ. Press, 1959), 第177页。

[11] 崔瑞德,第31页。

[12] 何炳棣,第321页。

[13] 全汉升,第231页。

[14] 哈特维尔,"北宋时期中国铁煤工业中的革命,公元960—1126年"(R. Hartwell, "A revolution in the Chinese iron and coal industries during the Northern Sung, A.D. 960-1126"), 载《亚洲研究期刊》(*Journal of Asian Studies*), 21, no. 2 (1962), 第153—162页。

[15] 柯睿格,"宋代社会:传统中的变化"(E. A. Kracke, "Sung society: change within tradition"), 载《远东季刊》(*Far Eastern Quarterly*), 14 (1955), 第481—482页。

[16] 柯睿格 (1953), 第13页。

[17] 柯睿格 (1955), 第481页。

[18] 穆尔,《行在和其他关于马可·波罗的笔记》(A. C. Moule, *Quinsai with other notes on Marco Polo*, Cambridge Univ. Press, 1957), 第12页。

[19] 谢和耐,《蒙古入侵前夜的中国日常生活1250—1276》(J. Gernet, *Daily Life in China on the Eve of the Mongol Invasion 1250-1276*, London, Allen & Unwin, 1962), 第32页。

[20] 同上书,第47页。

[21] 关于北京的几何图形特性,见 T. C. Peng,《中国都市化,对北京城的特殊关注》

(Chinesischer Stadtebau, unter besonderer Berucksichtigung der Stadt Peking, Hamburg, 1961),第 6—20 页。

[22] 莱瑟姆译,《马可·波罗游记》(*The Travels of Marco Polo*, trans. R. Latham, Harmondswort, Penguin Books, 1958),第 98—100 页。

[23] 舒尔曼,《元代经济结构》(H. F. Schurmann, *Economic Structure of Yuan Dynasty*, Harvard Univ. Press, 1956),第 29 页。

[24] 冀朝鼎,第 143—6 页。

[25] 贺凯,《明代时的传统国家(1368-1644)》(C. O. Hucker, *The Traditional Chinese State in Ming Times [1368-1644]*, Univ. of Arizona Press, 1961),第 23 页。

[26] S. D. Chang,"中国都市化的历史趋势"("Historical trend of Chinese urbanization"),载《美国地理学家协会年鉴》(*Annals Assoc. American Geographers*),53(1963),第 137 页。

[27] 普理查德,第 18 页。

[28] 何炳棣,第 139 页。

[29] 同上书,第 264 页。

[30] 同上书,第 191—192 页。

[31] 同上书,第 203 页。

[32] 同上书,第 184—188 页。

[33] 劳德米克和 威克斯,《五台山地区土壤利用的历史》(W. C. Lowdermilk and D. R. Wickes, *History of Soil Use in the Wu Tai Shan area*, Monograph, Royal Asiatic Society, North China Branch, 1938),第 4—5 页。

[34] 冀朝鼎,第 22 页。

[35] 劳德米克和 威克斯,第 5 页。

[36] 同上书,第 23 页。

[37] 罗克希尔,"对蒙古和西藏的探查"(W. W. Rockhill, "Explorations in Mongolia and Tibet"),见《年度报告》(*Annual Report*, Smithsonian Inst., Washington, D. C., 1892),第 663 页。

[38] 何炳棣,第 142 页。

[39] 何炳棣,第 145—148 页,"长江丘陵的发展"(The development of the Yangtze highlands)。

第七章

[1] 吉瑟灵,《一个哲学家的旅行日记》(A. G. H. Keyserling, *Travel Diary of a Philosopher*, London, 1925),第 71 页。

[2] 金,《四十个世纪的农夫》(F. H. King, *Farmers of Forty Centuries*, Penn., Organic Gardening Press),第 16 页。

[3] 最声势浩大的起义为 17 世纪中叶张献忠所领导,这一浩劫几乎将成都人烟稠密的景

观毁灭殆尽。

[4] 葛德石,《五亿人口的国家：中国地理》(G. B. Cressey, *Land of the 500 Million: A Geography of China*, New York, McGraw-Hill, 1955), 第 248 页。

[5] 安特生,《黄土地的子孙》(J. G. Andersson, *Children of the Yellow Earth*, New York, Macmillan, 1934), 第 128 页。

[6] 富勒和克拉普, "陕西黄土和岩石造的住处" (M. L. Fuller and F. G. Clapp, "Loess and rock dwellings of Shensi"), 载《地理学评论》(*Geog. Rev.*), 14 (1924), 第 215—26 页。

[7] 甘博,《定县：中国北方农村社区》(S. D. Gamble, *Ting Hsien: A North China Rural Community*, New York, Inst. of Pacific Relations, 1954), 第 210 页。

[8] 甘博,《中国北方村庄》(*North China Villages*, Univ. of California Press, 1963), 第 29 页。

[9] 杨懋春,《一个中国村庄》(M. C. Yang, *A Chinese Village*, Columbia Univ. Press, paperback edn. 1965), 第 4—6 页。

[10] 甘博 (1963), 第 16 页。

[11] 杨懋春, 第 7 页。

[12] H. C. Sha, "四川盆地的文化景观" ("The cultural landscape of the Szechwan basin"),《台湾地理学研究》(*Geographical Studies*: Taiwan), 1 (1966), 第 3—15 页。

[13] 葛德石, 第 190—192 页。

[14] 费孝通,《江村经济》(H. T. Fei, *Peasant Life in China*, London, Routledge, 1939), 第 155—165 页。

[15] 同上书, 第 12 页。

[16] 葛德石 "长江三角洲的一部分：奉贤景观" (G. B. Cressey, "The Fenghsien landscape: a fragment of the Yangtze delta"), 载《地理学评论》(*Geog. Rev.*), 26 (1936), 第 402—403 页。

[17] 费孝通, 第 120—121 页。

[18] 费子智,《五华楼》(C. P. Fitzgerald, *Tower of Five Glories*, London, Cresset Press, 1941)。

[19] 特里吉尔,《中国地理》(T. R. Tregear, *A Geography of China*, Chicago, Aldine Publishing Co., 1965), 第 258 页。

[20] 甘博 (1954), 第 460 页。

[21] 施坚雅, "中国农村的市场和社会结构, 第 2 部分" (G. William Skinner, "Marketing and social structure in rural China, Part II"), 载《亚洲研究杂志》(*Journal of Asian Studies*), 24, no. 2 (1965), 第 195—196 页。

[22] 施坚雅, 第 196—206 页。

[23] 施坚雅, "中国农村的市场和社会结构, 第 1 部分" (G. William Skinner, "Marketing and social structure in rural China, Part I"), 载《亚洲研究杂志》(*Journal of Asian Studies*), 24, no. 1 (1964), 第 32—43 页。

[24] S. Y. Yao,"中国历史上洪水和干旱的地理分布：公元前206—公元1911年"（"The geographical distribution of floods and droughts in Chinese history 206 B.C. —1911A. D."），载《远东季刊》(*Far Eastern Quarterly*)，2（1943），第357—378页。

[25] 何炳棣，《中国人口研究》(P. T. Ho, *Studies on the Population of China, 1368-1953*, Harvard Univ. Press, 1959)，第232—233页。

[26] 马洛里，《中国：饥荒之地》(W. H. Mallory, *China: Land of Famine*, New York, American Geographical Society, Special Publ. No. 6, 1926)，第2页。

[27] C. T. Hu, "清朝对黄河的管理"（"The Yellow River administration in the Ch'ing dynasty"），载《远东季刊》(*Far Eastern Quarterly*)，14，(1955)，第505—513页。

[28] 托德，"重受约束的黄河 (C. T. Todd, "The Yellow River re-harnessed)"，载《地理学评论》(*Geog. Rev.*)，39（1949），第38—56页。

[29] 翁文灏,"中国的地震"(W.H. Wong, "Earthquakes in China")，载《中国地质学会公报》(*Bull. Geol. Soc. China*) 1（1921），第39页。

[30] 翁文灏，"中国北方河流的沉淀物及其地质重要性"（W. H. Wong, "Sediments of the North China Rivers and their geological significance"），载《中国地质学会公报》(*Bull. Geol. Soc. China*) 10（1931），第258页。

[31] 冯·李希霍芬男爵，《关于浙江省和安徽省的通信》(Baron von Richthofen, *Letter on the Provinces of Chekiang and Nanghwei*, Shanghai, 1871)，第12—14页，引自何，第243页。

[32] 何炳棣，第157页。

[33] 史蒂文森，"中国西藏边疆人文地理学笔记"(P. H. Stevenson, "Notes on the human geography of the Chinese Tibetan borderland"）,载《地理学评论》(*Geog. Rev.*), 22 (1932)，第599—616页。

[34] 林耀华，《凉山彝家》(Y. H. Lin, *The Lolo of Liang Shan*, New Haven, HRAP Press, 1961)，第11页。

[35] 埃克瓦尔，《甘肃－西藏边境的文化关系》(R. B. Ekvall, *Cultural Relations on the Kansu-Tibetan Border*, Univ. of Chicago Publ.)，载《人类学》(Anthropology, Occasional Papers, no. 1, 1939)。

[36] 拉铁摩尔，《通往土耳其斯坦的沙漠之路》(O. Lattimore, *The Desert Road to Turkestan*, London, Methuen, 1928)，第35页。

[37] 同上书。

[38] 坎门，《骆驼之乡：内蒙古的帐篷和庙宇》(S. Cammann, *The Land of the Camel: Tents and Temples of Inner Mongolia*, New York, Ronald Press, 1951)。

[39] 坎门，第28页。

[40] 坎门，第50—51页，第114—15页。

[41] 拉铁摩尔，《中国的亚洲内陆边疆》(O. Lattimore, *Inner Asian Frontiers of China*, Boston, Beacon Press, paperback edn., 1962)，第108页。

[42] 拉铁摩尔,"汉人对满洲的开发"(O. Lattimore, "Chinese colonization in Manchuria"),载《地理学评论》(*Geog. Rev.*), 22 (1932), 第 177—195 页。

[43] 拉铁摩尔 (1932), 第 13 页。

[44] 葛德石 (1955), 第 289 页。

[45] 拉铁摩尔 (1932), 第 188 页。

[46] 鲍曼,《拓荒者的边地》(I. Bowman, *The Pioneer Fringe*, New York, American Geographical Society, Special Publ. no. 13, 1931), 第 290 页。

[47] 费维恺,《中国早期工业化》(A. Feuerwerker, *China's Early Industrialization*, Harvard Univ. Press, 1958), 第 2 页。

[48] 葛德石 (1955), 第 302 页。

[49] 罗杰斯,"满洲的钢铁工业及其源料基地",(A. Rogers, "The Manchurian iron and steel industry and its resource base"), 载《地理学评论》(*Geog. Rev.*), 38 (1948), 第 41—54 页。

[50] 艾查德,"上海"(J. E. Archard, "Shanghai"), 载《地理学评论》(*Geog. Rew.*), 26 (1936), 第 25 页。

[51] 辛德尔,《上海的生活和劳动》(E. M. Hinder, *Life and Labour in Shanghai*, New York, Inst. Of Pacific Relations, 1944), 第 30 页。

[52] 伯里,"天津"(P. Bure, "Tientsin"), 载《比利时皇家地理学会公报》(*Societe royale Belge de geographie, Bull.*), 23 (1899), 第 244 页。

[53] 引自洛茨·墨菲,《上海:通往近代中国之门》(R. Murphey, *Shanghai: Key to Modern China*, Harvard Univ. Press, 1953), 第 6 页。

[54] 辛德尔, 第 81 页。

[55] 墨菲, 第 12 页。

[56] 关于中国, 基于 1932 年的统计数字, 关于印度和美国, 基于 1914 年的统计数字, 巴克尔,"中国的交通"(J. E. Barker, "Transportation in China"), 载《美国政治社会科学杂志年鉴》(*Annals, American Journal of Political and Social Sciences*), 152 (1930), 第 166 页。

[57] 施坚雅 (1965), 第 211—228 页。

[58] 同上书, 第 213—220 页。

第八章

[1] 沃克尔,《中国农业规划》(K. R. Walker, *Planning in Chinese Agriculture*, London, Cass, 1965), 第 3—13 页。

[2] 施坚雅,"中国农村的市场和社会结构, 第 3 部分"(G. William Skinner, "Marketing and social structure in rural China, Par III"), 载《亚洲研究杂志》(*Journal of Asian Studies*), 24, no. 3 (1965), 第 382 页。

[3] 同上书, 第 386—389 页。

[4] 同上书，第397页。

[5] 布坎南，"成立6年的人民公社"（K. Buchanan, "The people's communes after six years"），载《太平洋观察》（*Pacific Viewpoint*），6（1965），第56页。

[6] 布坎南，第59页。

[7] 同上书，第62页。

[8] 麦戴尔，《来自一个中国村庄的报告》（J. Myrdal, *Report from a Chinese village*, New York, Random House, 1965），第38页。

[9] 麦戴尔，第126页。

[10] 麦戴尔，第7页。

[11] 费孝通，《江村经济》（H. T. Fei, *Peasant Life in China*, London, Routledge, 1962），第1页。

[12] 费孝通，第22页，29页。

[13] 戈迪斯，《共产党中国的农民生活》（W. Geddes, *Peasant Life in Communist China*, The Society for Applied Anthropology, Cornell University, Monograph no. 6, 1963），第19页。

[14] 同上书，第37页。

[15] 《北京周报》（*Peking Review*），22 April, 1958，第15页。

[16] 理查森，《共产党中国的林业》（S.D. Richardson, *Forestry in Communist China*, Baltimore, Johns Hopkins Press, 1966），123页。

[17] 布坎南，"中国农村面貌的改观"（K. Buchanan, "The changing face of rural China"），载《太平洋观察》（*Pacific Viewpoint*）I, no. 1（1960），第26页。

[18] 理查森，第116页。

[19] 斯诺，《河流对岸》（E. Snow, *The Other Side of the River*, New York, Random House, 1962），第502页。

[20] 布坎南（1960），第19页。然而也有不太热情的评价，见 Wen-shun Shi，"共产党中国的兴修水利"（"Water conservancy in Communist China"），载《中国季刊》（*The China Quarterly*）23（July-Sept., 1965）。

[21] 斯诺，第508页。

[22] 侯继明，"对当代中国经济史的思考（1840-1949）"，（"Some reflections on the economic history of modern China [1840-1949]"），载《经济史杂志》（*Journal of Economic History*），23（1963），第597页。

[23] 休斯和卢阿德《共产党中国的经济发展：1949-1958》（T. J. Hughes and D.E. T. Luard, *The Economic Development of Communist China: 1949-1958*, Oxford Univ. Press, 1959），第97页。

[24] R. Hsia，"中国钢铁工业地区的变化"（"Changes in the location of China's steel industry"），见 C. M. Li 编，《共产党中国的工业发展》（*Industrial Development in Communist China*, ed. C. M. Li, New York, Praeger, 1964），第128页。

[25] 斯诺，第52页。

[26] 斯诺，第 52 页。原书有两个注 25。

[27] C. M. Li,"中国的工业发展 1958-1963"见《共产党中国的工业发展》，第 14 页。

[28] 沙巴，"中国城市的人口"（T. Shabad,"The population of China's Cities"），载《地理学评论》（*Geog. Rev.*），49（1959），第 32—42 页。

[29] 普莱比拉，"共产党中国的交通"（J. S. Prybyla,"Transportation in Communist China"），载《土地经济学》（*Land Economics*），42, no. 3（1966），第 274 页。

[30] 何伟恩，"中国中亚之都城乌鲁木齐的历史和地理作用"，（H. J. Wiens,"The historical and geographical role of Urumchi, capital of Chinese Central Asia"），载《美国地理学家协会年鉴》（*Annals Assoc. American Geographers*），53（1963），第 456 页。

[31] 斯诺，第 51 页。

[32] K. S. Chang,"中国西北部工业发展的地理基础"（"Geographical basis for industrial development in north-western China"），载《经济地理学》（*Economic Geography*），39（1961），第 341—350 页。

[33] S. D. Chang,"北京：共产党中国的大都市发展"（"Peking: The growing metropolis of Communist China"），载《地理学评论》（*Geog. Rev.*）55（1965），第 324 页。

第九章

[1] 谢舜方、曹雪娟主编：《江村七十年——中国农民的小康之路》，南京：南京师范大学出版社，2010 年，第 345 页。

[2] 据澎湃新闻网，2018 年 2 月 8 日。

[3] 张跃进主编：《中国农民工问题新解》，北京：光明日报出版社，2011 年。

[4] 张跃进主编：《中国农民工问题新解》，北京：光明日报出版社，2011 年，第 42 页。

[5] 陆学艺、李培林主编：《中国社会发展报告》，北京：社会科学文献出版社，2007 年。

[6] 张跃进主编：《中国农民工问题新解》，北京：光明日报出版社，2011 年，第 65 页。

[7] 张跃进主编：《中国农民工问题新解》，北京：光明日报出版社，2011 年。

[8] 蔡桂林：《国家大道：中国高速公路发展纪实》，保定：河北大学出版社，2008 年，第 26 页。

[9] 蔡桂林：《国家大道：中国高速公路发展纪实》，保定：河北大学出版社，2008 年，第 35 页。

[10] 中国高速网，2015 年 12 月 28 日。

[11] 张跃进主编：《中国农民工问题新解》，北京：光明日报出版社，2011 年，第 65 页。

[12] 周来振主编：《中国民用机场建设发展历程：1949—2013》，北京：中国民航出版社，2014 年。

[13] 据中国民用航空局网（www.caac.gov.cn）。

[14] 陈南辉：《国家名片：中国高铁发展纪实》，南昌：江西高校出版社，2017 年。

[15] 国家林业局编：《三北防护林体系建设 30 年发展报告（1978—2008）》，北京：中国林业出版社，2008 年。

[16] 凤凰卫视公众号，2016年10月10日。
[17] 季昌化主编：《长江三峡工程焦点关注》，武汉：长江出版社，2007年。
[18] 季昌化主编：《长江三峡工程焦点关注》，武汉：长江出版社，2007年。
[19] 何弘、吴元成著：《命脉：南水北调与人类水文明》，郑州：河南文艺出版社，2017年。
[20] 陆学艺、李培林主编：《中国社会发展报告》，北京：社会科学文献出版社，2007年。"分报告之十二 生态环境和自然资源报告"，第329页。
[21] 陆学艺、李培林主编：《中国社会发展报告》，北京：社会科学文献出版社，2007年。"分报告之十二 生态环境和自然资源报告"，第330页。
[22] 张修真主编：《南水北调：中国可持续发展的支撑工程》，北京：中国水利水电出版社，1999年，第133页。
[23] 陆学艺、李培林主编：《中国社会发展报告》，北京：社会科学文献出版社，2007年，第33页。
[24] 陆学艺、李培林主编：《中国社会发展报告》，北京：社会科学文献出版社，2007年。
[25] 《十年退耕，十年巨变》，鄂尔多斯林业网，2011年6月30日。

索　引

（页码为本书边码）

A

阿拉伯人 Arabs, 95, 97, 104, 105, 119
安特生 Anderson, J. G., 48
安葬逝者的坟墓 Graves, disposal of the dead: 商代文化 Shang culture, 56-57; 火化 cremation, 39-40; 华北平原 North China plain, 153; 长江三角洲 Yangtze delta, 158-159; 西藏 Tibet, 170-171; 迁移 removal of, 189, 196

B

巴克 Buck, J. L., 139
白居易 Po Chü-I, 108, 124
包头 Pao-t'ou, 172, 202
北京 Peking, 可汗的城市或大都 Cambaluc or Ta-tu, 135; 明朝 Ming dynasty, 136; 共产主义治理下 under Communism, 202-203
北京人 Peking Man (*Sinanthropus pikinensis*), 13, 16, 23, 38
北宋都城开封 K'ai-feng, capital of Northern Sung, 132
边疆 frontier: 汉代的领土扩张 Han dynasty territorial expansion, 84-85; 唐代边疆 T'ang dynasty frontier, 95-98; 扩张和适应 expansion and adaptation, 168-176
冰川期 Ice-age, 9, 13, 23
博伊德 Boyd, A., 117
布坎南 Buchanan, K., 191, 196, 197

C

草原 Pasturelands: 唐朝 T'ang dynasty, 97; 女真和蒙古人 Jurchen and Mongol, 138; 云南民家人 Min-chia of Yun-nan, 160; 西藏 Tibet, 170; 蒙古 Mongolia, 171, 173
茶 Tea, 90-91; 在西藏 in Tibet, 96
长安 Ch'ang-an, 汉朝 Han dynasty 103-104; 唐朝 T'ang dynasty, 99, 105, 106-108, 134
长城 Great Wall, 见墙 see walls
长江平原 Yangtze basin: 河流 river, 17; 气候 climate, 21-22; 季节性景观 seasonal appearance, 23; 植被 vegetation, 27; 东周 Eastern Chou, 69-70; 前汉帝国 Former Han Empire, 79; 大分裂时期 Period of Disunion, 89; 宋代的农业 agriculture in Sung dynasty, 128, 130; 明朝人口和财富的中心 centre of population and wealth, Ming dynasty, 135-136; 20世纪30年代 in the 1930s, 155-9; 上海和内地 Shanghai and hinterland, 184-185
楚国 Ch'u, state of, 69, 70, 71, 79
慈觉大师 Ennin, 101, 141
崔瑞德 Twitchett, D. C., 128

D

大分裂时期（公元220—589年）Period of Disunion：人口变化和迁徙 population changes and migration, 88-89; 农业 agriculture, 89-91
大禹 Great Yu（Ta Yu），53, 54
大运河 Grand Canal, 105, 138, 166
道教 Taoism: 对景观的感悟 landscape sentiment, 88, 122
地形 Landforms, 9-10; 棋盘格局 chequerboard

pattern, 9-13; 水文变化 hydrologic changes, 13-14; 黄土 loess, 14-17; 沉积和下沉 deposition and subsidence, 17-18; 黄河 Huang Ho, 18-19

地震 Earthquakes, 16-17; 166-167

东北/满洲 Manchuria, 173-176; 地形 landforms, 11-12, 16; 植被 vegetation, 26-27, 32; 移民进入 immigration into, 173-175; 俄国和日本影响 Russian and Japanese influence, 175; 人口增加 population increase, 175; 农业 agriculture, 175-176; 工业景观 industrial landscape, 178-179

东汉帝国（公元 25—220 年）Han Empire, Later（A.D. 25-220）：人口变化和移民 population changes and migration, 85-86; 土地使用 land-use, 86-88; 城市 cities, 102-104

东周（公元前 722—222 年）Chou, Eastern (722-222 B.C.)：灌溉工程和农业技术 irrigation works and agricultural techniques, 62-64; 商业和交通 commerce and transportation, 64-65; 城市 cities, 65-68

杜佑 Tu Yu, 89

F

氾胜之 Fan Shêng-chih, 81-83, 87

房屋类型 House types, 113-115; 新石器时代 Neolithic, 50, 114; 商 Shang, 56, 114-115; 公共房屋 long-house, 71; 后汉帝国 Later Han empire, 87; 庭院 courtyard, 115-119; 杭州 Hang-chou, 134; 窑洞民居 cave-dwellings, 151, 193; 华北平原 North China Plain, 153; 长江三角州 Yangtze Delta, 158; 西藏 Tibet, 170, 171; 蒙古 Mongolia, 172-173

费孝通 Fei Hsiao-tung, 193

佛教 Buddhism: 塔里木盆地 Tarim Basin, 95; 受到保护的树 protected trees, 35, 101; 对景观的贡献 contributions to landscape, 10, 92-94, 177; 花园 gardens, 123-124, 125

富格尔－梅耶 Fugl-Meyer, H., 110, 113

G

戈迪斯 Geddes, W. R., 194-195

葛德石 Cressey, G. B., 149-196

工业 Industries: 商代青铜 Shang bronze, 56; 战国（公元前 462—222）铸铁厂 Chan-kuo (462-222 B.C.) iron foundries, 68; 在楚国 in Ch'u state, 69; 唐朝 T'ang dynasty, 105; 北宋工业革命 Northern Sung industrial revolution, 130-131; 在开封 in K'ai-feng, 132; 造船业 ship building, 41; 现代工业化初期 early modern industrialization, 177-178; 南满的工业景观 South Manchuria's industrial landscape, 178-179; 都市制造业 urban manufacturing, 179; 国民党政府统治下的发展 development under Nationalist government, 198-199; 共产党治理下 under Communism, 199-201

宫崎市定 Miyazaki, I., 103, 104

共产主义意识形态和景观 Communist ideology and landscape, 186-204; 农业合作化的各个阶段 stages in agrarian reform, 186-192; 两个村庄的变迁 two villages in transition, 192-195; 植树造林，土壤保护，发展水利 afforestation, erosion control and water conservancy, 195-198; 工业发展与迁移 development and relocation of industries, 198-201; 城市发展 growth of cities, 201-204

灌溉 Irrigation: 东周 Eastern chou, 63-64; 成都平原 Ch'eng-tu plain, 63; 汉朝 Han dynasty, 80-81; 水稻（梯田？）wet rice (terraces?), 82-83; 中国南方 South China, 89; 宋朝 Sung Dynasty, 129, 130; 四川盆地 Ssu-ch'uan Basin, 154; 长江平原 Yangtze Plains, 155, 157; 内蒙古 Inner Mongolia, 172; 共产党治理下 under Communism, 197

广州 Canton, 99, 104, 105, 201

郭熙 KuoHsi, 4, 5

H

哈尔滨 Harbin, 175, 177
哈特维尔，罗伯特 Hartwell, Robert, 39
海岸线 coastline, 延伸 advance of, 18
旱灾 Drought, 24, 165, 196
杭州（行在）Hang-chou (Quinsai), 109-110, 119, 132-135
何炳棣 Ho Ping-ti, 139, 167
斯文·赫定 Hedin, Sven, 20
洪水 Flood, 24; 黄河 Huang Ho, 19, 53; 后汉帝国 Later Han Empire, 85; 对人口和土地利用的影响 effect on population and land use, 165-166; 广州三角洲 Canton Delta, 192
忽必烈汗 Kublai Khan, 135, 138
花园，自然保护地，园林 Gardens, nature preserves, parks, 121-125; 长安曲江园 Chu-chiang Park in Ch'ang-an, 108; 杭州 Hang-chou, 134
华北平原 North China plain: 面貌 appearance, 11; 河流 rivers, 19; 气候 climate, 21-22; 植被 vegetation, 27, 33; 龙山文化 Lung-shan culture, 51-52; 潮湿的环境 wet environment, 53-54; 商代乡村 Shang Countryside, 57; 前汉时期的人口 population in Former Han dynasty, 79; 蒙古人统治下 under Mongols, 137-138; 20 世纪 30 年代 in the 1930s, 151-153; 村庄（定县）villages (Ting county), 163
黄河 Huang Ho (Yellow River): 沉淀 deposition, 17-18; 改道 course changes, 18-19; 淤泥和洪水（历史时代初期）silt and flood (early historic), 53; 改道对土地使用和人口的影响 course changes, effect on land use and population, 165-166; 驯服 harnessing of 197-198
黄土 loess, 15-17; 窑洞民居 cave-dwellings, 151, 193
黄土高原 loessic uplands, 见中国北方高原 see North China plateau
汉武帝 Wu, emperor, 80, 83, 84

J

贾谊 Chia I, 75
建筑 Architecture, 109-125; 桥梁 bridge, 109-113; 房屋 house, 113-115; 庭院 courtyard, 115-119; 客家人 Hakka, 119; 花园和园林 gardens and parks, 121-125; 蒙古的佛教寺庙 Buddhist temples in Mongolia, 173; 共产主义社会的城市建筑 urban architecture under Communism, 203-204. 亦见城市，墙，塔诸条目 See also cities, walls, pagoda
交通和商业 Transportation and commerce: 东周 Eastern Chou, 64-65, 72; 秦朝 Ch'in dynasty, 76, 77; 前汉 Former Han dynasty, 84; 隋朝 Sui dynasty, 95; 唐朝 T'ang dynasty, 98-99; 元朝 Yuan dynasty, 138; 明朝 Ming dynasty, 112; 长江平原 Yangtze plains, 155, 157; 同西藏的贸易 trade with Tibet, 168; 满洲 Manchuria, 175; 上海 Shanghai, 183; 长江 Yangtze river, 184; 共产党社会前的道路和铁路里程 Road and railroad mileage in pre-Communist period, 184, 198; 川藏公路 Ssu-ch'uan-Tibet highway, 201
金 King, F.H., 147
金朝（女真人）(公元 1115—1234 年) Chin (Jurchen) dynasty (A.D. 1115-1234), 135, 137, 138

K

开弦弓村 K'ai-hsien-kung village, 193-195
坎门 Cammann, S., 173
康熙皇帝 K'ang-his, emperor, 122, 142
柯睿格 Kracke, E. A., 127
客家人建筑 Hakka architecture, 119

L

拉铁摩尔 Lattimore, O., 171

喇嘛寺 Lamaseries: 西藏 Tibet, 171; 蒙古 Mongolia, 172
兰州 Lan-chou, 202
李 Lee, J. S., 9
李白 Li Po, 100
李冰 Li Ping, 63, 75
李悝 Li K'uei, 62, 63
李约瑟 Needham, J., 112
理查森 Richardson, S. D., 31
林业 forestry: 古代实践 ancient practice, 34; 共产党中国 Communist China, 35; 在《齐民要术》中 in *Ch' in Min Yao Shu*, 90; 林带 tree belts, 195-196
刘陵村（音译）Liu-ling village, 192-193
龙山 Lung-shan, 新石器时代 Neolithic, 51-52
洛德米尔克 Lowdermilk, W. C., 34
洛阳 Lo-yang, 67, 89, 92, 95, 103, 105

M

《马关条约》Treaty of Shimonoseki, 179
马可·波罗 Marco Polo, 109, 110, 119, 135, 180
麦戴尔，约翰 Myrdal, Jan, 192
蒙古 Mongolia, 171-173; 气候 climate, 20-21; 史前景观 prehistoric landscape, 46; 东周 Eastern Chou, 68; 干燥化 desiccation, 69; 农业 agriculture, 172; 房屋类型 house type, 172-173
明朝（公元1368—1644年）Ming dynasty (A.D. 1368-1644)：乡村房屋 country houses, 119; 都市化 urbanization, 135-136; 人口 population, 137, 139; 农业扩展 agricultural expansion, 138-140; 中国北部 North China, 140-142; 四川盆地 Ssu-ch'uan Basin, 142-143
墨菲 Murphey, R., 182
穆尔 Moule, A.C., 110
穆斯林 Muslim, 96, 135, 167

N

南京 Nan-ching (Nanking), 98, 135-136
《南京条约》Treaty of Nan-ching, 177
农业: 开端 beginnings of, 47; 新石器时代的 Neolithic, 47-48, 52; 商代 Shang, 58-59; 西周 Western Chou, 60-62; 东周 Eastern Chou, 62-64; 前汉帝国 Former Han Empire, 81-83; 后汉帝国 Later Han Empire, 86-88; 大分裂时期 Period of Disunion, 89-91; 军屯村落 military-agricultural colonies, 97-98; 唐朝 T'ang dynasty, 99-100; 宋朝 Sung dynasty, 128-130; 元朝 Yuan dynasty, 128; 明朝 Ming dynasty, 138-140; 四川盆地 Ssu-ch'un Basin, 154-155; 长江平原 Yangtze Plains, 155-157; 中国（华夏）西南部 Southwest China, 159-160; 中国南部 South China, 160-162; 西藏 Tibet, 170; 蒙古 Mongolia, 172; 东北 Manchuria, 175-176; 现代城市的影响 influence of modern cities on, 183-185; 共产党土地改革 Communist land reform, 189-192; 农业耕作的变化 changes in agricultural practice, 193-195

P

盘古 Pan Ku, 121

Q

起义 Rebellions: 赤眉 Red Eyebrow, 85; 黄巢 Huang Ch'ao, 137; 太平天国起义；回民起义 T'ai-ping, and Muslim, 167-168
气候 Climate: 中国西部和西北部 western and northwestern China, 19-21; 中国湿润和半湿润地区 humid and sub-humid China, 21-23; 气候波动 climatic fluctuations, 23-24, 45-46
前汉帝国（公元前202—公元9年）Han Empire, Former (202 B.C.-A.D.9)：人口 population, 79; 城市 cities, 80, 102-104;

运河 / 漕渠 canal, 80-81; 农业技术和景观 agricultural techniques and landscapes, 81-83; 领土扩张 territorial expansion, 84-85

墙 Walls: 龙山（史前）Lung-shan (prehistoric), 52; 商代城市 Shang city, 55; 东周 Eastern Chou, 66-69; 秦（长城）Ch'in (Great Wall), 76; 前汉时期的延伸 extension during former Han dynasty, 84; 长城 great wall, 94, 171. 亦见城市 See also cities

桥梁 Bridges, 109-113, 159

侵蚀 Erosion, 29-31; 黄土 loess, 15-16, 17; 新石器时代的 neolithic, 49; 中国北方高原 North China Plateau, 140-142; 南方高地 southern highlands, 144, 196-197

秦帝国（公元前221—207年）Ch'in Empire (221-207 B.C.): 灌溉 irrigation, 75; 长城 wall, 76; 对华夏南方的殖民 colonization of South China, 77; 运河 / 漕渠 canal, 77; 咸阳（都城）Hsien-yang (capital), 77-78

清朝（公元1644—1911年）Ch'ing (Manchu) dynasty (A.D. 1644-1911), 136-138, 140, 142-144, 163, 165-167

R

人口 Population: 新石器时代的村庄 Neolithic village, 49; 商代中国 Shang China, 57; 战国 Chan-kuo, 79; 前汉帝国 Former Han empire, 79; 后汉帝国 Later Han empire, 85; 大分裂时期 Period of disunion, 88-89; 隋朝 Sui dynasty, 94; 唐朝 T'ang dynasty, 95; 宋朝 Sung dynasty, 127; 明朝 Ming dynasty, 137, 139; 清朝 Ch'ing dynasty, 144; 华北平原 North China Plain, 151; 四川盆地 Ssu-ch'uan Basin, 154; 长江平原 Yangtze Plains, 155; 大理平原 Tali Plain, 中国西南部 Southwest China, 159; 中国南方 South China, 162; 人口自然增加和景观变化 natural population increase and landscape change, 163-164; 集市区 marketing areas, 164; 灾害 disasters, 165-168; 满洲 Manchuria, 175

柔克义 Rockhill, W.W., 142

S

森林砍伐 Deforestation, 31-37; 的原因 causes of, 37-41; 新石器时代的 Neolithic, 49; 秦朝 Ch'in dynasty, 78; 北宋 Northern Sung dynasty, 131; 明朝 Ming dynasty, 141-142; 清朝 Ch'ing dynasty, 144

商文化 Shang culture: 城市 cities, 55-57; 乡村 countryside, 57-59

上海 Shanghai, 177, 179-184, 199

始皇帝 Shih-huang-ti ("First Emperor"), 76, 77, 84, 87, 96

施坚雅 Skinner, William G., 163, 185

司马迁 Ssu-ma Ch'ien, 38, 53

斯诺 Snow, E., 202

斯万 Swann, N. L., 82

四川（红土）盆地 Ssu-ch'uan (red) Basin: 地形 landforms, 12; 气候 climate, 21, 22; 植被 vegetation, 27; 土壤变化过程 soil processes, 30; 灌溉 irrigation, 63; 成都人口中心 Ch'eng-tu population centre, 80; 早期集约农业 early intensive agriculture, 130; 战国时期的人口 population in Chan-kuo period, 142; 明清时的人口变化 population changes in Ming and Ch'ing dynasties, 143; 不同纬度的作物类型 altitudinal crop pattern, 143; 稳定的景观 stability of landscape, 147; 在20世纪30年代 in the 1930s, 154-155

松赞干布 Sren-tsen-gampo, 96

宋朝（公元960—1279年）Sung dynasty (A.D.960-1279): 农业经济和景观 agricultural economy and landscape, 127-130; 人口 population, 127; 工业革命 industrial revolution, 130-131; 商业和宋代城市 commerce and Sung cities, 132-135

苏东坡 Su Tung-p'o, 38, 53

隋朝（公元589—618年）Sui dynasty (A.D. 589-618)：人口变化 population changes, 94; 长城, 运河, 首都 Great Wall, canal. Capitals, 94-95

索尔 Sauer, C.O., 37-38

塔 Pagoda, 92-94

塔里木盆地 Tarim Basin, 13, 14, 20, 23, 95-96, 149

T

唐太宗 Tai-tsu, emperor, 90

唐朝（公元618—907年）T'ang dynasty (A.D. 618-907)：人口 population, 95-99; 变化的疆域 changing frontier scenes, 95-98; 同西藏的关系 relation with Tibet, 96; 军屯村落 military agricultural colonies, 97-98; 经济和繁荣的景观 economy and landscape of prosperity, 98-100; 自然保护 nature and conservation, 100-101; 森林茂密的景观 forested landscapes, 101-102; 城市 cities, 104-108

陶渊明 T'ao Yuan-ming, 123

天津 T'ientsin, 180

庭院 courtyards, 115-119

通商口岸 Treaty ports, 179-184

土地占有 Land tenure: 商代的劳动组织 organization of labour in Shang period, 59; 封建制周朝 feudal Chou, 60; 汉代大庄园 great estates of Hang dynasty, 86-87; 屯田村落 t'un-t'ien (military agricultural colonies), 97-98; 大分裂时期的"平均地产" Period of Disunion "equal-land allotments", 99; 唐代大庄园 large estates of T'ang dynasty, 99-100; 宋代大庄园 great estates of Sung dynasty, 127-128; 华北平原 North China Plain, 152-153; 长江平原 Yangtze Plains, 157; 共产党治理前的中国 pre-Communist China, 187; 土地改革 land reform, 187-192; 公社 communes, 189-192

土壤变化过程 soil processes, 29-31. 见土壤侵蚀 See also erosion

W

王 Wang, C.W., 33

王莽 Wang Mang, 80

威尔逊 Wilson, E. H.，36

渭河（渭河－汾河流域）Wei Ho (Wei-Fen Valley)，12, 16, 19, 27, 49, 59, 77-80, 85, 94, 97, 139, 148

乌鲁木齐 Urumchi, 201

吴国 Wu, state of, 72

X

西方影响 West, impact of, 177-182: 早期工业化 early industrialization, 177-178; 南满的工业景观 South Manchuria's industrial landscape, 178-179; 都市制造业 urban manufacturing, 179; 通商口岸 treaty ports, 179-182

西周（公元前1127—723年）Chou, Western (1127-723 B.C.)：景观和生活 landscape and life, 59-62

咸阳 Hsien-yang, 77, 78, 102

新疆 Sinkiang, 见塔里木盆地和乌鲁木齐 see Tarim Basin, Urumchi

新石器时代的景观 Neolithic landscapes: 仰韶 Yang-shao, 48-51; 龙山 Lung-shan, 51-52

新石器时代的仰韶，Yang-shao, Neolithic, 48-51

薛爱华 Schafer, E. H., 41-99

Y

扬州 Yang-chou, 95, 98-99, 105

杨懋春, 153

杨坚, 隋文帝 Yang Chien, emperor, 94

元（蒙古人）朝（公元1260—1368年）Yuan (Mongol) dynasty (A.D.1260-1368), 137-138

越国 Yüeh, state of, 72, 79

云南, Yun-nan, 见中国西南部 see Southwest China

运河 / 漕渠 Canals: 邗沟渠（东周）han-kou canal (Eastern Chou), 65; 郑国渠 Ch'eng-kuo Canal, 62-63, 75; 长江－西江漕渠 Yangtze-Hsi River Canal, 77; 汉（渭河流域）运河 Han (Wei Valley) canal, 80-81; 隋朝 Sui dynasty, 95; 唐朝 T'ang Dynasty, 98; 大运河 Grand Canal, 138; 长江平原 Yangtze Plains, 155, 157

Z

灾难 Disasters, 自然和人为的 natural and manmade, 164-168

张光直 Chang K.C., 50

张骞 Chang Ch'ien, 84

赵过 Chao Kuo, 82, 83, 87

植被 Vegetation: 自然 natural, 24-28; 植树造林 afforestation, 34-35; 人的影响 effect of man, 31-37; 森林砍伐的原因 deforestation, causes of, 37-41; 唐朝森林覆盖的景观 forested landscapes in T'ang dynasty, 101-102; 北宋 Northern Sung dynasty, 131; 明朝 Ming dynasty, 141-142; 清朝 Ch'ing dynasty, 144

植树造林 afforestation, 34-35; 树木, roadside trees in Chou period, 65; 杉树在在森林砍伐的中国南方, Cunninghamias in deforested South China, 144; 社会主义中国 Communist China, 195-196

殖民 / 移民 colonization: 东周 Eastern Chou, 68; 秦朝 Ch'in dynasty, 77; 前汉 Former Han dynasty, 84; 唐朝 T'ang dynasty, 97-98; 明朝 Ming dynasty, 112, 139; 清朝 Ch'ing dynasty, 136, 140; 蒙古 Mongolia, 172-173; 满洲 / 东北 Manchuria, 173-176

中国北方高原 North China Plateau: 结构 structure, 12; 黄土 loess, 15-17; 天然植被 natural vegetation, 27; 汉代时的农业 agriculture during Han dynasty, 81; 明朝时的森林砍伐 deforestation in Ming dynasty, 140-142; 20世纪30年代时的黄土高原 loessic uplands in the 1930s, 150-151

中国西南部 Southwest China, 112, 139, 159-160

仲长统 T'ung Chung-chang, 88

资源保护 Conservation: 孟子关于资源保护 Mencius on conservation, 62; 自然保护地 nature and conservation, 100-101; 满洲 / 东北 Manchuria, 176; 土壤保护 erosion control, 196-197; 发展水利 water conservancy, 197-198. 亦见林业 See also forestry。

译后语

　　虽然由于种种原因不再教书,还是想做点儿文字工作,也算是同教书育人有间接关系。恰好北京大学出版社的王立刚先生在寻找译者翻译《神州》这本书,北京师范大学的周尚意教授就推荐了我。虽然历史和地理说起来门挨门,但是在中国"地理学"算理科,"历史"却是货真价实的文科。跨学科翻译还是有点儿忐忑不安。完稿之后经周教授修订地理学术语,王先生通读润色全书,在此一并致谢。

赵世玲

2017 年 4 月 25 日

图片署名

本书照片作者及照片所在页码。

白　琼　　　9, 5, 15, 19, 42, 46, 49, 72, 80, 108, 142, 185, 198, 202（上），
　　　　　　211, 215, 224, 225, 256, 268, 274（上），282, 283, 295

陈　帆　　　32, 73, 143, 210（下），287

刘大健　　　190, 262

王　晶　　　8, 220, 221, 271, 281

刘华杰　　　33, 41, 204

闫海军　　　184

况　山　　　13

西狩获麟　　2, 36, 48, 118, 192, 202（下），205, 210（上），230, 231,
　　　　　　237, 242, 263, 264（下），274（下），289

著作权合同登记号 图字：01-2016-6290

图书在版编目（CIP）数据

神州：历史眼光下的中国地理/（美）段义孚著；赵世玲译；周尚意校. —北京：北京大学出版社，2019.2
ISBN 978-7-301-29338-6

Ⅰ.①神… Ⅱ.①段… ②赵… ③周… Ⅲ.①地理学史—中国 Ⅳ.① K90-09

中国版本图书馆 CIP 数据核字（2018）第 036975 号

A historical geography of China, by Yi-Fu Tuan.
This edition is an authorized translation from the English language edition published by Transaction Publishers, 10 Corporate Place South, Suite 102, Piscataway, New Jersey 08854. All rights reserved.

书　　名	神州——历史眼光下的中国地理 SHENZHOU——LISHI YANGUANG XIA DE ZHONGGUO DILI
著作责任者	〔美〕段义孚（Yi-Fu Tuan）著　赵世玲 译　周尚意 校
责任编辑	王立刚
标准书号	ISBN 978-7-301-29338-6
出版发行	北京大学出版社
地　　址	北京市海淀区成府路 205 号　100871
网　　址	http://www.pup.cn　新浪微博：@北京大学出版社
电子信箱	sofabook@163.com
电　　话	邮购部 010-62752015　发行部 010-62750672 编辑部 010-62755217
印　刷　者	天津图文方嘉印刷有限公司
经　销　者	新华书店
	880 毫米×1230 毫米　32 开　10.875 印张　271 千字 2019 年 2 月第 1 版　2019 年 4 月第 3 次印刷
定　　价	88.00 元

未经许可，不得以任何方式复制或抄袭本书之部分或全部内容。
版权所有，侵权必究
举报电话：010-62752024　电子信箱：fd@pup.pku.edu.cn
图书如有印装质量问题，请与出版部联系，电话：010-62756370